為什麼要佔領街頭？

從太陽花、雨傘，到反送中運動

何明修——著

Taking to the streets does not mean that demonstrators think they can realize the movement goals, but rather that they are afraid of losing something more important.

目錄

自序

我在二〇一六年出版了《支離破碎的團結：戰後台灣煉油廠與糖廠的勞工》（英文版 *Working Class Formation in Taiwan: Fractured Solidarity in State-Owned Enterprises*於二〇一四年刊行），在此之前，我從來沒有想過會寫一本關於香港與台灣的專書，也沒有料想到前英國殖民地的過往和未來，會與台灣如此密切相關。我長期觀察台灣的社會運動發展，很早就習於追蹤參與者的行動與論述。在二〇一四年三月太陽花運動爆發之前，我開始發現越來越多的台灣社運參與者前往香港，兩地之間的交流與相互學習更為頻繁。該年底，香港的雨傘運動轟動登場，理解這兩種具有高度歷史性意義的抗爭運動成了不可逃避的知識任務。我試圖理解其起源、過程與後果，也因此，我暫且擱置了手上的研究議題，專注於台灣與香港的比較研究。

我出生於一九七三年，很可惜地，沒有機會在一九九七年七月之前造訪香港，那時英國的米字旗仍舊高懸香江。當時由於兵役的出境管制，台灣男性六年級生非常不容易出國。然而，我必須坦承，當我在隔年以博士生名義訪問香港，既有的刻版印象並沒有改變，我眼裡看到的香港不外乎就是一座賺錢至上、務實、對政治不感興趣的商業城市。當台灣人積極關切與自己未來息息相關的政治辯論，香港人的政治冷漠是我無法理解的。那時台灣的立法委員國際形象不佳，肢體衝突的影像畫面廣為流傳，相較之下，香港的立法會議員則是文質彬彬的英國紳士；儘管如此，我仍舊以生猛有力的台式民主為豪，至少這些被選出的代議士所爭論的是某些重要的議題。難不成，真會有人欣賞中國人代的蘇維埃式和諧與鼓掌方式嗎？

我後來才發覺，自己早年的無知其實源自台灣人與香港人共同經歷的歷史過往。一九八四年，我仍在念初中，我記得曾在週記中問導師，為何柴契爾夫人為了香港前途造訪北京，而我的政府卻堅稱代表全中國？如果學校教科書是對的，鐵娘子應該來我的家鄉台北。與我同代的香港人也陷入一樣錯誤的一廂情願，將中國民族主義視為挑戰各種殖民地不公不義的精神啟發；但這樣的想法很快墮落成為北京政權維持現況的工具，尤其是當香港主權移交給中國之後。在這個新世紀，年輕的台灣人與香港人試圖擺脫歷史記憶的包袱，以他們自己的語言，思索自己的未來，其結果就是本書所關切的三場大規模抗議。

社會運動創造歷史，帶來社會變遷；社會學家則是以不同方式來詮釋這種創造歷史的過程。社會運動指認出既存的壓迫、激發參與者的信念、描繪出理想的社會圖像，以及通往其境界的路徑圖。社會學家通常無法擔當這些重責大任。更多時候，社會學家只能在創造歷史的激情煙消雲散之後，才開始收集研究資料，記錄社會變遷的軌跡。社會運動者在前線浴血苦戰，社會運動研究者則是在後方撰寫這些創造歷史的行動。在本書最後修訂的此刻，香港警察動用各種致命武器攻擊大學，學生挺身捍衛校園的安全，香港的學生「昂首拒默沉，吶喊聲響透」，掀起一股時代革命的巨大浪潮。

社會學家相信，學術研究也是一種社會行動；研究者需要依賴各種的社會資源與支持，才能生產出有價值的知識成果。台灣的科技部人文行遠專書寫作計畫（105-2420-H-002-051-MY3）提供了本書寫作的經費。因為著手研究香港，讓我有機會結識當地的學界與社運界的朋友，他們帶領我重新認識那座美麗而迷人的城市。台灣與香港的過往歷史沒有太多的重疊與交錯；但可以確定的是，由於本書所關注的佔領運動，兩地未來的命運已經牢牢捆綁在一起了。

本書英文版*Challenging Beijing's Mandate of Heaven: Taiwan's Sunflower Movement and Hong Kong's Umbrella Movement*（Philadelphia: Temple University Press）出版於二〇一九年一月。為了因應中文讀者的需求，中文版刪減了關於台灣與香港的歷史脈絡，補充了更多運動過程與訪談者之講述內容，也因此，全書章節與文字皆有大幅的調整。更重要地，由於反送中運動在二〇一九年夏天猛然爆發，其抗爭規模、傷亡與被捕人數、國際影響與政治衝擊，都遠遠超過了五年前的雨傘運動。截至十二月初，這場香港的時代革命已經迫使政府正式撤回逃犯條例（九月四日）、使得民主派在區議員選舉中獲得了八成六的席次（十一月二十四日）、美國的《香港人權與民主法案》生效（十一月二十七日）。然而，香港人爭取自由的努力仍未止息；同樣地，被捕者得面對的漫長法律訴訟，以及未來可想而知的秋後算帳，仍尚未開始。反送中運動終究會有結束的一天，香港的街頭將會恢復平靜，但可以確信的是，一個渴望自由的城市已經不再願意臣服於一個日漸邁向法西斯極權的帝國。

在資料收集與寫作的過程中，許多朋友幫了不少忙，我感謝他們一路上的鼓勵。本書英文版的「鳴謝」已逐一表達我的感恩，在此不再重複。最後，我要感謝家人的溫暖陪伴。我的父親告別式是在二〇一三年八月十八日舉行，結束後，淑鈴與我前往總統府前觀察「今日拆大埔、明日拆政府」的抗議，結果見證了「佔領內政部」的歷史時刻，那等於是後來佔領立法院的預演。我們家的小梅在服貿協議簽定前三個月出生，等到她滿週歲時，立法院已經被抗議學生所佔領；小陽出生時，雨傘運動正在香港上演。能夠同時經歷知識的與個人的巨大變遷，是非常難能可貴的經驗，我感到非常榮幸，這些當然需要淑鈴的諒解與支持。

本書中部分材料先前曾在他處發表，茲將相關著作臚列如下：

2016，〈政治機會、威脅與太陽花運動〉。收錄於《照破：太陽花運動的振幅、縱深與視域》，頁163-206。林秀幸、吳叡人編。台北：左岸。

2018, "From Mobilization to Improvisation: The Lessons from Taiwan's 2014 Sunflower Movement." *Social Movement Studies* 17(2): 189-202.

2018, "Electoral and Party Politics after the Sunflower Movement," in *A New Era in Democratic Taiwan:*

Trajectories and Turning Points in Politics and Cross-Strait Relations, eds. by Jonathan Sullivan and Chun-Yi Lee. London: Routledge, pp. 83-103.

2018, "The Rise of Civil Society Activism in the Ma Ying-jeou Era: The Genesis and Outcomes of the Sunflower Movement," in *Hopeful Begin, Hopeless End? Assessing the Presidency of Ma Ying-jiu in Taiwan (2008-2016)*, eds. by André Beckershoff and Gunter Schubert. London: Routledge, pp. 109-131.

導論

二〇一四年三月三十日，晚間七點半左右，在震耳的歡呼聲中，二十六歲的林飛帆登上凱達格蘭大道上的大舞台。他背對著總統府，準備發表一場結尾演說，為一場號稱吸引了五十萬參與者的大型集會畫下休止符。當天除了台北，十七個國家的四十九個城市也發起全球接力的聲援活動。在十七分鐘的演說中，林飛帆首先感謝過去兩週以來支持佔領立法院的群眾，這場行動已經開創歷史，因為「我們告訴政府，台灣的未來屬於全台灣兩千三百萬人民。台灣的未來應該由我們自己決定」。林飛帆進一步強調，自己不是媒體所聲稱的「總指揮」，因為「人民就是這個國家的總指揮，而現在我們要指揮的對象，就是一個已經脫序的政府，馬總統，請你接受人民的指揮」。在總結這場被認為是近年來最有影響力的政治演說時，林飛帆重新闡述這場運動的主要訴求，包括要求退回《海峽兩岸服務貿易協議》（以下簡稱「服貿」）、優先制定《兩岸協議監督條例》，並且希望公民能夠持續地參與。

在三月十八日到四月十日之間，台灣出現一場長達二十四天的佔領立法院行動，爭議的焦點是將大幅開放台灣與中國雙邊投資與移民的服貿。由於一位花店老闆在佔領初期送了一束向日葵進入議場，媒體便使用「太陽花學運」來稱呼這場受到全國、甚至國際關注的抗爭。在佔領運動進入第二十天之際，行政部門仍堅持開放與中國的經貿往來，然而運動者卻取得了國會議長的支持，同意先制定兩岸協議監督的相關法律，然後再審查服貿條文。運動領導者掌握這個時機，決定主動撤出立法院。最後一晚，他們舉辦了一場盛大的告別活動，宣告運動的階段性成果。

同一年，與台灣處境相近的另一座島嶼，也出現了一場關係密切的抗爭行動。九月二十六日，香港學生為了抗議北京政府片面決定特區行政長官普選辦法而發起的五天罷課行動，即將結束。晚間十點半左右，上千名民眾正準備離開金鐘的政府總部，當時只有十七歲的大學新生黃之鋒登上講台，懇求觀眾暫留腳步。兩年前，黃之鋒因為參與一場反對北京強加的愛國教育運動，一躍成為國際知名人物。一開始，他和群眾分享一些個人感想，突然間，他要求聽眾衝入位於立法會大樓與行政長官辦公大樓間的一塊空地。上百名參與者於是加入了這場「重奪公民廣場」行動，黃之鋒本人還翻過三米高的圍牆。警察很快地包圍這些闖入者，阻止更多的人加入。黃之鋒與其他學生領袖沒多久就遭到逮捕，但是聲援者仍舊不斷增加，他們連夜守候在外，與警方形成對峙的態勢。二十八日下午，聚集的群眾越來越多，他們衝出人行道，阻斷了連接港島東西向的交通幹道；到了五點左右，警察開始投擲催淚彈。接下來的幾個小時，受毒氣攻擊的群眾始終不願放棄離開，更多的香港市民看到警察暴力與無辜民眾的受害，紛紛站出聲援。因此形成了金鐘、銅鑼灣與旺角的佔領地，正式宣告雨傘運動的登場。

如同台灣的太陽花運動，香港人的抗爭也是由媒體命名。抗爭者用雨傘保護自己，抵禦警察的胡椒水攻擊，這個影像成為這場運動最具代表性的象徵。雨傘運動持續了七十九天，在當時是香港自一九九七年回歸中國主權以降、規模最大的抗爭行動。有民意調查顯示，在這場運動中，約有一百二十萬市民至少參與了一次活動，而這近乎是香港居民五分之一的人數。由於雨傘運動的導火線是關於領導者選舉的民主化，香港人獲得世界各地的同情與聲援，包括美國總統歐巴馬、德國總理梅克爾、英國首相喀麥隆等國際領袖都對其表達支持。只是，儘管有強大的國際奧援，雨傘運動最終仍因領導者猶豫不決、參與者潰散、內訌而垮台，未能取得執政者的讓步。十二月十五日，香港警察清除了最後一個佔領區，上百位參與者遭到逮捕，雨傘運動正式宣告結束。

儘管兩場運動結束的方式大相逕庭，台灣與香港社會卻都因為這兩場運動而發生了一些改變。更多的社會運動登場，並蔓延至新的議題；許多年輕人決定參與政治，他們成立新的政黨，並且投身選舉。在不到兩年的時間，台港兩地都出現以下的現象：先前體制外佔領運動的領袖通過選舉考驗，成為民選的代議士。二〇一六年五月，台灣出現了第三次政黨輪替，民進黨取得總統大位與立法院多數。在雨傘運動之後的香港，儘管有不少運動參與者被判刑入獄，追求獨立的呼聲也首度公然登上檯面。

太陽花運動與雨傘運動屬於一種罕見的社會運動類型，其特點在於未預期的爆發、大規模且密集的參與、帶來深遠影響的後果。歷史學家威廉・修厄爾（William H. Sewell Jr.）在一九九六年的文章〈作為結構轉型的歷史事件〉（Historical Events as Transformations of Structures: Inventing Revolution at the Bastille）中指出，我們應該重視那些特殊的抗爭，例如法國大革命過程中的攻佔巴士底監獄，因為這些事件徹底扭轉了既有的政治格局，開啟了前所未有的行動可能性。歷史的時鐘無法倒轉，專制王權的象徵傾倒之後，法國邁向一個沒有國王的共和國成了可以想像的未來。借用這項洞見，有研究者進一步提出了所謂「翻轉歷史的抗爭」（eventful protests）一詞，用來描述那些急遽轉型、扭轉乾坤的社會運動。[1]

二〇一九年夏天，香港燃起了一波更巨大的抗爭怒火。因為逃犯條例的修正，六月九日百萬香港人上街遊行抗議，如果算到十一月二十四日區議會選舉為止，這場反送中運動已經轟轟烈烈地持續了一百六十八天，規模遠超過五年前七十九天的雨傘運動。在這場投票率空前（百分之七十一）的選舉中，反對黨席次從先前的一百二十五席躍升為三百八十八席，而親北京的建制派則是從兩百九十九席滑落為五十九席，等於變相進行了一場人民公投。儘管香港政府已經在九月四日正式宣告撤回逃犯條例，但抗爭仍未止息。香港人記取了雨傘的教訓，這一次不再是和平佔領街頭，而是採取了勇武進取的抗爭策略。前線的「衝衝仔」戴口罩、防毒面具、安全帽，他們設置路障，燃燒垃圾桶，在港島、九龍、新界各地與警察對峙。隨著警察使用具有殺傷力的武器（橡膠子彈、海綿彈、布袋彈、實彈），示威者的武力也逐步升級，他們投擲磚頭與汽油彈、破壞中資與親中商家（所謂的「裝修」）、暴力對待親政府的黑道人士（所謂的「私了」）。激進的抗爭並沒有嚇跑溫和的中產階級，許多人捐助資金購買示威者需要的裝備，律師義務提供被捕者各種法律協助；還有不少開車族載送示威者，協助他們逃避警方的拘捕（即是所謂的「接放學」）。一項十月十六日的《明報》民調顯示，百分之六十的民眾認為「示威者有激烈行動是可以理解的」，更有過半的民眾指責政府，「要為暴力衝突負最大責任」（百分之五十三）。很顯然地，沒有雨傘運動種下的種子，就不會有後來的反送中運動。

本書試圖解釋太陽花運動和雨傘運動這兩場翻轉歷史的抗爭之起源、過程與後果，並試圖解釋反送中運動受到的影響。為何文化上保守的華人社會會發生如此激烈的群眾抗爭？儒家文化不是要求民眾尊重與順從政治權威嗎？為何台灣與香港的公民願意在政治領袖越來越順應北京的各種要求之際，參與一場挑戰中國政府的運動？在太陽花運動和雨傘運動中，檯面上的領導者對於抗爭局勢都缺乏即時而完整的資訊，這樣大規模的集體行動是如何產生且長期維繫？

接下來的章節將會逐一解答這些問題，在此之前，先容我點出台港兩場翻轉歷史的抗爭之共同特徵，並且將其放置於全球的發展脈絡下審視。

運動速寫

台灣與香港的政治及社會文化向來保守，無論其訴求為何，激烈抗爭往往不會被認為是正當的表達方式。老一輩的台灣人成長於二二八事件與白色恐怖的陰影之下，避免碰觸政治成為他們的生存本能。年長的香港人多抱持著移民心態，逆來順受，不願意挑戰現狀；另一方面，英國殖民遺留下來法治文化，也使得香港人傾向認為法庭的判決是公正的，挑戰法律的行為是不值得鼓勵的。[2]儘管台灣與香港在八〇年代中期都出現了政治反對派，但其採取運動策略大致上仍偏溫和。台灣成功地由威權過渡到民主，香港的轉型仍是未竟之志業，但兩地對於公民不服從的接受程度都是很低的。就以二〇一〇到二〇一四年間的「世界價值觀調查」（World Values Survey）為例，在經濟合作暨發展組織（OECD）的國家中，無論其訴求為何，原則上「反對」參與和平請願及示威的民眾佔比分別為百分之二十五點九與四十點九；但在香港，其佔比則提高為百分之三十二點八與四十點九，台灣更是高達百分之五十六點七與七十一點四。[3]這項調查清楚呈現兩地民眾面對政治的態度，順從權威的傳統觀念仍舊根深柢固。在這個背景因素下，台灣的太陽花運動癱瘓了國會運作長達三個星期，而香港的雨傘運動則阻塞了重要的交通幹道超過兩個月。很顯然地，台灣與香港的抗爭參與者克服了一般民眾普遍不支持抗議活動的心態，進而催生了兩場重大的抗爭行動。

這兩場運動也挑戰了北京政府，尤其挑戰了其欲將香港和台灣更深層地納入與中國整合的政治意圖。儘管香港與台灣的政治局勢明顯有別，卻似乎都已鎖入對中國的經濟依賴。二〇一四年，台灣對中國與香港的出口佔整體出口的四成（百分之三十九點四），而香港對中國的出口則是佔了接近其出口總額的一半（百分之四十七）。就跨境的旅遊而言，該年度來自中國的訪客佔台灣國際訪客的四成（百分之四十點二），而香港則是接近八成（百分之七十七點七）。[4] 基於這樣密切的經濟與社會交流，台灣人與香港人願意參與一場挑戰中國領導者的抗爭，更是值得關注。

兩場運動核心領導群都來自學生，年輕人也是運動的主力部隊。台港兩地都有研究者在佔領現場進行抽樣調查，描繪了參與者的基本圖像。在台灣，百分之七十四點八的現場受訪者不到三十歲，二十五點六具有學生身分，百分之八十四點三有大專或以上的學歷；[5] 在香港，年輕人、學生與高學歷的佔比分別是百分之五十三點五、五十六點五、五十四點一。[6] 兩場運動都攸關兩地的政治前途——台灣是否會因為經貿往來而喪失政治主體性、香港是否能維持其不同於中國內地的特殊性？很顯然地，兩地的年輕人也深刻感受到了，自己的未來與整個社會前景密切相關。

兩場運動的抗爭對象是其境內親中的執政者，然而兩地的運動領導者都試圖呈現出超越黨派的色彩。北京政府對於當時台灣與香港的反對黨抱持不信任的態度，台灣的民進黨是由於其傾向獨立的立場，香港的「泛民主派」（以下簡稱「泛民」）則是因為其堅持民主化，與要求平反一九八九年天安門事件。兩地的執政者都將佔領行動描述成某種反對黨或境外勢力指使的政治陰謀，以削弱抗爭者的公信力。儘管如此，反對黨的政治人物在整個過程中扮演的角色非常有限，他們無法影響運動的走向。這也顯示，某種程度的超越黨派形象發揮了作用，讓這兩場翻轉歷史的抗爭得以受到廣泛的民眾支持。

兩場運動都出現了前所未見的對峙僵局，抗爭者直接挑戰政權，整個過程充滿不確定、恐懼與危險；儘管如此，兩場運動卻未在台灣與香港引發社會的危機。示威者長期露宿街頭，他們維持有禮貌與乾淨的秩序，除了佔領區內生活與交通受到干擾的居民與商家，佔領區外的日常生活依舊維持不變；經濟層面也未出現衝擊，台灣與香港的股市在抗爭初期大幅滑落，但不久後即回歸常態。事實上，由於大致和平的狀況，太陽花運動與雨傘運動還成了觀光客參訪的街頭景觀。

最後要提到的是，台灣與香港的抗爭並非毫無關連。抗爭爆發的幾年前，兩地的公民團體與學生運動成員已經開始頻繁地交流，彼此相互學習，因為他們都感受到了來自北京的威脅，也都覺得需要跨境的團結互助。因此，台灣的立法院佔領行動成了香港人參考的腳本，也是促成雨傘運動登場的原因之一。

全球翻轉歷史的抗爭

近二十年來，翻轉歷史的抗爭風潮於世界各地越演越烈，台灣與香港的抗爭行動也可納入此全球抗爭風潮的一環。從社會運動的觀點來看，新世紀的開端是在一九九九年十一月三十日的西雅圖，環保人士、工會與無政府主義者聯手擾亂了世界貿易組織的會議（以下簡稱「世貿」）。[7] 由於通訊科技的進展，不同國家的運動者越來越能協調彼此的行動，打造出跨國的運動網絡。[8] 其結果就是，這類「全球正義運動」（有時也稱為「另類全球化運動」或是「由下而上的全球化」）在各地登場。[9]「峰會抗議」（summit protests）是其中相當具有代表性的行動類型，不同意識形態與國籍的參與者共同紮營露宿，在世界銀行、國際貨幣基金會、八大工業國等國際組織的會議現場進行抗議。[10]

前蘇聯與其附庸國則是出現了一系列通稱為「顏色革命」（Color Revolutions）的民主化運動。塞爾維亞（二〇〇〇）、喬治亞（二〇〇三）、烏克蘭（二〇〇四）、吉爾吉斯（二〇〇五），在這些前共產國家的抗爭運動背後，有跨國的人權運動者網絡傳遞非暴力抗爭的理念與策略。[11] 全球正義運動主要是針對經濟不平等，尤其是反對具有主導性的新自由主義意識形態。相對於此，顏色革命則帶有深刻的地緣政治意涵，因為這些前共產國家不可避免地得面對西方與俄羅斯之間的競爭。[12] 有意思的是，研究烏克蘭抗爭的學者發現，橘色革命的參與者會有各式各樣的動機，追求民主的渴望反而並不是最首要的。[13] 很顯然地，由於地緣政治的因素，顏色革命也帶有族群政治與民族主義的色彩。

二〇一一年，全球的抗爭風潮達到高峰。從年初的阿拉伯之春（由突尼西亞與埃及革命所帶領）、「歐洲之夏」（由西班牙的憤怒者〔Indignados〕運動開啟，擴散至受債務危機影響的南歐各國），到入秋之後登場的佔領華爾街。[14] 阿拉伯之春包括了北非與中東各國出現的反獨裁者行動，不滿政治高壓與經濟停滯的年輕人是抗爭運動主力，他們的數位聯繫有助於克服祕密警察與線民種下的深層恐懼。[15] 歐州的抗爭風潮則是有明顯的經濟因素，西班牙、法國、義大利、希臘、葡萄牙都是受到債務危機衝擊，政府厲行撙節措施，一整個世代的年輕人面臨經濟困頓。[16] 最後，源自紐約的佔領華爾街運動以「我們是百分之九十九」為口號，抗議日益加劇的不平等，不只迅速擴散至全美各地，更引發全球各地的模仿。「佔領」正式成為全世界抗爭行動的通行語言。[17]

整體而言，東亞地區的社會抗爭有其國內的發展脈絡，較少受到跨國因素的影響。除了二〇〇五年香港的反世貿抗爭與二〇〇八年日本北海道的反八大工業國會議，[18] 東亞很少發生全球正義運動。顏色革命與二〇一一年的抗爭風潮也未在此激起太多的回應。那麼，在何種意義上，可以將太陽花運動與雨傘運動視為是東亞與其他地區抗爭風潮的匯合？

如前所提，以年輕人為主的參與以及他們的政治獨立性是這兩場運動與其他抗爭一致之處。佔領某個公共空間，並且用其作為與政府當局談判的籌碼也是這些抗爭行動常見的特徵。由於這種空間上的特性，許多評論者也提出了「佔領運動」（occupy movements）[19]、「廣場政治」（square politics）[20]、「廣場運動」（movements of squares）[21]等名稱。透過數位移動的通訊科技，青年參與者得以進行一系列「快閃」（flash-mob）風格的抗爭行動來對抗執政者。台灣與香港的抗爭者同時積極展現出其包容性，特意強調文化與族群的多元性，也在佔領區激發出各式各樣的藝文創作。

儘管有上述的相似性，與其他抗爭運動相較，太陽花運動與雨傘運動仍有下列的差異。首先，這兩場運動都不是所謂「無領導者的」（leaderless），每一個基層的參與者都能輕易指認出哪些人是他們的領袖；在某個程度內，一小群封閉的學生參與者的決定主導了運動的進程，也或多或少影響了其後果。其次，儘管台灣與香港青年普遍都對經濟處境感到不滿，但新自由主義並不是促成他們抗爭的主因。即使太陽花運動的起因是與中國貿易自由化密切相關，但反對自由貿易的訴求在其中只能算是非常邊緣化的聲音。在太陽花運動與雨傘運動中，經濟因素並不是主軸，地緣政治發揮了更重要的影響，原因在於兩場運動實質上對抗的都是日益成為國際霸權的中國。就這一點而言，台灣與香港的抗爭比較接近顏色革命，而與全球正義運動距離較遠。最後，歐洲的自主左派和美國的無政府主義者原則上抗拒參與體制內的政治活動；相對於此，太陽花與雨傘運動的參與者在大規模抗爭結束後積極擁抱政黨政治與選舉，從街頭佔領到組黨參選的過渡相當平順，而且內部幾乎沒有出現反對的意見。

解答六個知識迷團

作為一種知識技藝，社會科學的任務之一是試圖對現況提出具有可信度的解答，尤其是針對那些未預期的、被認為不太可能出現的事件。就這個意義而言，翻轉歷史的抗爭之浮現及其後續影響是一個需要被解釋的議題。關於台灣的太陽花運動與香港的雨傘運動，我認為有六個知識上的迷團。

迷團一：保守社會中的激進抗爭

台灣與香港的社會仍偏保守，民眾往往無法接受違法的抗爭行為。在某些方面，這兩場運動帶來的衝擊遠超過前面提到的國際類似個案。太陽花運動不只是佔據了某個公共空間，更癱瘓了被認為是民主殿堂的國會，但即便如此，仍享有強大的民意支持。雨傘運動在市中心佔領街頭長達七十九天，遠超過埃及革命的十八天、西班牙憤怒者運動的二十八天（抗爭者撤出馬德里的太陽門廣場〔Puerta del Sol square〕為止）、佔領華爾街運動的五十九天（警察清空祖科提公園〔Zuccotti Park〕為止）。為何台灣與香港公民願意擱置他們的保守態度，支持明顯違法的佔領行為？

迷團二：「機會渺茫」的抗爭

抗爭是一種勞力密集而且充滿危險的行動，因此，人們通常只在意識到有成功機會時，才會願意積極參與。然而，在太陽花運動與雨傘運動登場之前，這樣樂觀的期待幾乎是不存在的。台灣的執政黨享有國會多數席次，也鐵了心決定強行通過服貿；主要的反對黨對於這個議題採取模稜兩可的立場，避免在敏感的兩岸政策上提出明確主張。服貿的反對者已經窮盡體制內可能的管道與程序，再也無法拖延表決，而且他們也一直無法喚起公眾對於與中國自由貿易危害的關切。在香港，先前就有一場要求真正特首普選的運動已經持續動員了超過一年，但北京不但不讓步，反而宣布了一套比原本預期更保守的普選辦法。香港泛民各政黨沒料到北京的回應會如此強硬，內部嚴重的分歧也使其無法形成共同的立場。在雨傘運動爆發的前幾天，許多運動者也私下坦誠，要獲得北京讓步的機會非常低。[22] 換言之，台灣與香港的公民走上街頭，並不是因為他們認為有可能贏得運動目標，而是他們擔心會失去某些更重要的東西。

迷團三：學生的領導地位

台灣與香港都有活躍的公民社會，政黨與運動倡議性的公民團體在其中扮演了重要的角色。經驗老道的運動參與者與具有知名度的政治人物看似更有資格主導這兩場大規模的反政府抗爭行動。但實際上，公民團體成員與政治人物在運動決策過程中被邊緣化，學生成為無庸置疑的運動領袖。大致而言，太陽花運動與雨傘運動的重大決定都來自一群二十幾歲的大學生或研究生。香港的投票年齡是十八歲，黃之鋒在當時還沒有投票權，卻儼然成為雨傘運動的國際代言人。我們要如何解釋這樣不尋常的運動領導者？

迷團四：運動資源的詛咒

在兩場運動登場之初，運動者的準備程度有明顯的落差。香港的運動者為了因應最終與北京政府的攤牌對決，招兵買馬：他們有知名而且受尊重的領導者、募款資金、受過非暴力抗爭訓練的志願參與者，以及其他各種後援資源。然而，雨傘運動一開始就缺乏有效的決策與領導，隨著運動的推展，內部糾紛越演越烈。在台灣，學生衝入立法院之前，反服貿的組織人手不足、缺乏運作資金，該議題也並未引起大眾關注。儘管如此，太陽花運動卻形成了強大而穩定的領導核心，能夠有效地貫徹其策略決定。在翻轉歷史的抗爭中，為何事先累積的運動資源不但沒有發揮效果，反而成為某種阻力？

迷團五：自動自發的運動貢獻

太陽花運動與雨傘運動能夠出現，很大程度是由於眾多不知名參與者的貢獻，他們自發決定自己在當下該做什麼。運動領導者忙於處理「更重大」的決策，廣大佔領區的物資供給與秩序維持實則依靠基層群眾。台灣與香港的參與者如何能夠維持長久而又有秩序的抗爭行動？就某個意義而言，領導者與追隨者的界線已經模糊不清，因為參與者自行組織了屬於他們的運動，而不是接受某些人物或組織的指令或授權。為何能夠出現這種自動自發且廣泛分布的決策能力？

迷團六：團結與分裂

兩場運動的政治後果明顯不同：雨傘運動之後，香港政壇出現了新的反對勢力，他們與既有的泛民政黨處於競爭的態勢；相對於此，太陽花運動所催生的新政黨則成了反對黨的盟友。雨傘運動使得香港政治的在野勢力更形分化，而太陽花運動卻讓台灣的反對黨再度取得政權。

本書試圖說明太陽花運動與雨傘運動為何與如何發生，進而解答上述的六個知識迷團。不過，我們要先釐清的是：什麼是社會運動？社會運動主要包括哪些因素？以及，從既有的研究文獻，我們可以獲致哪一種社會運動的圖像？

一種社會運動的綜合觀點

依照西德尼・塔羅（Sidney Tarrow）的定義，社會運動是一種持續而且集體的行動，由一群有共同目標且相互團結的人們共同參與。[23] 如此簡潔的定義並沒有限定運動目標的方向，而且事實上，社會運動的訴求形形色色，可以是進步的，也可以是保守的。無論其意識形態取向，社會運動不能簡化為單一的抗議行為，儘管運動、抗爭、抗議等詞彙經常被當成同義詞交互使用。抗議是一種公開的、表達異議的方式，可以由個人獨力完成，不需要集體的協作。抗議總是違背某種預期的規範或是法律，但不見得會進化為反抗權威的持續性行動。比如，單純的鄰避行為（Not in My Backyard）只是要求有害設施不要放置在自家社區，就是一種沒有形成社會運動的抗議。

社會運動的代表特徵之一，是其高度依賴體制外的策略。[24] 當然，體制內表達異議的方式與體制外的方式，界線並不是那麼清楚，也沒有放諸四海的普遍規則。體制外的行動不見得違法，因為總會存在一些灰色地帶。不過，無論其展現方式為何，體制外的行動總是偏離了例行的日常樣態，而且誠如查爾斯・蒂利（Charles Tilly）所強調的，涉及了參與者尊嚴、團結、人數與決心之共同呈現。[25] 一般而言，採用體制外的手法意味著當事者處於社會弱勢，他們是「不得不」使用這種高風險的策略。[26] 如果利益受損的是一群有權勢者，他們享有與決策菁英例行性的溝通橋樑，並不需要用社會運動的方式才能維護自己的權益。

自從七〇年代的資源動員論以降，研究者的提問通常採取運動組織者的視角，著重如何組織、促成集體行動。受到新社會運動論與其他理論的影響，後續的文化轉向開始處理一度被忽略的象徵面向與心理意義。到了本世紀初，研究者對於社會運動圖像形成一套相當牢靠的共識，也有一組普遍共享的分析概念。道格·麥亞當（Doug McAdam）、塔羅、蒂利三位研究者認為所謂的「古典研究議程」（classical research agenda），包括下列四項主要成分：（一）政治機會與限制（political opportunities and constraints），亦即政治體制如何形塑社會運動的發展；（二）組織的形式（forms of organization），也就是能夠鼓勵抗爭參與的人際關係；（三）構框（framing），或稱之為能夠指認出社會不義的象徵性建構；（四）劇碼（repertoire），異議如何在公眾面前被呈現與展演出來。[27] 由此，一套標準化的圖像儼然浮現：社會運動是基於共同利益或認同的理性行動，而不是更早期集體行為論所宣稱的，是某種不正常心理狀態之後果。社會運動固然涉及了與執政者或對抗者的政治議價過程，但我們也不能忽略其文化面向，因為社會運動建構了參與者之間共同的理解、提供了爭議的新穎解答、挑戰了既有的規範與價值。社會運動需要集體協作與領導指揮，因而不同於個體層次自發或沒有組織的反抗。也因此，社會運動是一種現代社會常見的現象，越民主的體制，對異議的表達採取越寬容的態度，社會運動也制度化為某種司空見慣的參與方式。

上述的共識有助於社會運動研究本身的制度化，因為研究者採用了共同的語言，我們甚至可以說，某種社會運動的「標準模型」已經主導了這個研究領域。[28]為了超越所謂的「古典研究議程」，麥亞當、塔羅、蒂利三位重量級學者試圖建構一個新的研究方向。他們認為，研究者應放棄追求普遍性的因果律則，而將重點放在找尋「機制」（mechanism），也就是共同的因果序列。社會運動的研究不應只滿足於指出自變項與依變項之間的關係，而是要詳盡說明其中的過程。此外，他們也將社會運動與相關的現象，如民族主義、民主化、族群衝突等，整合為單一的「抗爭政治」（contentious politics）典範，以分享同一套分析術語。[29]

從古典的研究議程到抗爭政治研究，關注的重點移轉至更為細緻的中介過程。但對批評者而言，這樣的修正仍嫌不足，無法充分掌握行動者的能動性，以及人們是如何在社會運動過程中有創意地使用既有的象徵，進而建構出新的意義。這一派建構論者主張，我們要採取更廣泛的視野來檢視運動策略，它不只涉及了理性計算，同時也是當事者傳記因素、文化與美學品味的共同產物。[30]對於主流研究途徑的批評集中於所謂的「政治機會結構」（political opportunity structure），反對者認為這樣的概念「物化」了國家，導致過於決定論式的觀點。[31]建構論者也強調情緒對於開始一場社會運動的重要性，因為這個情感面向並不是直接來自於既有的客觀條件，而是參雜了參與者主觀的理解與詮釋。[32]就某個意義而言，主流學派與建構論的爭端涉及了社會科學的古典爭論，即結構與行動者到底何者優先？簡單來說，問題的重點在於我們要如何看待某種社會運動的興起，是源自於某些有利的客觀條件，或是來自於參與者自身的努力？理論的爭辯顯示某一個研究領域仍然生機勃勃、充滿動能，然而這兩個陣營二十幾年來的交鋒似乎都過於強調彼此的差異，容易忽略兩者的交集之處。[33] 比如主流學派並沒有完全忽略社會運動的文化過程，其代表性的研究者仍持續關注情緒[34]、語言[35]，以及這些文化因素如何形塑抗爭政治的發展。

社會運動必然是多面向的過程。人們需要組織，才得以對政府當局形成威脅，而要達到這個目的，他們也需要挪用既有的象徵與意義，並將其加工修正，以促成對於共同目標的熱情參與。本書選擇性使用兩個陣營開發出來的概念術語，從主流學派借用了動員網絡與世代、機會與威脅，來說明太陽花運動與雨傘運動的起源；同時也從建構論學派獲得啟發，探討傳記因素如何影響運動領導與決策、抗爭中有創意的嬉戲，以及運動所帶來的情緒後果。

然而，既有的理論只能用來解釋例行性的社會運動，因為這些運動通常有可預期的開始與結束。近年來，全球各地翻轉歷史的抗爭此起彼落，這些新穎的抗爭脫離了固定腳本，顯示我們需要新的分析工具。為了充分解釋這一類突然產生、密集參與、影響後果深遠的社會運動，本書提出「對峙僵局」（standoff）和「臨機應變」（improvisation）兩個概念，以掌握這種少見的運動者與政府之間的對抗格局，並嘗試說明群眾的自發參與現象與分散化的決策，以及這些由下而上的行動如何在台灣與香港扮演了不可或缺的角色。

抗爭與中國特色

對於有意挑戰政治權威的人士而言，華人的政治文化提供了各種各樣的抗爭腳本。儒家文化重視知識權威，賦予傳統讀書人某種道德優位性，他們代表了國家與民族的良知。士大夫的天職是向掌權者進諫，指認出其錯誤與疏失，歷史教科書充滿了對於愛國殉道者的讚美。在這種既有的文化期待之下，知識菁英所發起的抗爭彷彿更加需要被重視與尊重，也因此或多或少限制了統治者可能採取的回應。比如，一九八九年天安門事件的強力鎮壓，它仍是一個有可能發生的回應選項，但是這通常代表執政者已經窮盡了其他可能，最終為了自保而必須採取的極端手段。

傳統文人的角色在今日逐漸由大學生所取代，神聖的使命不再是捍衛某一種知識與道德的正統，而是立基於現代科技的救國運動。一九一九年著名的五四運動就是這種中國知識分子傳統的現代版本，二〇年代與三〇年代的各種學生愛國主義風潮，亦是如此。[36]在一九八九年的北京民主運動中，有研究者認為，抗爭學生展現出菁英主義、英雄氣概與無私奉獻的特殊氣質，也或多或少是源自於傳統政治文化的遺產。[37]透過寫血書、跪求官員接見，學生的行動表現出對於統治者的尊重，這些精心經營的劇碼也符合了「古典政治劇場」（classical political theater）。[38]

太陽花運動與雨傘運動之所以登場，部分原因也是台灣與香港的抗爭者成功地運用了這項文化遺產，特意強化其學生身分，儘管在這兩場運動中，學生都並不是唯一的參與者。試想，如果當初闖入立法院的是一群走頭無路而備受委屈的失業勞工、迫遷戶，或是汙染受害者，不太可能激發如此廣大的回響。同理，如果當初在香港公民廣場被警察圍困的不是學生，市民的同情與支持也會大大打折。

兩場運動都是從傳統學生運動的道德力量汲取能量，但不可否認地，都出現了明顯異於既有腳本的發展。一九八九年的北京學生運動[39]與一九九〇年的台北野百合學生運動[40]，學生們都特意拉出了一條封鎖線，避免其他支持者進入專屬學生的佔領區，部分是因為學生擔心政府當局的滲透與暗中破壞，但這個做法也等於強化了學生與非學生的地位區隔。這樣的隔離並沒有出現在太陽花運動與雨傘運動，非學生的參與者也扮演了更為重要的決策角色。事實上，台灣的運動者後來正式決議，拒絕採用「學生運動」的名稱，以強調更廣大的參與群體。[41]

華人知識分子的傳統印象是不苟言笑，正經八百，但在太陽花運動與雨傘運動中，學生們的表達形式卻吸納了許多來自當代通俗的大眾文化元素。抗爭者用有創意的嬉鬧，比如利用來自日本的惡搞文化（kuso），來回應政府的官方說法與保守媒體帶有敵意的報導。太陽花運動兩位學生領袖林飛帆、陳為廷的私人生活也成為關注焦點，林飛帆的哈利波特眼鏡與綠色軍裝外套一時間成為台北街頭的風潮時尚，陳為廷抱著小熊寶寶入睡的照片在社群媒體爆紅，隔天立法院就收到近八十隻民眾捐贈的填充玩偶（即「小熊為廷」事件）。香港的運動參與者也開發出無厘頭的回應策略，比如當面臨支持政府的民眾前來鬧場，企圖製造衝突，抗爭者就不斷高唱「生日快樂」，讓鬧事者自討沒趣，成了一種巧妙又幽默的化解方式。[42] 台灣有「帆廷」的二人組，香港學生領袖周永康（Alex Chow）與岑敖暉（Lester Shum），也常被合體稱為「Alexter」，網路上流傳著腐女風格的影像創作，呈現出對這兩位年輕男性的性愛幻想（即台灣人稱的ＢＬ，或是香港人稱為「hehe」的文化）。

古典政治劇場在當代台灣與香港明顯衰退，並不是因為運動領導者的特意抉擇，他們專注於與政府當局策略應對，並沒有心思去處理抗爭行動的風格問題。比較有可能的情況是，美學品味的轉變反映了台灣與香港大學生的地位變遷。九〇年代以降的高等教育擴張使得大學生不再屬於某種菁英群體，既然大學文憑無法保證一份體面的專業工作，也不再是階級向上流動的管道，學生運動者再裝模作樣擺出傳統知識分子的菁英姿態，不但會讓人有時空錯置之感，也無法引起共鳴。進一步而言，移動數位通訊與社群媒體的普及，也讓學生與非學生的區分變得意義不大，取而代之的網路文化，顯得更為平等、具有創意與搞笑。[43]

另一方面，也可以將太陽花運動與雨傘運動的文化意義與當代中國的抗爭行動加以比較。經濟改革以來，新的社會不滿導致了各種請願與抗爭風潮。然而，在缺乏公民自由與政治權利的情況下，中國抗爭者只能採取各種新穎的方式，以表達他們的訴求。有研究者提出了「依法抗爭」（rightful resistance）[44]、「規則意識的抗議」（protest with rule consciousness）[45]、「沒有組織的民眾抗爭」（disorganized popular contention）[46]等各種名稱，來指涉這種遮遮掩掩的集體行動（或稱之為「打擦邊球」）。抗爭者並不是由下而上發起挑戰，而是小心翼翼，盡可能地運用各種體制內部容許的管道；[47]有時候，抗爭者甚至會強調自己擁護中央領導，採用既有的社會主義官方口號向地方幹部施壓。[48]儘管各種大大小小的抗爭風波不斷，證據仍顯示至少到目前為止，中國政府總是有辦法化解與控制，避免產生更廣大的政治效應。

台灣與香港發生的抗爭行動並沒有這種「中國特色」，因為兩者都是大規模的公民不服從，直接對抗政府當局。如果類似情事爆發在中國，很有可能會演變成第二次的天安門運動，後果不是流血鎮壓，就是政權垮台。儘管如此，所謂的「中國特色」並非某種恆久不變的本質，隨著歷史推移，文化也會被不斷修正。在雨傘運動期間，不少中國人到佔領區參訪，也親身見證了民眾能夠以和平與溫和的方式進行抗爭，而非總是與打砸燒的鬧事行為聯想在一起。如果這樣的理解能更為廣泛流傳，甚至生根萌芽，未來的「中國特色」將會大幅改觀。

二〇一九年的反送中運動，中國官方媒體大肆渲染「國旗被拋入海」、「國徽被汙損」、「環球時報記者被毆打」等事件，製造「香港人反中國人」的印象，還用「港獨頭目」來稱呼黃之鋒等人。香港示威者詛罵的「黑警」，在中國反而成為「止暴制亂」的英雄，還受邀參加十一閱兵典禮。這樣的操作並不是為了化解香港人的不滿，而是在向中國人與在港內地人喊話，北京最擔心是香港人的抗爭引起中國人模仿，在內地採取相同的手法進行抗爭行動。

當第二次世界大戰在一九四五年八月結束時，台灣與香港都脫離了日本人的統治。但很諷刺地，國際政治賽局在台灣與香港兩地造成的影響，從戰前到戰後並無不同。香港沒有跟著印度、緬甸、馬來亞等地去殖民化，一直到二十世紀快結束時仍是維持了「直轄殖民地」（Crown Colony）的地位，與直布羅陀、福克蘭群島等地一樣，是大英帝國獨特的歷史遺跡。[49] 英國恢復統治初期，原本規畫了一套權力分享的制度，開放公職選舉，並且以本地人來取代行政部門的外國人。後來的香港總督放棄了這項一九四六年提出的「楊慕琦計畫」（Young Plan），原因在於香港被視為是特殊的殖民地，「永遠不可能獨立」。[50] 因此，除了解除一些帶有明顯種族歧視的住宅隔離規定，英國在戰後初期對香港治理並沒有明顯的改變。倫敦當局一樣任命掌有行政與立法大權的總督，行政工作則是交付給一群外國人官僚，他們完全不需要對被自己治理的人民負責。在八〇年初期出現局部選舉管道之前，香港人幾乎沒有正式參與政治的機會。殖民政府甚至創造出「諮詢政治」（consultative politics）一詞，以掩飾其不民主的治理方式。[51]

香港舊有的殖民主義復辟，相對地，台灣人則是面對了更艱困嚴峻的處境。台灣人民親身經歷從日本統治到國民政府的轉變，可以用一個想像的香港類比來說明。在回歸祖國之後，北京政府認定香港人「被英國帝國主義奴化」，不熟悉普通話成了開除原有公務人員的理由。中央政府從內地派駐官員填補外國人所留下的職缺，但他們完全不理解香港事務，也不懂英語或粵語；只有一些具有內地關係的本地人會被任用從事公職。所有英國人的經濟資產被當作「敵產」充公；很快地，英文也被禁止在公共機關與公共場合使用。在一場類似二二八事件的反抗活動宣告失敗之後，原本的香港菁英被清除殆盡。北京領導人認為，對於殖民主義的依戀與缺乏對祖國的向心力是導致反抗的主要原因，因此，政府下令禁止任何關於殖民時期的討論，學校教科書鼓吹反英思想，並且將英國統治描述為黑暗時期，而香港的「光復」則是嶄新未來的開端。上述想像的情節或許看似過於悲觀黯淡，但卻是用香港語言來呈現台灣人的實際感受。事實上，也有證據顯示，香港人開始這樣思考他們所面臨的灰暗未來。雨傘運動落幕，引發諸多討論的政治電影《十年》（二〇一五），即是講述這種發展的可能。

台灣與香港儘管都遠離中國政治權力核心，但兩者都承受了中國崛起的衝擊。幾千年以來，中國的歷史都受到來自遠方的動盪之影響。傳統觀點認為中華文明的進程是來自於其核心地區的內部發展，但是邊陲的反叛經常帶來了歷史的斷裂與轉型，來自北方的突厥、蒙古、女真遊牧民族之軍事行動決定了統治王朝的命運。上個世紀的民國革命也是起源於一小群廣東的革命分子，孫文與其協力者在香港和海外華人社會建立了動員網絡。同樣地，共產黨革命也是起自邊陲地帶，以及來自於蘇聯的軍事協助。在中國的歷史發展中，政權頹圮，世道滄桑，也是因為不願歸順的邊陲經常出現強而有力的挑戰者。

古典中國哲學很早就察覺到統治權力遞嬗的現象，也發出一套關於「天命」的學說。天命即是統治者的正當性，軍事將領、領主、部落酋長、農民領袖都有機會登上天朝王座，只要他能夠順應時勢，掌握天命。[52]中國最後一個帝制王朝在一九一一年崩解，在一個世紀以後，中國統治者又重新經歷來自邊陲地區的挑戰。如今，北京的掌權者已經放棄了社會主義革命的口號，改採民族主義的意識形態，以正當化其專制。其支持者斷定，中國傳統的天下觀將會取代所謂的「威斯特伐利亞體制」（Westphalian system），未來的國際秩序不再是由形式上平起平坐的民族國家所構成，而是以中國為核心的差序格局。[53]對於習近平而言，前殖民地的文化同化（香港與澳門）、收復失土（包括台灣在內），以及海外的擴張（南中國海與其他地區），是其中華民族偉大復興之工程的必要環節。然而，中國越是重新拾起帝國的文化遺產，就越容易激發所謂邊陲與鄰國的抵抗。

本書並沒有宣稱太陽花運動與雨傘運動必然導致中國權力核心的遽變。然而，值得注意的是核心與邊陲之間多元而相互矛盾的互動，這是檢視中國之全球崛起所需要納入考慮的要素。誠如一位評論者所指出的，台灣的未來大致上是取決於「中國的野心與美國的利益」之角力；而香港的前景還額外受到台灣因素的影響。[54]與傳統的中華帝國之邊陲挑戰不同，台灣與香港的抵抗者並不追求承襲統治王位的天命，而是要維持自身特殊的文化、認同與生活方式。太陽花運動與雨傘運動是這種渴望的強烈表達，在其落幕之後，也將會進一步影響中台與中港的關係演變。

世界強權的興衰與其對於國際秩序的影響，通常是國際關係與安全研究專家的領域；相對於此，社會運動的研究者通常傾向觀察短期間的抗爭動員，這似乎與巨觀的全球變遷毫無關連。因此，中國霸權的興起通常是以軍事或經濟的觀點進行討論，鮮少有研究者關注其公民社會所扮演的角色。在此，社會運動研究的發現可以填補這項空缺，因為其對於中程（meso）過程（組織間）與微觀（micro）過程（人際間）之關注，有助於我們理解尋常百姓是如何受到巨觀（macro）過程（國家或超越國家層級）之影響，以及他們為何願意投身於某些非比尋常的抗爭運動。地緣政治的演進邏輯誠然主要是受制於諸多由上而下的力量，例如軍事競爭與經濟實力；然而，公民社會有時也會適時發揮其作用，並產生跨境的影響力。

本書架構與研究資料

本書的寫作採用多種研究資料。由於地利之便，我在二〇一四年三月十八日，學生衝入立法院後的兩個小時就來到了現場，見證創造歷史的時刻。基於個人的人脈之故，我有機會參與了幾場內部的決策會議，也因此得以進行場內外的觀察。然而，我不認為自己是參與者，在長達二十四天的佔領活動中，我的介入僅限於寫評論聲援與街頭短講；雨傘運動親身經歷則較為間接，只有兩天的田野觀察。

為了更進一步理解不同運動參與者的親身經驗，我在台灣與香港進行深度訪談（見附錄一）。總計訪談了七十二位香港人與澳門人、六十六位台灣人，受訪對象包括兩地的學生參與者、學生領袖、公民團體幹部、政治人物與其助理、政黨工作人員、新聞記者、大學教授等。由於太陽花運動與雨傘運動都是少見的大規模抗爭，事後也出現了相當豐富的出版資料，包括紀錄片、深度報導、回憶文集等，也具有相當的參考價值。

第一章將先介紹兩場運動的歷史背景以及新世紀以來的發展。北京政府經濟優惠措施在兩地都創造出一群享有特權的在地協力者，儘管如此，更深入的政治干預卻帶來新的不滿。香港人抵抗中國化，也就是政治與文化的同化，而台灣人開始擔心香港成為自己未來的寫照。兩地都出現了抵禦中國影響的自我防衛抗爭，本土認同也逐漸取代了中國認同。

在太陽花運動與雨傘運動爆發之前，青年抗爭風潮已經登場，本章同時也探討背後共同而相近的經濟不滿。隨著台灣與香港年輕人的抗爭行動越來越頻繁，他們的運動網絡更為廣泛而且堅實，促成了兩場翻轉歷史的抗爭之人際關係基礎。

第二章分別檢視太陽花運動與雨傘運動的興起脈絡與運動歷程，我將使用政治機會、威脅與對峙僵局的理論概念。在其爆發的時刻，政治機會並不有利於抗爭者，他們的訴求並沒有獲得執政者的正面回應。然而，在因應抗爭者的過程中，台灣與香港的執政者都犯了嚴重的錯誤，創造出急遽的危機感，使得兩地民眾感受到採取行動的急迫性。台灣執政黨強行通過有爭議的服貿，而香港警察使用了催淚彈，兩者都激發了原本並不關注運動的公民積極參與。因此，兩場運動都不是因為有利的政治機會而產生，而是由於突然加諸的威脅。

太陽花運動與雨傘運動都是與執政者長期對抗，形成所謂的對峙僵局。在其過程中，運動的領導群都是重新組成，這使得事先的組織與規畫派不上用場，甚至成為某種阻礙。對於抗爭者而言，對峙僵局所提供的機會之窗是非常短暫的，持續越久，他們就暴露於更多的危險之中。對峙僵局是一種自成一格（*sui generis*）的情境，其中的偶然性發揮了重大的影響。這也是為何台灣原先薄弱的組織卻促成了強而有力的領導核心，讓運動能夠光榮退場，而香港人的運動則呈現相反的樣態。

第三章討論廣泛而自發的運動貢獻，以及草根參與者的現場與自發性決策。我提出「臨機應變」的說法，以理解這種「沒有事先協調與規畫的策略性反應」。這些不請自來的運動參與有形形色色的類型，也滿足了長期紮營與佔領的各種需求。某些流行的文獻過度歌頌所謂的無領導者運動，彷彿每一個人都是社運達人。實際上，運動現場的臨機應變是具有階層性的，因為某些有經驗的參與者扮演了更吃重的角色；也有可能引發衝突或是矛盾，因為參與成員原先就具有不同的意識形態傾向，內部對立是很難避免的。

第四章關注兩場翻轉歷史的抗爭之後果。在台灣與香港，佔領結束後新一波的抗爭運動興起，青年世代參與者組織政黨，並且參與選舉。後太陽花的台灣經歷政黨輪替，而後雨傘的香港也出現要求自決或是獨立的政治團體。我將描述北京如何回應兩場前所未有的運動，以及其在東亞區域的回響。

第五章先總結太陽花運動與雨傘運動的觀察與分析，並進一步討論這兩個運動個案對於社會運動研究領域的啟示。第六章則是處理二〇一九年年中爆發的香港反送中運動，無論就參與規模、傷亡與被捕人數、國際衝擊等，這場以「時代革命」為名的抗爭已經遠超過五年前的雨傘運動，其後續效應仍值得進一步追蹤。最後，我將提出這幾場來自邊陲的抵抗可以提供怎樣的獨特視角，增進我們對中國崛起當代意義的理解。

第一章　佔領之前

「成千上萬名示威者創造出一場有機的改革運動，看似沒有清楚界定的領導者，卻能像一個有機體般地行動。」一位西方著名的攝影師用這樣令人陶醉的語言描述香港的雨傘運動。參與者的公德心與理想情操令人著迷，他進一步宣稱，「一國家有這樣素質與能力的人民，應該想辦法接納他們，並且讓他們掌握權力，而不該是壓制他們。」[1] 英國廣播公司對台灣太陽花運動的報導也使用了類似的語言，運動的主力成員是「奮起中的青年民主派，他們對於主要政黨感到失望」，參與者都是「一般民眾，他們要求自己的聲音被聽見，企圖保衛台灣的未來」。[2]

不需要組織的組織化？

我們常可在針對當代各種翻轉歷史抗爭的報導與分析中，見到這類公民自發行動的圖像。有研究者指出，點燃中東與北非各國的阿拉伯之春風潮「沒有清晰的綱領，也不存在有著領導者與追隨者的階層組織」[3]；也有人進一步提出，這個巨大的變革是一場「沒有革命分子的革命」（revolution without revolutionaries），因其完全缺乏新穎而具突破性的理念，人民是要趕走不受歡迎的統治者，而不是要求一套新的政治與經濟體制。[4] 關於全球反資本主義的抗議運動，觀察者指出「這是一場沒有意識形態推動的運動，不存在關於另類社會的一致性想像」。[5] 大衛・格雷伯（David Graeber）是一位親身參與佔領華爾街運動的人類學家，他提供了第一手的觀察，深刻描述這些沒有組織背景的參與者如何促成了一場舉世關注的抗爭。[6] 以上種種描述都強化了一個看法，即衝突性高的抗議是突如其來的，事前存在的公民團體與政黨只扮演了非常邊緣的角色。

另一方面，數位溝通的進步也常被認為是促成無組織公民抗爭行動大量興起的重要關鍵。隨著網際網路變得更普及、迅速、互動化，以及具有移動性，抗議者能夠更輕易地躲避統治者的言論控制，並克服主流媒體的忽視。網際網路帶來了一種「不需要組織的組織化」（organizing without organizations）的力量，因為發起社會運動的成本已經大幅降低；過去需要透過街頭發傳單、鄰里口耳相傳、購買大眾傳媒廣告的宣傳，現在只需要智慧型手機就可以達到同樣的效果。[7] 社群媒體的力量無遠弗屆，更促成了新的「聯繫行動」（connective action）出現，讓參與者不用再依賴既有的、需要組織動員的「集體行動」（collective action）。[8] 曼紐爾・卡斯特爾（Manuel Castells）認為，資訊社會帶來了劃時代的改變，「大眾自我傳播」（mass self-communication）取代以往的大眾傳播，「立即的抗爭社群」（instant insurgent communities）得以隨處浮現。[9] 對於網路的樂觀期待早在阿拉伯之春出現之前就已存在，更有人預言，「伊斯蘭的民主將會以數位方式誕生」。[10]事實上，西方媒體在埃及革命登場前，即已創造並傳播某種「臉書革命」（Facebook revolution）的刻板印象。[11]威爾・葛寧（Wael Ghonim）是在杜拜工作的Google電腦工程師，他設立了反政權的臉書粉絲專頁，在雲端促成了開羅的抗爭行動風潮。埃及革命其實是由一位沒沒無聞的社群媒體管理員所引發的神奇故事，似乎印證了線上動員的強大力道。之後，葛寧提出了「革命2.0」的說法，認為推翻獨裁不需要領導者，只需要「一種只憑著群眾智慧的自發運動」。[12]

黃之鋒也曾透露，當學民思潮開始參與反國教運動，他與夥伴們所想到的第一件事就是架設臉書的粉絲專頁。[13]事實上，學民思潮迅速成為香港抗議運動的明星，部分原因也在於年輕的幹部善用數位科技。舉例而言，如果想要加入學民思潮，只需要在網絡上填寫一份Google表單就完成了登記手續。[14]因此，在雨傘運動登場之前，「線上的公民自我動員」已經成為明顯的運動參與類型。[15]這個觀察同樣適用於台灣。學生的動員高度依賴社群媒體，青年反媒體巨獸聯盟善用臉書傳播有創意的迷因（memes），例如「我在××，我守護台灣民主」的圖文分享，接觸更多的網民。[16]二〇一三年八月的「佔領內政部」行動現場有近萬名的參與者，一位農陣學者評估，其中有八成應是看到網路消息而自發前來的。

儘管如此，有越來越多的證據顯示，如果把網際網路視為唯一的決定性關鍵因素，往往會過度誇大其作用，而且容易產生誤導。除了臉書所發揮的作用，埃及革命仍有其線下的起源，因為「一小群運動者仔細規畫抗議進行的方式」，且他們的合作經驗超過十年以上。[17] 埃及人民的起義之所以成功，也是由於反對黨、勞工運動、伊斯蘭組織的既有人際網絡產生了作用。[18]「臉書革命」其實是一種過於簡化的說法，似乎只是為了迎合西方讀者的需求才產生的，真正發生的過程是「複雜而辛苦的基層工作」，如此才促成反對者願意走上街頭。[19] 二〇一一年西班牙的憤怒者運動儘管表面上宣稱其自發性與獨立性，但其動員的基礎仍架構於先前的自主運動（即獨立於政黨的左派運動）之上。[20] 同樣地，托德．吉特林（Todd Gitlin）也認為過度浪漫地描述佔領華爾街運動容易產生誤導，因為多數的支持者其實是來自工會與進步團體的成員，並非純粹自發的「覺醒公民」。[21] 換言之，假定這些抗議群眾都是基於自發行為，容易忽略既有的運動網絡；有這種組織的基礎，大規模的反政府抗爭行動才能夠出現。

進一步而言，台灣與香港的運動者也都深知，社群媒體並不能解決集體行動面臨的所有問題。在準備佔領立法院與公民廣場之前，兩地的參與者都特意避免用手機聯絡，因為他們懷疑線上通訊已被警方密集監控。事實上，佔中運動有個內部規定，就是在開會時所有人的手機都不能進入會場。這樣的預防措施造成了一個意外的結果：二〇一四年九月二十六日晚上，學生衝入公民廣場，佔中運動的幹部正在開會而毫無知覺，因此錯過了第一時間的反應，造成了一開始的混亂。

我記得大概是晚上十點，剛剛開完我們的會議。會議進行的時候，因為怕被監聽，所以我們每一次開會都會把所有的電話放在另一個地方，等開完會以後才知道他們已經衝了。我們當然也趕去政總，去看一下有什麼可以幫忙，學聯有很多人已經翻牆進去給警察抓了，所以我們就在學聯留下來的大台維持一些秩序。[22]

在社會運動研究中，抗議是一種「複雜而高度異質化的網絡結構」已經成為目前的共識。[23] 早期主流的解釋採取過於「低度社會化」的觀點，「集體行為論」認為運動參與只是某種不平衡心態的情緒表達，「理性選擇論」則著重於個體的成本效益計算，兩種觀點都忽略了社會關係的重要性。因此，既有的人際網絡如何將潛在的不滿轉化為實際的抗議，成為後續社會運動研究的重要課題。[24] 麥亞當提供了一個古典的解法，說明為何事先存在的網絡有助於行動者參與。社會關係緊密的人們會將參與集體行動視為一種心理上的回報，而不是要付出的代價。有了這種「團結誘因」（solidarity incentive），就比較有可能克服搭便車困境所帶來的難題。此外，社會關係有助於內部的溝通，因為人們總是比較願意接受熟悉的人提供的訊息。[25] 因此，社會關係將人們連接在一起，也使得他們更願意採取共同的行動。

現實上，運動網絡形形色色，並無一致的樣貌。古典形態的運動網絡有專業化（由全職幹部負責）與正式化（有制度化的規則）的組織，能夠維持長期的運動參與。[26] 但並非所有運動都能匯集足夠的資源來維繫這種制度化的運作方式，絕大部分社會運動組織的特徵是鬆散與多重中心。[27] 在比較不制度化的那端，社會運動的網絡附著於既有的組織或日常人際關係，因此其抗議運動的發生是依情況而定，沒有固定的準則。研究者採用不同的方式來描述這種低度協調的形態，如「運動網絡」（movement network）[28]、「社會運動社群」（social movement communities）[29]、「社會運動家族」（social movement families）[30]，強調不應將個別抗議視為彼此不相關的單獨事件，而忘了背後的社會關係。因此，無論其組織化的程度，運動網絡仍是支撐大規模抗議運動的基本元素。

「八十後」與「七年級生」的世界圖像

隨著台灣與香港的抗議運動興起，一群青年世代的行動者也在政治上成年，成為有影響力的行動者。他們清楚意識到自己與前一代的差異，也願意探索更新穎、更具有破壞性的抗爭行動。在香港，二十、三十歲的年輕人發起了二〇〇六到二〇〇七年間的文史保存運動（按：香港通常稱為「保育運動」，但為免與台灣保存生態環境的「保育」混淆，下文皆以台灣通行的「文史保存運動」稱之）。二〇〇七年八月，政府清除佔領皇后碼頭的抗爭行動前夕，香港知名評論者梁文道寫下一篇〈時間站在我們這邊〉。梁文道提到，新世代的運動者已經興起，他們帶有新的價值觀與國際視野，而且不願意玩舊官僚的政治遊戲。[31] 儘管兩座具有歷史意義的碼頭最終仍遭拆除，這些文史保存先鋒啟發了後續香港青年的行動。「八十後」一詞最早出現於二〇〇九年的六四紀念活動，一群被年長者指責不關心中國民主的年輕人決定搞一場「八十後六四文化祭」，他們選定的英文名稱「P-at-Riot」（即尿尿亂撒）顯然就是為了與老一輩的愛國主義基調保持距離，帶有特意戲謔與嘲諷的意味。在反高鐵運動中，以「八十後」為名的參與者發動了全港的「苦行」，展現其反對的意志。在此之後，「八十後」成為抗議運動青年的認同，包括「八十後反特權青年」、「八十後反地產霸權」等。[32] 在香港的公共論述中，這個詞彙也開始與青年人的抗爭行動連結在一起。

相對於此，台灣並沒有類似的字眼表達抗議運動與世代認同的連結。一九九〇年的三月學生運動帶來了「野百合世代」一詞，他們是當初就讀大學的「五年級末段班」、「六年前段班」，而太陽花運動爆發時，他們已是五十歲上下的中年人。台灣二〇〇八年以後抗議運動的主力是一群大學生或畢業不久的社會新鮮人，俗稱「七年級生」，出生於一九八一到一九九〇年間。二〇〇八年的野草莓學生運動是其代表作，學生參與者特意選擇了這個帶有自我嘲諷意味的名稱，正是為了抗議年長者認為八〇年代出生的年輕人是中看不中用的「草莓族」之刻板印象。在之後，「青年」一詞也常出現於各種抗議運動。例如，在反國光石化運動（二〇〇五~二〇一一）中，「全國青年反國光石化聯盟」的登場是值得關注的轉捩點；反媒體壟斷運動成為全國注目的議題也是由於二〇一二年成立的「反媒體巨獸青年聯盟」，讓學生有了得以參與的管道。最後，學生開始參與反服貿議題，也是起源於二〇一三年成立的「黑色島國青年陣線」。

在兩地，「八十後」、「七年級生」、「青年」其實都是指出生於八〇年代的世代，西方稱為「千禧年世代」（millenials），因為他們通常是在世紀交替之際成年。台灣與香港的年輕人願意參與抗爭行動，也明確意識到他們與年長世代的差異，一來是基於共同的人口與生命週期，再來也與近來的經濟形態轉變有關。在美國，六〇年代新左派運動的主角是戰後嬰兒潮世代，他們經歷了前所未有的資本主義榮景，與生俱來理想主義的情操，也樂觀相信進步的改變是有可能的。[33]然而，在香港與台灣的脈絡中，並非是物質富裕促成了年輕人的抗爭行動，而是他們開始意識到，自己再也無法享有父母親那一輩的經濟成就。

二〇一一年，北非、中東、南歐與北美之翻轉歷史的抗爭中，帶頭的是「迅速擴增的高教育但是失業青年」，他們淪入日益龐大的「不穩定的危殆階級（precariat）」。[34]在葡萄牙，反對政府撙節政策的抗議者宣稱自己是「絕望的世代」（*geração à rasca*），深刻呈現了年輕人所面臨的經濟絕境與其不滿。[35]在東亞脈絡，也有評論者認為「黯淡的經濟前景」促成了青年參與抗議行動。[36]

台灣與香港並未面臨迫切而嚴苛的經濟困境，沒有像北非與中東國家長期處於停滯不前的狀態，也不像南歐經歷了債務危機與撙節政策所帶來的急劇衰退。一九九七年亞洲金融風暴、二〇〇三年SARS風暴、二〇〇八年的全球金融海嘯是有帶來負面衝擊，但台灣與香港很快地恢復元氣，沒有產生持續的經濟傷害。儘管如此，經濟不滿仍明顯可見。台灣與香港都告別了高速成長與充分就業的年代，在新的世紀進入一個緩慢成長的時期。在一九八〇年至一九九九年間，台灣平均每年經濟成長率是百分之七點六，在二〇〇〇年至二〇一四年間，只有百分之三點八，香港則是從百分之五點五降到百分之四。[37]共同的後果即是青年失業率（二十五歲以下）的攀升：從一九九〇年至一九九九年，台灣的平均青年失業率是百分之五點七，到了二〇〇一年至二〇一四年成長到百分之十一點六，香港的情況則是從百分之七點六提升至百分之十三點一。台灣與香港的年輕人都得面對更為嚴峻的勞動力市場，但處境仍有不同。香港在殖民地時期的自由放任政策下已出現極端的不平等，主權移交之後更形惡化，測量不平等的指標基尼係數從一九九六年的零點五一八，升高至二〇一一年的零點五三七。台灣的問題在於薪資的長期停滯，從二〇〇〇年到二〇一四年，每個月的中位數薪資實際上降低了百分之零點一四。[38]很顯然地，兩個在八〇年代以迅速成長聞名的亞洲新興工業化經濟體，已經喪失了往日的風華。近幾年，兩地也都因為製造業外移，而出現失業率升高的現象。經濟成長減緩、薪資停滯、失業與不平等惡化，對八〇年代出生的年輕人衝擊尤其明顯，因為他們通常是在新的世紀進入職場，直接成為這些負面趨勢的受害者。

與先前世代相比，八十後的香港人較有可能進入高等教育，但是大學文憑不再是取得中產階級地位的保證。中產的定義通常是掌握一份專業者的工作、擁有私人公寓，這是過去所謂的「香港夢」所允諾的內容，但是年輕世代已經越來越難實現這個夢想。[39] 香港經濟在二〇〇三年的SARS風暴中嚴重受創，雖然很快藉由來自中國的投資與觀光客消費復原，但卻帶來了房價的投機炒作。二〇一四年一項關於三十五歲以下香港人的調查顯示，他們比年長世代更不認同自己屬於「中產階級」。[40]

同樣地，台灣年輕人也普遍認為，過去在工業化起飛時代的階級向上流動機會已經成為過眼雲煙。一九四六年到一九七七年間出生的台灣人處於高度流動性的社會形態，這樣的機會是後來的台灣人所無法享有的。[41] 在可預見的未來，年輕的台灣人不太可能經歷「黑手變頭家」的生涯轉變。[42] 十分有趣的是，台灣向來比香港在經濟上更為平等，但有研究發現，台灣人比香港人更傾向將不平等視為嚴重的社會問題。[43] 非常有可能的情況是，持續的薪資停滯、創業與向上流動管道的封閉，讓台灣人對自身處境的主觀評價日益朝向負面發展。

社會學家呂大樂在二〇〇七年出版了一本膾炙人口的《四代香港人》，他提到第四代香港人（一九七六到一九九〇年間出生）注定就是輸家，因為他們成長環境已經定型，不再提供豐沛的創業機會。[44] 這樣悲觀的診斷引發了香港人關於青年問題的討論。在台灣，或可用二〇一一年出版、由一群學者與勞工運動者共同撰寫的《崩世代》作為比較。這本書是描述台灣青年世代（當時二十至四十歲者）的悲慘未來，因為他們面對了少子女化、貧窮化與財團支配的困境。[45]

香港的「八十後」與台灣的「七年級生」出生於景氣繁榮的年代，但是等到他們告別校園、踏入社會，卻面臨了嚴苛的經濟現實。經濟不滿不會直接促成抗爭行動的發生，然而，共同的經濟剝奪感形塑了一個正在成長的世代之世界觀，而這些共同認知影響了他們如何表述與展現其抗爭行動。

當年輕的台灣人與香港人投身於抗議隊伍行列，會特別關注社會不義的問題，在許多青年人參與的社會運動中，「正義」成了經常使用的框架。比方說，台灣各種反對土地徵收與開發案的行動中，經常可見「土地正義」的標語，台灣的農陣與香港的土地正義聯盟（二〇一一年成立）正是採用這個口號。台灣年輕人投身反都更的抗議，要求「居住正義」；香港人也質疑政府所推動的市區重建根本是為了「地產霸權」。

年輕人苦於經濟機會的缺乏，但在同時也出現了另一股看似與之相違的潮流，批判主流社會重視經濟發展的價值觀，並因而忽略了其他面向。在香港，反抗政府主導市區重建、填海造陸、高鐵興建等運動的出現，即意味著某種後物質主義傾向的浮現，對這群年輕人而言，收入增加的滿足已不再是最首要的。[46]一項根據二〇一一年與二〇一四年的調查顯示，後物質主義的價值觀（言論自由、更符合人性的社會）幾乎與物質主義的價值觀（維持秩序、物價穩定）

並駕齊驅。[47]同一時間，台灣也出現了類似的抗議。舉例而言，科學園區的設置吸引高科技業廠商的大筆投資，通常會受到地方政府與當地居民的熱切歡迎，但在近幾年，科學園區的擴張卻會受到環境運動者、在地農民與學生的聯手反對。[48]以往，農村被視為落後地區，缺乏社會與經濟發展，有志向的年輕人應去大都市闖蕩打拚；如今卻掀起一股逆向的移民風潮，農村生活開始吸引一些受過高等教育的年輕人返鄉，進行環境友善農業或其他形式的社會實驗。[49]換言之，正是由於台灣與香港免於急遽性的崩潰危機，年輕人並未陷於危及生存的經濟困頓，因此才能夠採取新形態的參與方式，探索追求經濟發展以外的非主流價值。

台灣與香港的年輕人並不只是經濟結構的消極受害者，他們也積極表述屬於他們世代的特有經驗。二〇一〇年出現了一份《我們的八十後宣言》，其中提到：「我們保持年青，讓生命持續燥（躁）動／我們擁抱歷史，把已故的美好價值承接到未來／我們保持敏感，發掘美好社會隱藏的虛偽／我們保持發聲，坦率宣說一切不公義。」這份宣言高舉了真誠、歷史感、社會正義與包容的價值。[50]八十後的世代並非立基於特定的意識形態，而是一種年輕人對於偽善、物質主義、主流政治的拒絕。十分有趣的是，台灣的七年級生也有這樣的想法。在二〇〇八年野草莓運動期間流傳著一首《野莓之歌》，其中提到：「我不是溫室花朵／你也不用假裝溫柔／我學不會你們虛偽的臉孔／只會真實面對自我。」[51]這兩篇文字所彰顯的價值是個人情感的本真，而抗議參與則被視為是這個世代自我追求的延伸。

這些青年參與者開始有意識地建構一套更完整的世界觀圖像。在香港，一群「八十後自我研究青年」在二〇一一年至二〇一三年間出版了他們的年度文集。儘管反高鐵運動失敗了，但參與成員投入菜園村的歷史書寫，記錄這個即將消失的村落在戰後香港歷史的意義。[52] 香港的八十後書寫儼然形成為一種興盛的出版產業，滿腔熱血的年輕人有太多想要講出來的心聲；台灣雖然沒有發展出類似的盛況，但仍有一些可相對照的情況。文學創作領域有一群被稱為「七年級作家」，他們在三十歲之前就建立了自己在文壇的名聲，在一本共同創作的文集中，許多作者都提到過往參與抗議的經驗，以及對於後來生涯的影響。[53] 此外，出版於二〇一四年的《島國關賤字》也收集部分青年運動者的文章，他們選定九個熱門詞彙，例如表示低薪的「22K」、貶損中國人的「426」、居住不正義的代表「帝寶」，並且闡述年輕人的看法。[54]

打造運動網絡

對於二〇一四年兩場翻轉歷史的抗爭而言，一群具有共同批判意識的青年世代登場只能算是必要，但不是充分的條件。如果沒有先前抗議運動打造的人際關係，就沒有促成行動可能的抗爭社群。在台灣與香港，一種涉及學生、公民團體、反對黨的人際網絡逐漸浮現，塑造出兩場佔領運動的核心成員與幹部。在台灣，從二〇〇八年的野草莓運動到二〇一四年的太陽花運動有明顯的承續關係，一群學生打造了串連校園內外的動員網絡，帶動一波又一波的抗議風潮。在香港，大學生積極參與二〇一〇年的反高鐵運動，其作用也可與野草莓運動相比。此後，有更多的學生參與，甚至投身選舉，深化了學生與非學生的聯繫。

二〇〇八年十一月的野草莓運動，抗議的是上任不久的國民黨政府為了迎接中國特使過當的警力維安。抗議者要求政府道歉、撤換相關首長，並且修改集會遊行相關規定，但未獲得正式的回應。台北自由廣場的靜坐持續了兩個月，最後因為氣力散盡而解散。表面上看來，野草莓是一場失敗的運動，但卻帶來了深遠的後果。首先，在一九九〇年的野百合運動之後，學生逐漸消失了對於全國性政治議題的關切。[55] 在一些規模較小的議題，例如從二〇〇四年開始的樂生院保存運動，學生參與仍是其明顯的特徵，不過學生參與者轉變為一個緊密連結的小群體，也避免涉足政黨政治。[56] 儘管野草莓運動並未提出中國因素，而是將焦點放在人權與可能的「威權復辟」，但這仍是學生運動者第一次碰觸兩岸議題，反映了北京對於台灣的影響力之提升。同時，成員們記取運動失敗的教訓，他們決定重返校園，建立新的組織基礎，持續並且擴張運動的參與。於是，野草莓運動不只侷限在台北，靜坐活動開始在新竹、台中、嘉義、台南、高雄出現，全國性的校園組織工作也在事後隨之開展。

在各地大學校園，運動取向的社團如雨後春筍般浮現。先前學運氛圍薄弱或沒有學運基礎的學校開始出現新的社團，例如成功大學的02社、清華大學的基進筆記、中山大學的放狗社、中正大學的牧夫們；在已有基礎的學校，原本已經倒社或沉寂許久的異議性社團重新恢復活力，包括中興大學的黑森林、東海大學的人間工作坊。一項針對全國四十八間大學的六十九個運動型社團的研究指出，絕大多數的組織都是在野草莓運動之後成立的。[57]在不同的校園，這些活動都或多或少受到野百合世代成員的支持，因為他們當中有不少人已經晉身成為大學教授，自然同情與鼓勵新一波的學生運動。

為了在校園內吸引更多的關切與參與，這些野草莓運動成員採取許多實驗性的策略。有些社團帶入校園外的政治議題，例如成大的02社每年都在二二八進行蔣介石銅像的抗議活動，宣傳轉型正義，清大的基進筆記則是關切鄰近的環境抗議運動。也有些社團強調校園生活問題，希望更多學生能從近身的議題開始關切公共事務，中山的放狗社爭取學生機車停車權益，而中正的牧夫們則曾發起關於選課規定的抗議。台大學生會也採取了這種關注學生權益的策略，在二〇〇九年抗議學校領導高層只重視追求學術卓越，忽略學生的受教權利。為了抗議教學助理的薪資減縮，台大學生會幹部在二〇一一年發動了以研究生為主的工會籌組，在經歷了法律訴訟，終於成為台灣第一個高等教育的企業工會。[58]

一位太陽花運動的參與者在二〇〇七年進入大學就讀，二〇一五年從研究所取得碩士學位，如此描述他的個人觀察：

我記得我剛開始進大學時，阿扁改大中至正紀念堂，引發爭議，在台大社會系辦一個座談，好像一百人或七、八十人參加，那時候就覺得好多。後來發現大家都在辦座談。其實以前在台北一個晚上可以參加的座談很少，參加的人跟舉辦的工作人員是重複的。後來是每個晚上都超級多場次。除了校園外的哲五，校園內的也是。後來到校園內，比如說在學生會一場，社團一場……[59]

換言之，在太陽花運動爆發之前，台灣各大學校園已經充滿了形形色色的抗議活動。這些學生運動者深知，建立跨校園的聯繫是有必要的，一位參與者提到，「野草莓運動真正把大家像肉粽一樣串連起來」，[60]因此他們特意想要在運動結束後仍維持串連。在野草莓的基礎之上，跨校與區域性的網絡出現了幾種組織方式，有時也會因為參與者的求學生涯轉變，而帶來新的動員網絡。林飛帆（一九八八年生）與陳為廷（一九九〇年生）就是最好的例子。林飛帆在二〇〇八年至二〇一一年在成大念大學，參與了02社的創建；二〇一一年之後北上台大攻讀研究所，並在二〇一二至二〇一三年間擔任研究生學會會長。由於其求學過程，林飛帆成了串連台北與南部學生的節點。陳為廷在參與野草莓運動時仍是個高中生，也因此認識了台北的大學生參與者；他在二〇〇九年之後於清大讀書，參與基進筆記，因此擴張了新竹與苗栗的運動人脈。

學生參與者也積極尋找更大的議題，串連起全國性的動員網絡。二〇一〇年，出現了一個大學學生權利調查評鑑小組的活動，一開始是因為學生言論自由議題，後來擴大成為全國性的監督性組織，一直到二〇一三年為止，每年公布都會各學校的調查報告。[61] 南台灣的學生有感於其邊緣的位置，更加願意參與跨校的合作。他們在二〇一一年創立了一份名為《行南》的季刊，舉辦搖滾音樂會與演講活動，持續進行到太陽花運動爆發前夕。事實上，學生在二〇一二年很快地成為反媒體壟斷運動的主角，正是因為他們在二〇〇八年之後所建立的全國性網絡。[62] 密集的運動網絡成為招募新人的重要管道，一位在二〇一三年進大學的運動成員如此描述自己高中的啟蒙過程：

> 我大概是高二升高三的時候開始關注社會議題，那時候是反旺中……我在臉書看到，開始追蹤一些人。那時候也不是覺得他們是偶像，只是覺得怎麼會發生這麼扯的事。我想說挖靠，就開始去查什麼旺中那個集團，看很多文章，然後開始透過這些人的臉書連結到譬如說王家的議題，譬如說華隆罷工的議題。[63]

但是只靠臉書訊息仍是不夠的，真正的關鍵在於透過運動網絡帶來的人際關係。「後來到高三，反旺中的學生來南部辦講座，那是我第一次參加他們的活動……在那之前都只是臉友。那天晚上我還跟他們去吃熱炒，那時候是二〇一三年的寒假。」因為這個機緣，她認識了當時在台南念大學的ＴＷ29，「那時候選大學志願的時候，我還傳簡訊給ＴＷ29，還叫她姊姊。我大學想要參加異議性社團，北部的大學，我問她覺得可以去什麼學校？然後ＴＷ29就說，如果選清大可以去基筆，如果選中興就去黑森林。我那時候還跟她謝謝。那時候對社會運動有熱忱。」

學生參與者也會舉辦一些交流與相互學習的場合。第一次的活動是在二〇一一年，三十位左右的學生運動者組織了三天的工作坊。[64]一開始，這些交流是非正式的，規模不大，參與的人只限於少數受邀者；隨著消息在社群媒體傳開，更多的學生表達了參與的意願，活動因此變得更為密集，規模也隨之擴大。[65]二〇一四年一月，也就是太陽花運動登場前兩個月，舉辦了一場「庶人之亂」的培力營隊，報名人數超過兩百人。一位參與者指出，那次營隊讓許多學生有機會認識公民團體的幹部，這些關係在佔領立法院時都有派上用場。一位主辦者就表示：「在辦營隊的過程中需要去聯繫一些講師，所以我跟這些講師之間也就有機會認識。有一些比較資深的社運幹部是之前聽過，但沒有接觸到。」[66]更密集的動員與組織化也讓參與的學生成員變得更加精明能幹。在太陽花運動之前，有一群學生運動者甚至撰寫完成了一份運動手冊，提供組織抗爭行動的基本知識；只不過這本手冊在太陽花運動落幕之後才正式出版。[67]

學生運動的復甦吸引了公民團體與反對黨政治人物的注意，他們企圖與新生的學生運動成員建立關係。儘管其意圖與動機各有不同，結果卻讓學生運動者享有的動員網絡跨越了學生的界限，與其他公民社會部門產生聯繫。農陣是最積極招募學生成員的社運組織，從二〇〇九年開始固定舉辦夏令營，吸引了好幾百位學生的參與。[68]公民團體企圖從學生運動吸收新血，學生也更容易從公民團體汲取資源。一群與台灣大學濁水溪社有關的學生參與了史明口述歷史的撰寫與出版，並從二〇一三年開始舉辦二二八音樂節。[69]除了學生的投入，這些活動也獲得了獨派團體的支持。以高雄為基地的《行南》，其出版與論壇活動就受惠於南部獨派的資金贊助。一位《行南》的核心人士提到：

> 南部獨派社團一開始沒有介入學生的串連，後來因為有人在中間幫忙牽線，雙方才搭上線。透過這些關係，南部的一些長輩才開始接觸到年輕人。通常就是我們寫個計畫，他們看看OK，就提供一些資源。像辦論壇的時候，題目都讓我們自己訂，他們就是提供場地跟經費。[70]

反對黨也想掌握這一波學生運動的動向。蔡英文在民進黨在野的八年期間，有六年擔任黨主席的職務，她原本是李登輝政府倚重的國貿談判專家，技術幕僚的背景使她看來不像是典型的民進黨政治人物，也較容易被新生代的運動者所接受。在蔡英文的領導下，民進黨宣布二〇〇九年為「社會運動年」，也重新恢復了中央黨部的社會運動部。二〇一二年，蔡英文首度競選總統失敗之後，由她成立的小英教育基金會任用了一些青年運動者，其網路論壇也提供了出版的管道。

其他反對黨的政治人物也重視這些新興的青年運動者。林義雄在二〇〇九年發起人民作主運動就任用了幾位曾參與野草莓運動的青年，當學生參與反媒體壟斷運動，人民作主的辦公室就是他們經常開會的地點。[71] 鄭麗君在二〇一〇年創辦青平台基金會，也曾運用資金補助公民團體聘用年輕運動者。這些活動都深化了青年運動者與民進黨之間的聯繫。

「中國因素」的指認

八〇年代之前，統戰通常是使用意識形態與政治誘因來取得次要敵人的認同。改革時期的中國終結了毛澤東時期的經濟閉鎖，經濟誘因遂成了更新版統戰常使用的手段，而這手段最早就是用於香港與台灣。事後觀之，中國共產黨採用的正是現在所謂的「銳實力」，即利用民主體制的開放性，同時運用強制性與誘因手段，以實現地緣政治之目標。

一九八二年開始的中英談判讓香港提前成為經濟統戰的實驗場址。新浮現的市場機會可以作為吸引商人的誘因，北京政府讓愛國行為具有經濟回報，正是為了創造一群效忠的商人階級，讓他們與中國的經濟關連成為一種可用於政治操作的槓桿。八〇年代初期，香港商人傾向維持殖民統治現狀，但是逐漸倒向支持中國恢復主權。中國共產黨與香港資本家聯手打造出一道「不神聖的同盟」，其共同的目標就是圍堵民主化的要求。[72] 相同的經濟手法之後也用來對付台灣。一九八八年，中國政府設立國務院台灣辦公室，也在各省市設立相關機構。中國官員從不掩飾提供台灣商人一些優惠措施，目的就是在促進政治統一。[73]

隨著所謂大中華經濟圈的出現，台灣與香港對中國的依賴變得更加明顯。從一九九八年到二〇一四年，台灣與香港累計對外投資分別有百分之六十三點二與百分之三十九點八的金額是流向中國。[74] 中國也迅速成為兩地最重要的貿易夥伴。中國（包括香港在內）在一九九〇年佔台灣對外貿易的百分之八點五，到了二〇一四年已經增加為百分之二十九點七。[75] 對香港而言，中國貿易的比例則是從一九九〇年的百分之三十二點七提高到二〇一四年的百分之四十七。[76] 二〇一二年，台灣前三百大企業約有百分之三十的總營收是來自於中國。[77] 香港大企業在中國的投資也大幅增加，前四大企業集團在中國的資產佔其總資產的四分之一以上。[78]

香港人與台灣人的參與促成一個經濟上更強大的中國，北京政府也因此獲得了改變地緣政治現狀的工具。香港人開始擔心有一天上海會取代他們的故鄉，成為中國的金融門戶。台灣人付出的政治代價無疑更為嚴重，誠如國際關係理論大師約翰．米爾斯海默（John Mearsheimer）所說，「台灣與中國進行貿易，協助其發展成為經濟重鎮，等於是協助創造一個新生的巨人，而這個巨人卻想改變現狀，包括終結台灣的獨立。」[79]

國民黨在二〇〇八年總統大選取得勝利，馬英九政府很快地採取一系列大膽的對中自由化政策，包括二〇〇八年班機定期直航與開放中國觀光團客、二〇一一年開放自由行觀光與大學招收中國學生。其中，二〇一〇年簽定的ECFA降低經濟交流的限制，包括關於投資保障、服務貿易、貨物貿易等進一步協議的承諾，是馬英九意圖促成兩岸更緊密關係的重大里程碑。ECFA還有一份早收清單，立即降低部分貿易商品的關稅，其內容是「對於台灣非常有利的」。[80]

簡而言之，「讓利」代表著一種更進化的經濟統戰之運用。台灣越是陷入經濟依賴，北京就越能從其中獲得政治利益。[81]馬英九曾在與蔡英文進行的一場關於ECFA的公開辯論中，特別提到旺旺返鄉投資的例子來說明兩岸經貿自由化的好處；[82]二〇一二年的總統選舉，頂新集團也是馬英九重要的商界支援，公開力挺其連任。[83]因此這兩家台商企業造成的爭議自然會引發政治效應，致使公眾更加關注兩岸經貿往來的負面作用。

在先前，台灣的社運團體通常關注國內議題，鮮少將焦點投注到境外。二〇一〇年ECFA通過之後，一些關切勞工、環境、婦女與人權的公民團體組成了「兩岸協議監督聯盟」（以下簡稱「兩督盟」），並在二〇一三年服貿簽定之後改組為「反黑箱服貿民主陣線」（以下簡稱「民主陣線」）。[84]聯盟的出現意味著台灣的公民團體開始集體關注兩岸議題，促成了後來太陽花運動的出現。

反媒體壟斷運動（二〇一一~二〇一三）可以被視為公民團體保衛言論自由的行動。這場運動一開始是學者發起的一場簽名連署活動，最初的參與者包括後來在太陽花運動扮演主導角色的黃國昌，二〇一二年七月為其轉捩點，當時仍就讀清大的陳為廷，因為在臉書上轉貼一則批評旺旺集團抹黑黃國昌的文章被提告誹謗。這個事件在大學生社群引發了廣大的回響，社群媒體是年輕人日常且重要的溝通媒介，不少使用者直接感受到了親中財團的威脅。九月一日，一場大規模的反媒體壟斷遊行登場，吸引了上千名參與者。學生的介入發揮了作用，旺旺集團沒有成功地擴大其媒體版圖。[85]

一開始，抗議者仍試著與兩岸或統獨議題保持距離。在二〇〇八年的野草莓運動中，抗議學生完全不談中國，儘管過當的警察暴力是為了迎接中國特使；他們將焦點放在人權侵犯，要求修改《集會遊行法》。有些學生參與者雖然傾向獨派的立場，但也覺得沒必要在當下提出這些「敏感議題」，以避免破壞運動的團結。[86] 陳為廷當時仍是高中生，他後來提到：

> 野草莓運動沒有碰觸核心議題，不願意正視中國因素。在當時，民進黨才剛下台，「台獨」是一個髒字，經常與陳水扁聯想在一起。這就是為何野草莓的三個主要訴求都沒有提到中國。[87]

隨著中國影響力在台灣日益明顯，策略性的避諱不談開始被直言不諱的態度所取代。二〇一二年，學生動員的反對媒體壟斷運動首度將「中國因素」放入主要訴求，原因在於他們所要挑戰的媒體財團從來不掩飾自己支持北京的立場。當時，學生運動者已經有足夠的膽識願意指控中國的干預，並且舉證其對台灣新聞自由的危害。「向中國因素說不」成為反媒體壟斷運動的主要訴求之一。[88]

除了學生運動，也有越來越多公民團體提到「中國因素」。二〇一三年四月，自由派學者聯名發表一份〈自由人宣言〉，主張（一）以憲政主義發展兩岸友誼關係；（二）以人權保障建立政治互信；（三）簽定兩岸人權協議。[89]這份文件充滿理想主義的色彩，雖然不易落實，但明確點出馬英九總統兩岸和解政策的盲點，因為其做法實際上擱置了民主與人權的普世價值。

隨著學生與公民團體越來越關注兩岸政治，新的論述與參與空間就此打開。在此之前，兩岸政策的論辯通常被認為只有政黨差異，但在公民團體介入、「中國因素」在公共論述中越來越常被討論，抗議運動的發展逐漸與舊有統獨政治分道揚鑣。

香港人的不滿

香港二〇〇三年為了抗議國安立法的七一大遊行，吸引五十萬香港人走上街頭，被許多評論者認為是重要的轉捩點。[90]這場大規模的抗爭行動背後事實上累積了九七移交以來的不滿，包括禽流感與SARS疫情的處理失當、亞洲金融風暴所導致的房地產暴跌。這場行動最終迫使董建華政府撤回備受爭議的國安法案，但也招致北京介入更深，引發更多的反彈。

二〇〇四年四月，北京單方面決定，香港在二〇〇七年的特首選舉不採取直選，二〇〇八年的立法會改選仍維持一半的非直選席次（即功能團體組別）。這項強硬舉動被認為是為了抑制受到七一遊行激發民主化運動，同時也是為了隔絕來自台灣陳水扁連任成功的影響。[91] 新聞自由也是北京緊縮管制的場域之一。在台灣民主化之前，英國人統治下的香港是華人社會唯一享有實質新聞自由的地區；但在中國行使主權之後，這項殖民地遺產開始受到挑戰。北京派來的官員不喜歡讀到諸如台灣獨立或特首的低支持度，這類他們認為的敏感議題，但如此一來，許多新聞從業人員開始自我審查，以免招來困擾。北京用官方頭銜來攏絡媒體老闆，同時也有一些媒體的經營權移轉給中國籍或親北京的商人。[92] 如此一來，直言不諱的電台主持人與專欄作者喪失了發言管道。無國界記者（Reporters Without Borders）的年度觀察記錄了香港媒體環境的惡化：二〇〇二年，在一百三十九個受觀察的國家與區域中，香港的自由度排名十八；到了二〇一四年則是在一百八十個國家與區域中，排到第六十一名。[93]

此外，北京認定香港的根本問題在於「人心未回歸」，因此決心採取認同的重新改造工程。小學教導普通話、中學強化中國歷史與文化的課程，都是為了強化學生的中國認同。[94] 特區政府以德育及國民教育的名義，積極推動中學愛國教育，結果就是二〇一二年引發的大規模學生抗議。

開放中國人自由行則是經濟整合的一部分。中國觀光客從二〇〇三年的八百萬人次躍升為二〇一四年的四千七百萬人次，各種負面效應隨之浮現。租金上揚讓服務社區居民的傳統小店經營不下去，取而代之的是滿足中國觀光客的商鋪。在香港出生的中華人民共和國公民可以獲得居留證，結果出現中國籍孕婦直接走入醫院急診室分娩的情況。誠然，中國觀光客帶來了香港迫切需要的經濟刺激，但香港人也為此付出了嚴重的代價：交通尖峰時的地鐵擁擠不堪、嬰兒奶粉等民生必需品變得不容易採買、醫院病床與學區入學都變得困難重重。一項民調顯示了香港人普遍提升的不滿：越來越少香港人認為中國觀光客「能刺激在地消費」，而大多數人認為中國觀光帶來治安惡化（百分之六十三點八）、租金上漲（百分之七十一點四）與物價上漲（百分之六十九點五）。[95]

儘管民怨高漲，證據顯示北京處理香港事務的立場越來越強硬，且不留情面。二〇〇八年，一位中聯辦的幕僚提議由中國籍幹部所組成的「第二管治團隊」來彌補特區政府之「不足」。這項提案等於違背了《基本法》的高度自治保證，直接開啟北京介入的管道。同年，北京指派駐港的法律學者強世功出版了一本《中國香港》的小冊子，主張中央政府應積極同化香港人，使其成為堅定的愛國者，因為這是中國文化復興的首部曲。在陳冠中看來，這種霸道不講理、殺氣騰騰的主張，正是所謂的「中國天朝主義」，或可說是某種新形態的中國帝國主義。這是一種毛澤東思想、中國沙文主義與納粹德國法學家卡爾・施密特（Carl Schmitt）的法學理論之特殊混合形態，被用來要求香港的全面中國化。[96] 可以想見，一旦由這種強硬觀點主導了中聯辦的決策，而不理會香港人的民意，自然會引發更多強力的抵抗。

二〇〇三年之後，香港出現各種抗拒中國化的行動。研究者以不同方式來描述這一波抗議風潮，諸如「公民社會抵抗國家」[97]、「自我防衛的公民社會」[98]，或是「中國的離岸公民社會」[99]，但這些分析其實都是在強調，香港人抗拒北京強制的手段，香港已經成為一個充滿抗爭的社會。

抵抗發生在不同層面，也採取了不同的策略。比方說，追悼天安門屠殺事件的六四燭光晚會就是香港民主運動相當重要的一環。成立於一九八九年的「香港市民支援愛國民主運動聯合會」（以下簡稱「支聯會」），長期以來主導了六四追思活動，其領導成員與民主黨主導反對運動的成員高度重疊。中國公民不能談論六四禁忌，而本土化的台灣人似乎也遺忘了這個事件，香港成了唯一每年都會舉辦紀念晚會的城市。就某個意義而言，六四已經成為了香港人集體記憶中不可分割的一部分。[100] 我們可以說，香港人對於天安門事件的持續關切反映了他們自身的特殊情境，作為中國國族的新成員，他們與一九八九年的學生抗議者一樣脆弱。對許多年輕的香港人而言，參與六四晚會是他們政治啟蒙的第一堂課。

在北京決定推延特首選舉後，一群專業人士在二〇〇四年七月發表了一篇〈香港核心價值宣言〉，其中宣示自由民主、人權法治、公平公義、和平仁愛、誠信透明、多元包容等立場。[101] 九七之前的香港是否曾符合這些標準非常值得存疑，但儘管如此，高舉這些價值就是清楚宣示現在的香港拒絕被中國的政治文化同化。吳靄儀是這項宣言的簽署人，也是成立於二〇〇六年的公民黨的發起人之一，她明確指出，「要保障香港居民的生活方式」就是要爭取民主，如此才能阻絕來自北京的負面影響。[102]

中產階級專業人士頌揚西方的自由民主，來自基層的文史保存運動反抗的是政府主導的開發案，包括利東街運動（二〇〇五）[103]、天星碼頭（二〇〇六）與皇后碼頭保存運動（二〇〇七）[104]、反高鐵運動（二〇〇八～二〇一〇）[105]。這些運動吸引了一些年輕的參與者，他們願意採取一些被視為激進的抗議手段，例如佔領工地。有些評論者指出，這一波的抗爭行動具有「後現代主義」特徵，[106] 因為他們拋棄了開發代表的進步想像，也不採取傳統的社會運動組織方式。更值得注意的是參與者自身訴求的價值——為了捍衛香港人的共同經驗與集體記憶的「本土行動」。利東街以前被稱為「喜帖街」，因為印刷鋪而聞名香港。天星碼頭是一九六六年騷動的發源地，皇后碼頭則是過去英國總督到任與皇家造訪的登陸地點。反高鐵運動源起於新界菜園村保存運動，菜園村是由戰後新移民所建立的聚落，也承載了許多過往香港發展的記憶。

「本土行動派」與之後出現的「本土派」有明顯路線差異，後來甚至形成意識形態與行動上的對立。本土行動派關切的是香港基層人民的日常經驗，批判官商勾結帶來的扭曲與掠奪。[107]他們基本上避免碰觸更高層次的中港議題，因為他們傾向認為這些議題是次要的，或是不必要的複雜化。

另一方面，反對中國化的抗議運動從二〇一一年開始出現了族群轉向，針對來港生子的中國孕婦與來港就讀小學的中國家長，陸續出現了抗議事件。這些反對中國人的抗議也將矛頭指向跨境的水貨客，因為他們為了賺取差價的行為造成香港人許多日常不便。中國遊客與移民被比喻成為「蝗蟲」，他們蜂擁而至，最終將會耗盡所有的在地資源。新一波的抗議者自稱「本土派」，他們強調本地香港人的權益應優先被照顧，而且要維持香港與中國的界線。

更激進抗議運動的登場徹底改變「本土」一詞的意涵，這個概念不再是代表對抗政府開發計畫、捍衛基層人民的行動，而是香港人對中國人的反抗。先前登場的本土行動派幾乎不談中國因素或中國衝擊，但是後來的本土派則認為中國是所有問題的源頭。本土派的想法一開始在網路上集結與成形，二〇一二年成立了第一個本土派政治團體「熱血公民」。在雨傘運動之前，熱血公民是香港最明顯反對中國化的團體；等到雨傘運動落幕，本土優先的理念催生出了更多的新興組織。

抗爭行動的本土化

紀念六四強化了香港人的中國認同，同時也表達出他們對於共產黨專制的反抗。正是由於北京將天安門屠殺視為禁忌，不樂見這樣的追悼活動，每年的燭光晚會就成為具有象徵性的不服從行動。支聯會與民主黨的核心人士都認定，香港的民主化是以中國的民主化為先決條件；[108]也因此，六四晚會重新肯定了香港人是屬於中華民族大家族一員的認定。

隨著二〇〇四年〈香港核心價值宣言〉的出現，焦點從中國移轉到香港，這個前英國殖民地被描述為西方自由主義的典範。最特別的是，這份宣言的開頭提到「香港人表達了強烈的命運共同體意識」，明顯呼應了李登輝在十年前打造一個更具有包容性的台灣認同時所使用的語言。進一步而言，這也顯示本土意識的萌芽，香港人開始更重視自身的特殊性，以他們的語言來思考自己的命運。[109]香港有自己的歷史遺產，其未來發展不會等同於中國的未來。

二〇〇六年以降，保存運動帶來了一個由下而上的觀點，強調香港人的日常經驗。在本土行動派的帶領下，這些行動展現了來自基層市民的抗爭，挑戰支持開發的特區政府。二〇〇七年一月二十一日，一場別具象徵意義的活動登場，充分表現出其所代表的意義：拆遷戶、新移民、外勞群體的代表搭乘一艘名為本土號的船舶，登陸在即將為了填海造陸而遭拆除的皇后碼頭。這場高度儀式化的抗議劇碼顛覆了殖民遺跡的意義，英國達官名流的特權被弱勢的香港居民所取代。[110]保存運動者試圖協助這些受害居民，但即使這些受害者是受到促成中港融合的開發案所壓迫，抗爭行動仍然避免指責中國。非常類似地，反高鐵運動者強調他們也支持與內地進一步整合，他們的反對僅著眼於場址選擇的技術性問題。[111]甚至黃之鋒在領導反國教運動時，也曾宣稱自己的認同是中國人。[112]

本土行動派試圖打造一個多元文化而進步的香港圖像，但後續的抗爭行動卻是爆發於香港人與中國移民、觀光客、水貨客之間日益加劇的對立。更新版本的本土主義有不同的政治訴求，包括回歸英國殖民、香港自決，或是獨立，無論哪一種想法，都充滿對於北京的強烈不信任。本土的想像從原先保護受威脅的社區，提升為一種民族主義式的運動，抵抗強制性的中國化。本土行動派與本土派之間出現了對立與爭辯。保存運動者被指責為盲目追求人權等普世價值，忽略了北京毫不掩飾的同化意圖。粵語中帶有性意涵的「左膠」一詞開始流傳，首先就是用來攻擊這些本土行動派，因為他們被認為迷信左翼運動的教條，不知變通。但後來「左膠」的指控範圍擴大，也用於攻訐支聯會與泛民政黨。[113]另一方面，本土派則是被批評為「右翼排外」的浪潮，將中國移民妖魔化，彷彿他們是北京指派前來的入侵者或間諜。[114]在後續一些抗議運動，例如反國教運動（二〇一一～二〇一二）、反新界東北開發運動（二〇一二～二〇一四）、抗議特區政府不核發香港電視執照（二〇一三）[115]等議題，本土行動派與本土派的衝突越演越烈。

總而言之，在二〇〇三年七一大遊行之後的十年，反對中國化的抗議運動逐步激進化。愛國與中國民族主義逐漸退位，讓位給越來越明確的香港認同。從核心價值，到日常經驗與集體記憶，最後是本地人利益的表述方式，反映了香港人與中國人衝突的加劇。無疑地，在二〇一四年九月雨傘運動爆發之前，某種準香港民族主義的想法已在醞釀成形。[116]

香港學生運動的再出發

台灣的學生參與了二〇〇八年以降抗議運動的風潮，香港的學生入場較晚，二〇〇六到二〇〇七年的天星碼頭與皇后碼頭保存運動中，幾乎沒有學生參與者。一位保存運動的核心人士指出，「不是我們不找學生，而是學生沒有興趣。後來有個學聯的代表以個人身分來參加，另外還有一個是中國學生，就這兩個來值班。看他們來我就很高興，因為那時候的本土行動沒有學生，都是八〇後那些奇怪的人。」[117]

一直到反高鐵運動在二〇〇九年十二月進入高潮，學生才成為抗爭現場的常客。過往台灣與香港學生運動的遺緒形塑出不同形態的復甦風貌。香港的學生團體，包括「專上學生聯會」（以下簡稱「學聯」）、校園的學生會與學生刊物，比較制度化，而且享有固定的財務資源。反觀台灣，儘管一九九〇年的野百合運動扮演了重要的歷史角色，但台灣的學生運動一直無法長期維持固定的全國性組織來代表自己的聲音。因此，台灣的學生運動往往是以特定的聯盟組織、個別議題的動員為主；相對地，香港的學生運動則是依靠既有組織的再啟動。

香港的學聯成立於一九五八年，組織上納入各大學的學生會，經費部分除了來自各大學學生會，也擁有一些可孳生租金的房地產，這是台灣學生運動所無法想像的。[118] 北京也曾組織另一個學生團體企圖挑戰學聯所享有的地位，但是卻未能成功。[119] 香港的大學學生會在組織上也更具有獨立性。香港大學學生會是一個政府立案的法人團體，擁有獨立的資產；中文大學學生會甚至還掌管一筆港幣兩百萬元支援中國民主的基金，固定捐助支聯會的活動。[120]香港的學生刊物也享有獨立的資金管道，因此較能長期維持出版。港大的《學苑》創刊於一九五二年，向來享有編輯運作的自主性，而它在二〇一五年的年度預算是港幣二十萬元。[121]

儘管擁有較為穩固的地位，香港的學生運動在其參與一九八九年天安門運動之後，也進入了衰退期，學聯甚至有好幾年沒能選出祕書長，[122]一直到二〇〇七年之後才有每年固定選出的領導團隊。一位在二〇〇六到二〇〇七年間擔任學聯幹部的人形容自己的任期是「風平浪靜」，那時「董建華下台，曾蔭權上去，經濟又逐漸向上，天星發生的時候已經是二〇〇六年底，學聯在那時候邊緣化得相當厲害，是沒有人理的。那時的幹部水平都很差，沒有論述的能力，即便知道天星發生，但沒有專業能力介入」。如此一來，學聯的工作就是例行性參與六四晚會與七一遊行。在這些場合，學聯旗幟下的參與者很少，通常只有核心的幹部參加。[123]

中文大學的學生運動傳統比港大濃厚，但也一樣經歷了長期的低潮。二〇〇八到二〇〇九年的中大學生會長指出，那時學生的活動不多，媒體對於學生的報導通常是關於校園內的腥色醜聞。「那是學運比較冷淡的時期，我們做的很多事情不太能夠引起社會的關注，那時社會對學生會最大的關注是一些醜聞，像《中大學生報》的情色版（按：《中大學生報》在二〇〇七年增設情色版，探討大學生的性生活），那是社會最會關注的。有些時候他們對學生組織有一些既定的看法，我們本來就不太會被報導，好多時候我們會出現在媒體都不是太好的報導。」[124]

在港大，支持北京的學生從二〇〇一年開始競選學生會長，《學苑》的編輯方針也是不談政治，著重生活風格與消費議題。後來甚至出現一位據說與共產黨有某種組織關連的學生會長，還公然在二〇〇九年宣稱當年天安門廣場並沒有發生屠殺。這場不當的發言引起了學生的抗議，出現有史以來第一次的港大學生會長罷免案。[125]

二〇〇八年菜園村居民發起的反對強拆迫遷抗議已有學生參與，但一直到二〇〇九年十二月反高鐵運動展開全港的苦行，大學生才算正式加入抗爭的隊伍。一位前中大學生會長（任期二〇一二～二〇一三）提到自己的參與經驗：

我投入社運是大一的時候，有一些學長說菜園村需要人幫忙，去擋那些警察……去了菜園村以後，開始覺得社運是個好東西。你想想看，一個剛剛成為大學生的學生，以前從來也沒有社運的生活，去到菜園村、看見那些村民，還有就是運動者他們很團結，他們有一種bonding（凝聚力）的感覺，跟他們在一起體現了一種另類生活的想像。[126]

另一位前中大學生會長（任期二〇一〇～二〇一一）也有類似的感想：

學生會參與反高鐵運動，一方面是對菜園村覺得感動，另一方面是覺得社會參與很好玩。之前講社運都是民主、普選這類的議題，學生不太關注；但反高鐵是講土地、人地情懷、村民的文化跟發展的模式，這些東西都很新，很吸引社工或做文化研究的那些人。[127]

立法會在二〇一〇年一月通過高鐵興建的撥款，代表了反對運動的失敗，然而，大學生對於校園外公共議題參與的興趣已經點燃。當初，一位功能組別所選出的立法會議員用有爭議的方式強行通過預算，那位代表的商業利益還與高鐵興建有關，讓學生參與者深刻感受到不民主體制所帶來的官商勾結問題。因此，學生代表決定組織聯盟，參與二〇一〇年五月的的五區公投（即由泛民反對黨所發起的辭職與補選）。為了推派五位參選人，有三所大學的學生會幹部參與了選舉，一位參與者說明其動機：

在反高鐵的時候，已經有一群學生在討論立法會的選舉制度。功能組別實在太不公平，容許一些特殊利益壟斷議會。我們後來關注政改的時候，也注意到立法會的制度真的很糟糕，如果你用談判的方式去推政改，反而有可能更加糟糕。[128]

很明顯地，政治冷漠的年代已經結束。二〇一〇年之後，學生成為一連串政治與社會抗議的常客，校園內的學生行動產生了外溢的效果。二〇一一年，富有領袖天分的黃之鋒組織了以中學生為主的學民思潮，在反國教運動中扮演了重要的角色。原先的社會運動也獲得學生參與者這批生力軍，以勞工運動為例，九七之後的香港曾出現兩場重大罷工，分別是二〇〇七年的紮鐵工人與二〇一三年的碼頭工人。紮鐵工人罷工是典型的勞資衝突，支援勞工的力量就是工會與支持勞工的政治人物；但到了碼頭工人罷工就演變成為整個公民社會的聲援，學聯、學民思潮，還有其他學生組織者都加入支持的行動。當時在各大學校園明顯可見支持罷工的布條，「那時候學生中真正關心碼頭工人的，可能不到三十人，但我們會把這議題帶回學校，在校園掛布條，所以也有大學生參與的感覺。而且學聯有積極參與，所以會感覺學生的位置很重要。」[129]

與台灣類似，高漲的學生運動風潮導致了動員網絡的擴張，串連起更多的行動者。學民思潮的名聲迅速崛起，尤其在二〇一二年九月，黃之鋒等人發起絕食與大規模抗議，迫使特區政府取消強制推動國民教育的決定。學民思潮在高峰期有近五百名成員，大部分是中學生或大學新生。[130] 除了黃之鋒的個人特質，學民思潮的崛起也受惠於「既有的社會運動者網絡」，以及其所提供的資源。[131] 左翼21是成立於二〇一一年的運動組織，活躍期約有七十幾位大學生、公民團體與政黨幹部、教授等。

運動網絡的擴張使得學生與非學生參與者得以建立聯繫。作為每年舉行七一大遊行的協調平台，民陣在二〇一一年首度選出一位中大學生運動成員作為召集人。之前的召集人往往是更資深的專業運動人士或反對黨政治人物，這是首度有學生擔任這個重要運動組織的領導工作。很顯然地，香港的公民團體也想要從新興的學生運動中招募新血。

港大與中大都是聲望卓著的高等教育機構，但只有中大維持了激進的學生運動傳統，也因此培育出好幾代的香港知識與政治運動的領袖。在二〇〇〇年到二〇一五年的十五位會長當中，只有一位後來採取親北京的立場，其他的不是退出公共參與，就是仍活躍於民主運動與社會運動。在二〇〇六年到二〇一〇年的五位會長中，有四位後來加入了反對黨，並且走上運動者的道路。很明顯地，學生運動的復甦也讓香港的反對黨獲得新的成員，其情況非常類似民進黨同時期的發展。誠如一位前中大學生會長所言，「以前有做過一些學生組織的人，泛民議員會有多一點點的信任。因為如果他們不知道你的來歷，他們就不會知道該不該相信你，但你做過一個學生組織，他就可以去問一下你的風評如何，他就比較容易去了解你。」[132]而香港的年輕運動者就是在這種情況下，建立了與公民團體及政黨的聯繫。

認同移轉

在日益強大的中國陰影下，台灣與香港都經歷了類似的反抗政治與文化同化的抗議。兩地的本土認同益發明確，也成為這些抗議運動背後的主要動力。

二〇一四年，兩地認為自己是「台灣人」或「香港人」的人數皆超過認為自己是「中國人」的人數，而且差距仍在持續擴大。台灣人認同早在一九九五年開始就超過中國人認同，到了二〇一四年已經形成了穩定多數（百分之六十點六），而中國人認同萎縮到百分之三點五。香港的本土化路徑較為曲折，也較晚發生。主權移交後的最初幾年，香港人認同仍超過中國人認同，但在二〇〇二到二〇〇八年間卻出現逆轉，中國人認同高於香港人認同。在此之後，香港人認同又再度超過中國人認同。此外，雙重認同在兩地仍具有一定程度的接受度。二〇〇八年之前，「是台灣人也是中國人」在台灣是最受歡迎的的選項，之後才由單一的台灣人認同所取代。而在香港，直到二〇一一年，雙重認同與香港人認同的比例仍舊相當接近。

台灣本土認同從九〇年代初期開始持續成長，

圖1——台灣人的認同轉變（1994-2016）

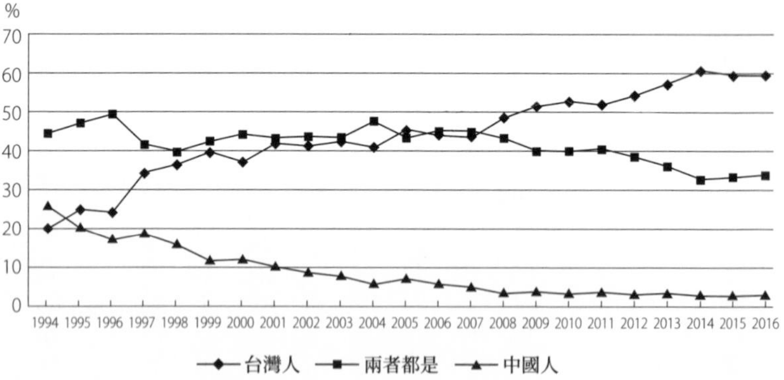

資料來源：國立政治大學選舉研究中心，https://goo.gl/cCVRax，取用日期：2017年2月17日。

仔細審視圖1的趨勢可以發現，兩次國民黨政府時期（一九九四～一九九九、二〇〇八～二〇一四）成長速度特別迅速，台灣人認同分別增加了百分之十九點四與百分之十二點二。相對於此，第一次民進黨執政期間只成長了百分之六點八。馬英九執政時期試圖將台灣重新納入中國文化與歷史的一部分，有意識地扭轉前任政府的本土化政策，但收穫有限，無法「改變遠離中國認同的民意長期趨勢」。[133]

在香港，二〇〇八年的轉折是重大的分水嶺。那一年，香港人積極援助五月發生的四川地震，並且為八月北京奧運的中國隊加油，單一中國人認同達到歷史新高（百分之三十六點五）。之後，中國毒奶粉事件爆發，香港人與中國移民的衝突也日益尖銳，都降低了其對祖國的認同。[134]與台灣頗為相似，香港人的認同轉向並非取決於執政者的看法，更多時候是回應香港與中國關係的轉變。[135]

圖2——香港人的認同轉變（1997-2016）

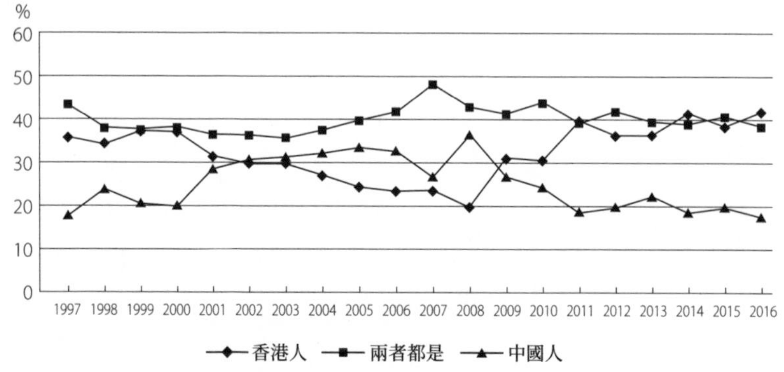

資料來源：香港大學民意研究計畫，https://goo.gl/DRpOjZ，取用日期：2017年2月17日。

說明：如果一個年度有多次調查，該年數值是取其平均數。

證據顯示，台港兩地的年輕人更願意接納本土認同。從二〇〇八年開始，二十幾歲的台灣人比三十到四十歲以上的台灣人，更傾向認同自己是台灣人。[136] 一九八二年之後出生的台灣人明顯抱持本土認同，也比年長的世代支持台灣獨立。[137] 香港大學民意研究計畫從一九九七年開始調查認同議題，從那時開始，年輕人就與本土認同關係密切。認同自己是香港人的受訪者，三十歲以下的多於三十歲以上；而接受中國人認同者，則是三十歲以下的少於三十歲以上。[138] 特別是在二〇一一年之後，年輕香港人接受本土認同的傾向更為明顯。[139] 青年有意識地拒絕中華民族身分，也使得他們更願意參與各種抗議運動。阿里夫．德里克（Arif Dirlik）就提到，台灣人與香港人認同的抉擇，不只是拒絕了與中國的「政治同質化」，也是挑戰了一個「去歷史化與去社會化的『中國人』概念」。[140]

因此，認同移轉與抗議行動之間存在一種相互影響的關係。台灣人與香港人願意參與這些抗議運動，因為他們開始珍惜屬於自己的生活方式，而這些抗議行動也有助於更扎實的本土認同之形成。

社會抗議的動力

在太陽花運動與雨傘運動出現的前幾年，台灣與香港都出現了社會運動的上升風潮，抗議行動變得更頻繁密集，其規模也有擴大的趨勢。從圖3可以發現二〇〇六年是台灣與香港抗議的高峰，之後逐漸減少，在二〇〇八年到達谷底。台灣的二〇〇六年是個十分特殊的時間點，陳水扁爆發財務醜聞，反扁抗爭蜂起，紅衫軍運動登場與挺扁動員帶來了一波高潮。如果我們將政治性抗議定義為由政治組織、政黨、政治人物所發起的行動，台灣二〇一六年光政治抗議就有一百九十件（佔了該年所有抗議事件的百分之二十四點九），相對於此，接下來的七年平均只有七十二件。在二〇〇八年的低潮之後，台灣與香港明顯可見逐漸升溫的趨勢。換言之，台灣與香港的公民社會已經變得越來越躁動，使得兩場翻轉歷史的抗爭容易吸收更多的參與者。

持續超過一天的抗議通常涉及較密切的參與投入，目的在於展現抗議者的決心，形式可能是長期靜坐、佔領或是罷工。在台灣與香

圖3——台灣與香港的抗議事件（2006-2013）

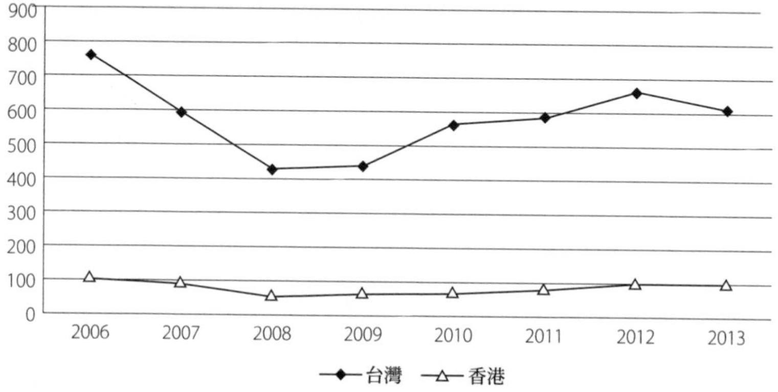

資料來源：台灣部分使用聯合報系的聯合知識庫，香港部分使用明報。作者自行計算。

說明：本圖中抗議事件的定義為公開而具有對抗性的行動，由一群主張其利益與其他群體相衝突的人士所發起。在此定義下，台灣抗議事件4,644件，香港抗議事件698件。

圖4——台灣與香港持久抗議事件（2006-2013）

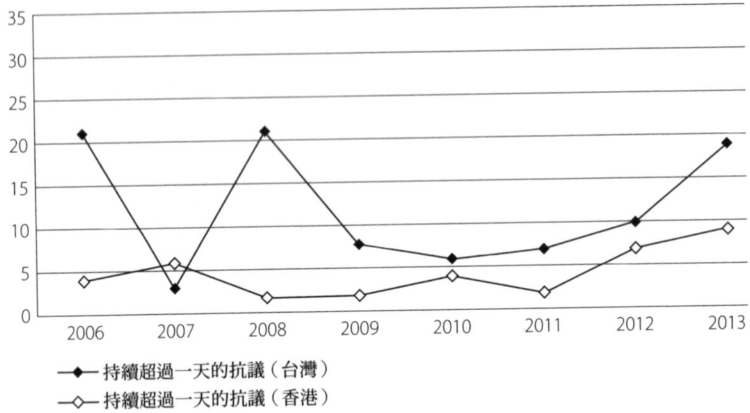

資料來源：台灣部分使用聯合報系的聯合知識庫，香港部分使用明報。作者自行計算。

圖5——台灣與香港大規模事件（2006-2013）

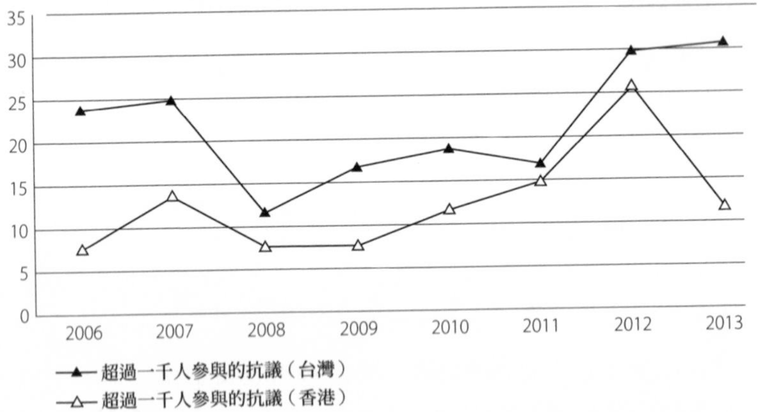

資料來源：台灣部分使用聯合報系的聯合知識庫，香港部分使用明報。作者自行計算。

港，這樣持久的抗議在二〇一四年之前都已出現增強的趨勢。此外，台灣與香港超過一千人參與的大規模抗議在二〇一二到二〇一三年也出現了新一波的高峰，前一次則是發生於二〇〇六到二〇〇七年。

台灣與香港都有年度性的抗議活動，這也可以用來測量公民社會的動員與活躍程度。香港的支聯會從一九九〇年開始舉辦六四燭光晚會、「民間人權陣線」（簡稱「民陣」）從二〇〇三年開始舉辦七一遊行，兩場活動都是年度政治重頭戲，參與人數成為香港市民對於特區政府不滿程度的晴雨表。相對地，台灣並沒有能夠持續維持這種年度遊行或集會的傳統。八〇年代末、九〇年代初，五月二十日的總統就職日曾一度是每年舉行政治性抗議的日子。但隨民進黨轉型成為體制內的反對黨，放棄街頭運動，這項傳統就消失了。在九〇年代，反核團體幾乎每年都會舉辦大遊行，五一勞動節也曾是勞工運動的重要日子，但民進黨上台後，街頭運動迅速萎縮，也不再是每年舉辦。反核運動與勞工運動雖僅代表台灣公民社會的特定部門，但其參與規模仍可充當某種指標，推估抗議動員的情況。

香港年度兩場政治盛會，警方與主辦單位估計的人數有巨大的落差，很顯然是因為政治的理由。儘管如此，兩份估計仍呈現出若干的一致性。二〇〇九年是六四事件二十週年，紀念晚會的參與人數也出現了復甦；七一遊行的參與人數則是從二〇一一年開始出現增加的趨勢。

在民進黨首度執政期間，「全國產業總工會」（以下簡稱「全產總」）只有在二〇〇一年和二

○○五年舉辦了五一遊行。[141]二○○八年國民黨班師回朝，全產總開始積極動員工會會員，除了二○一二年，每年都舉辦五一活動。台灣勞工運動逐漸復甦，而且除了傳統的藍領勞工，社工、醫護人員與學生也加入勞工遊行的行列。此外，二○一一年的福島核災終結了台灣反核運動十年的消沉。在日本三一一事件之後不到兩週，台灣的反核遊行重新登場，而且在接下來幾年有越演越烈的趨勢。[142]

如果公民越來越密集參與街頭抗議，行動也變得更久、規模擴大，則可預期抗爭行動會變得更為激烈。下頁的圖6和圖7呈現了台灣與香港涉及口角或肢體衝突，以及與警方發生衝突的抗議事件。台灣與香港都出現了抗議行動激進化的趨勢。台灣的發展特別明顯，二○一三年是高衝突性抗議事件的高峰，涉及口角或肢體衝突的有一百零六件，而與警方發生衝突的有六十四件。

太陽花運動出現前夕，關於公民不服從的討論開始在台灣流行，如果參與者認為已經窮盡了其他和平手段，即有可能採取違法的行為。苗栗大埔案和關廠勞工兩場抗議行動的發展正可說明此一趨勢。苗栗縣政府不顧輿論壓力，強行拆除民宅，農陣在二○一三年八月十八到十九日發起「佔領內政部」行動。[143]從事後來看，這場突襲的抗爭行動等於是為後來的佔領立法院進行了一場預演。關廠失業勞工在九○年代末期接受了一筆名為「貸款」的政府補償，但後來卻面臨由官方所提起的追討訴訟。走頭無路的情況下，面臨官司壓力的勞工與支持者在二○一三年

表1——年度大規模抗議事件（2006-2013）

單位：千人

年度	2006	2007	2008	2009	2010	2011	2012	2013
香港六四燭光會								
支聯會估計	44	55	48	150	150	150	180	150
警方估計	19	27	16	63	113	77	85	54
香港七一遊行								
民陣估計	58	68	47	76	52	218	400	430
警方估計	28	20	16	28	20	54	63	66
台灣五一勞工遊行								
媒體估計	—	4	—	10	7	6	3	30
台灣反核遊行								
綠色公民行動聯盟估計	—	—	—	—	—	10	5	100

資料來源：以上數字來自《明報》、《聯合報》、公共電視（https://goo.gl/XzaZM，取用日期：2016年12年28日）。

說明：（1）從2013年起，由於不滿支聯會的大中國情懷，香港出現了另類紀念六四天安門事件的活動，但是其規模都無法與支聯會活動相提並論。（2）除了2009年與2010年的例外，台灣的勞工運動團體都是兵分多路，分頭舉行五一遊行活動，上表只記錄其中規模最大的場次。（3）台灣反核遊行，上表只列出由全國廢核行動平台所舉辦的活動，因其規模較大。同時，上表只列入台北遊行人數的估計，不包括其他縣市的活動。

圖6——台灣高衝突性的抗議事件（2006-2013）

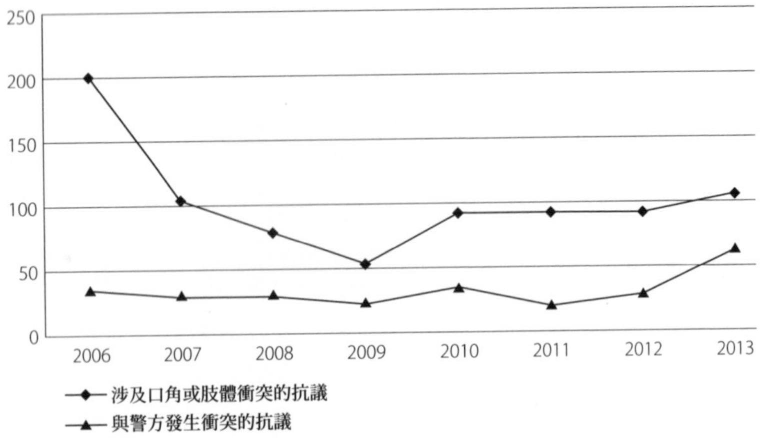

資料來源：聯合報系的聯合知識庫。作者自行計算。

圖7——香港高衝突性的抗議事件（2006-2013）

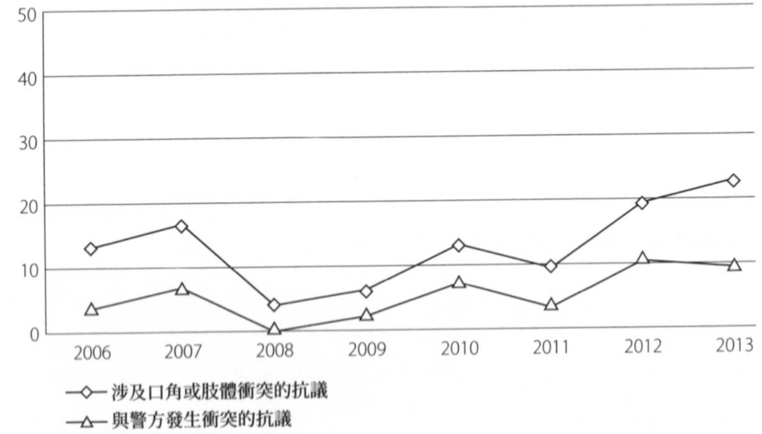

資料來源：明報。作者自行計算。

三月佔領台北車站的火車軌道，中斷了鐵路交通，導致上千名通勤族行程延誤。之後馬英九因發起黨內鬥爭支持度暴跌，關廠失業勞工更揚言在原訂九月二十九日的國民黨全代會發起丟鞋抗議。為了避免難堪，國民黨臨時將會議改在中部某處不容易到達的場址舉行。

兩場激進的抗議行動都引發官員嚴厲的譴責，媒體也採取了負面的報導。當時的行政院長江宜樺（二〇一三～二〇一四）更曾聲稱，佔領內政部不是「公民不服從」，因為其行為是「不文明的」。[144]儘管如此，兩場運動都在後來的法院判決獲得遲來的正義。二〇一四年一月，行政法院認定，大埔土地徵收案違反正當程序。在學生佔領立法院前兩週，行政法院也裁定，關廠失業勞工不需要負擔償還政府「貸款」的責任。這樣充滿戲劇化的結局讓堅持法律與秩序的政府官員非常難堪，也等於進一步鼓勵運動者採取更具衝突性的抗議手段。

香港的資料也透露出抗議運動的激進化，二〇一二到二〇一三年，口角或肢體衝突、與警方衝突、公共空間的佔領都出現了高峰。根據鄭煒的分析，警方的集會統計從二〇〇四到二〇一四年間持續增加，大規模的抗議案件變得更頻繁，成長速度也加快。二〇〇六到二〇〇七年間的天星碼頭與皇后碼頭文史保存運動吸引了四百五十人參與，反高鐵運動在二〇一〇年的遊行有八千五百位參與者；到了二〇一二年九月的反國教運動，參加人數則高達九萬人。[145]除了參與規模的升級，新一波的抗議運動也告別了傳統劇碼。晚近的抗爭行動願意採取衝突性高的手段，例如文史保存運動者佔領工地，用身體阻擋政府的拆除大隊，而反高鐵與反國教的運動者則是包圍政府機關。

從二〇一三年初開始的「讓愛與和平佔領中環」（以下簡稱「佔中」），要求北京同意貨真價實的特區普選，否則將以大規模靜坐癱瘓香港的金融中樞。由於主事者的積極宣傳與倡議，有研究指出，越來越多的香港人認識了「公民抗命」的理念，這也說明了為何雨傘運動得以吸引大規模的群眾參與。146

總結來說，台灣與香港的公民社會變得更為活躍、勇於行動，也更能夠發動挑戰政府的大規模抗爭。事後觀之，太陽花運動與雨傘運動正是代表了這股國家與社會緊張關係的累積性爆發。147

抗議與中國衝擊

前面提到，台灣與香港在新的世紀經歷了更顯著的中國因素，這是否也呈現於抗議事件的發展趨勢？如果該場抗議是有關於中華人民共和國的官方機構（包括中央政府與各級地方政府）、中國公民或是新移民，即可以視作「與中國相關的」。例如，引發香港人反彈的中國水貨客與移民並非有意圖的政策後果，因此不能算是「中國因素」，但是這些現象仍會引發抗爭行動，因此是「與中國相關的」。根據這樣的選取標準，二〇〇六到二〇一三年間台灣出現了一百三十件「與中國相關的」抗議事件，佔整體的百分之二點八，香港則是有兩百三十七件，佔整體的百分之三十四。很明顯地，香港在一國兩制的架構下，特區與中國的界限迅速消失，也因此有超過三分之一的抗議事件是針對中國政府與中國人民；相對於此，台灣絕大部分的抗議事件仍是針對在地議題。此外，台灣有十九件聲援中國人權議題的抗議事件，而香港則有四十六件，這也顯示香港人更為關注中國的政治發展。

同一時期，台灣發生了十件支持中國的抗議事件（例如反對台獨），而香港則是有二十一件（包括支持國民教育、反對佔中等），這意味北京對於香港有著更深入的介入。香港的親中動員在雨傘運動之前有迅速成長的跡象，在二〇一二年有三件，二〇一三年則是九件。很顯然地，北京與特區政府已經著手準備，打算與民主運動正式攤牌，而這樣的趨勢並未在台灣出現。

此外，有一些與中國相關的抗議事件是由來自中國的移民所發起。無論是在台灣或是香港，中國移民與他們的家庭成員都是為了自己的權益走上街

圖8——台灣親中、由中國移民發起的抗議事件（2006-2013）

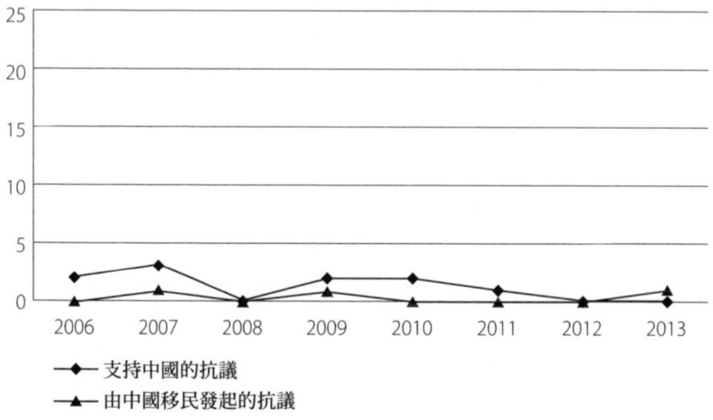

資料來源：聯合報系的聯合知識庫。作者自行計算。

頭，在香港是爭取居留權，在台灣則是為了縮短取得公民資格（即身分證）的年限。有趣的是，香港的新移民運動顯得較為主流，也受到泛民政黨與公民團體（例如民陣）的支持；台灣的中國偶配運動則顯得是純粹的自力救濟，與其他社會運動鮮少聯繫，也帶有濃厚的親國民黨色彩。[148] 儘管有這些差異，但只有香港才出現了反對移民與水貨客的抗議事件。憤怒的香港人走上街頭，因為他們認為生活品質被這些不請自來的入侵者破壞，從二〇一二年起，反中國人的抗議數量已經壓倒了中國移民的權利運動。台灣沒有出現這種類型的抗議事件，因為台灣沒有經歷香港那樣的密切整合，較不容易產生日常層次的衝突。

任雪麗（Shelley Rigger）曾以中國崛起後「煤礦坑裡的金絲雀」形容台灣人民所面臨的艱困，因為台灣的處境正好展現出這個新興強權面對周邊鄰國的

圖9——香港親中、由中國移民發起的抗議事件（2006-2013）

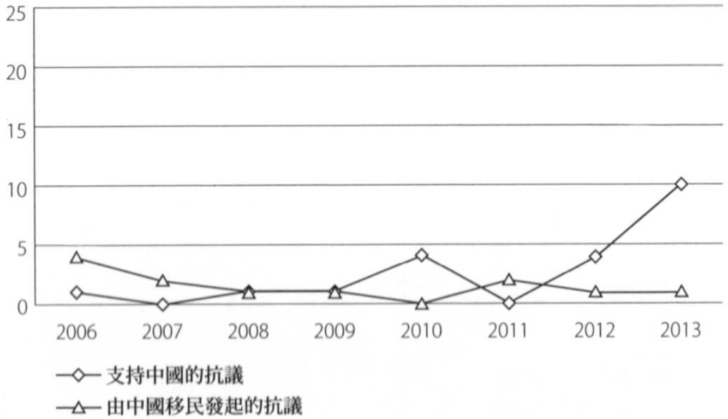

資料來源：明報。作者自行計算。

方式。[149]與台灣相比，香港更切身感受到中國霸權的重量，無論在經濟、文化或政治等方面，中國企圖將這塊前英國殖民地轉化成為一般中國城市，反而激發出反抗運動與認同的本土化。台灣與香港都出現了類似的公民社會動員，來抵禦境內的中國因素。最終而言，兩地人民都清楚感受到某種「來自於中華人民共和國的威脅，傷害了民主與憲政治理」[150]，而這項共同因素促成了二〇一四年的兩場大規模佔領運動。

團結與分裂

二〇一一年，香港出現反中國移民抗爭行動，本土派的崛起帶來了內部的爭議。當反中國人風波爆發時，民俗學教授陳雲出版了《香港城邦論》，鼓吹香港人採取族群動員的方式反抗北京的殖民統治，打破過去泛民與公民團體所不願碰觸的禁忌。[151]陳雲認為，香港歷史上就是自治的城邦，擁有獨特的文化與政治傳統，應該要維持與中國的區隔。他大力抨擊反對黨政治人物對於中國民主化的掛念，以及社會運動者所尊崇的非暴力原則，並認為兩者都於事無助。陳雲的直言不諱使其成為一個評價兩極化的言論領袖，反對者認為他根本是共產黨派來的臥底間諜，而本土派的追隨者則認為他是「國師」。

本土派是新崛起的勢力，他們不像支聯會、民陣、學聯這些已經或多或少被視為香港公民社會代表的組織，一開始是在網路上集結。由於既有的公民團體不願意正視移民問題，反移民行動者便在臉書或高登論壇發起言論與行動。[152]本土派在網路上傳播中國觀光客不守規矩的影像，強調中國「蝗蟲」的威脅；[153]陳雲的城邦論始於臉書支持者的協力合作；[154]第一個本土派的政治團體熱血公民也積極使用網路新媒體來動員支持者。換言之，在本土派登場之後，香港的運動網絡是處於分裂的狀態。

有跡象顯示，兩種運動的支流（或說本土派與「左膠」）對立日益惡化。陳雲鼓勵其支持者攻擊泛民與學聯，因為他們代表一種「維穩社運」的假路線，也是阻礙香港人反抗北京的的「叛徒」。陳雲強調：

> 在九七之後，我觀察了很久，泛民、社運界，跟政府、財團，有默契、有合作，就是在關鍵時候會解散群眾，下次有新議題重新再來，但是行動永遠不會升級。但是實際上，一旦群眾升級，警察會退。以前我跟一些社運團體說，被逮捕之後不要擔保，四十八小時之後要送到裁判處去開庭審判，一百多個人沒辦法開庭，警察就會把控罪撤銷，這就測試到政府沒有鎮壓的能力，所以政府只能屈服於社運的行動、也不會升級鎮壓方式，但是最後社運分子並沒有採取這樣的方式，最後都潰散了。

本土派對於既有的政治與社會運動領袖者缺乏信任，時常用陰謀論方式來解讀。舉例而言，儘管特區政府被迫決定不再強行推動國民教育，但本土派仍堅持那場運動是徹底失敗的，因為個別學校可以自行決定是否採取該課程。在二〇一三年十月的香港電視事件中，熱血公民的支持者揭露兩位左翼21成員的身分，並且認為他們是導致運動瓦解的主因。網路上隨即出現了許多人身攻擊，一位港大學生運動者的個資被公開，受到本土派的各種騷擾與攻擊，而那位學生在身心受創下，一個星期都無法到校上課。[155] 這些衝突事件顯示香港兩套運動網絡的隙縫逐漸擴大。

從事後來看，香港的政治與運動領袖顯然不願意或不知道如何看待中國因素。例如，因為中國家長與兒童的湧入，本地子女不容易獲得學區就讀的機會，有些公立幼稚園與小學呈現爆滿的狀態。典型的「左膠」回應通常會指責特區政府的新自由主義政策，為了撙節支出，刪減學校的招生名額。但這種回答等於是沒有正視問題所在。二〇一二年，有近半的香港新生兒（百分之四十六點一），母親是中國籍，[156] 這意味著移民造成了教育資源的排擠。另一起關於香港人集資在台灣親綠的《自由時報》刊登廣告之事，也顯示香港「左膠」的「政治正確」思考方式，以及他們不願面對族群與邊界的議題。這封〈給台灣政府及人民的公開信〉發表於二〇一三年九月，其中提到中國移民與觀光客的危害，要求特區政府要嚴格把關，以避免香港「赤化」。後來有些香港的社會運動者卻批評這份聲明帶有歧視，而這個舉動引了來親北京報紙的稱許。[157] 誠然，本土派起初的言行看似非常接近排外民粹主義，但反對黨與公民團體受限於僵硬的教條思考，無法正視日益升溫的中港摩擦，才將論述空間拱手讓給了煽動人士。

相形之下，台灣的運動網絡大致上免於這種內部衝突。在二〇〇八年學生運動重新登場之前，少數的學生運動者也是抱持著狹隘的宗派主義心態。一位這個時期的參與者描述當時的觀點：國民黨與民進黨都是無可救藥的右派政黨，民進黨實際上更糟，因為其所要追求的台灣獨立就是一種「民粹主義」。

> 那時候很少談統獨，如果有談到的話，就是只有認為民族主義是保守的……民進黨為了取得政治權力都搞民粹、搞族群動員，聽起來都很理所當然，當時的學生運動者都是這樣看的……對國民黨的態度是，如果在議題上，他願意支持我們，那都是可以合作的。[158]

在這樣的脈絡下，參與樂生院保存運動的學生參與者與民進黨的關係始終非常惡劣。[159]

二〇〇八年之後，隨著台灣運動網絡的擴張，這樣的宗派主義傾向很快地被邊緣化。野草莓運動期間，有些學生主張不應該在靜坐區吃麥當勞，以展現「反美帝」的姿態。但這樣濃厚意識形態的提議自然不會受到參與者的認同。四年後的反媒體壟斷運動也有參與者堅持要反對所有的財團控制，無論其老闆親中與否，而這樣的看法也沒有被接納，學生領袖後來決定強調中國因素的干預。[160] 一位太陽花運動的核心參與者坦承，學生運動者有其內部差異，有些人較關切左翼的社會正義議題，有些人則較關心台灣獨立。儘管如此，他認為這樣的分別是「次要的」，許多在運動中的爭議是「人的問題」而不是「路線差異」：

學運裡面台派跟非台派也不能說有鬥爭。我自己經歷過的組織中，衝突比較大的應該是學權小組。有一年的五一勞動遊行，內部在吵要不要拿青平台的錢，內部衝突大概也就是這樣的等級。我現在回頭看都不覺得那是什麼太大的路線歧異，我也不知道他們是否還對我們不爽，畢竟好一陣子沒聯絡了。再來就是反媒體壟斷運動內部爭執，那也不是路線上的差異，到底要主打中國因素還是新自由主義都是其次，重點還是運動裡面總是會有些難相處的人，人的問題是比較大的。儘管當下我可能會覺得是路線差異，但後來就不會這樣想了。[161]

總之，香港的運動網絡存在一個不斷擴大的意識形態裂縫，相對地，台灣的宗派內鬥較為輕微。等到兩場翻轉歷史的抗爭爆發，不同的運動網絡形態產生了深遠的影響，也間接使得台灣的太陽花運動能夠在統一而有效的領導下進行，而香港的雨傘運動卻內訌不斷。

台灣與香港的聯繫

在這個醞釀時期，串連起台灣與香港社會運動參與的跨境網絡也逐漸浮現。既有的文獻提到「跨國社會運動網絡」（transnational social movement network）能夠促成資訊與策略的分享與認同的建立，[162] 而在台灣與香港的情況，跨境聯繫的形成是來自於幾乎同步的抗議運動，以及中國因素在兩地的更明顯介入。

台灣與香港雖然有文化背景與地理上的親近性，但公民社會的連結卻時有時無，僅侷限於特定議題。九〇年代，兩地的反對黨有常態性的交流，但二〇〇〇年民進黨上台後，這樣的交流就中斷了，因為香港泛民不想被貼上「支持台獨」的不愛國標籤。二〇〇〇年之後，兩地的自主工運經常往來，台灣的全產總與香港的職工盟有多次的接觸。[163] 二〇〇四年三月的「手牽手護維港（維多利亞港）」活動，反對特區政府填海造陸的工程，即是受到先前陳水扁競選連任時所發起的「二二八手護台灣」行動之啟發。[164] 在二〇〇五年香港的世貿抗議行動中，台灣參與者看到韓國農民的「三步一跪苦行」策略，後來也在樂生院保存運動中多次採用。香港的碼頭保存運動與台灣的樂生院保存運動也有密切的合作。反高鐵運動後，菜園村的重建運動也依賴台灣社區運動的專業人士，採取了參與式規畫的方式。[165]

儘管有上述的個案，兩地仍缺乏穩定而長期的公民社會交流，到了二〇一二年九月，這樣的感受特別深刻。當時兩地都正經歷大規模的反抗中國因素的抗爭行動，台灣的反媒體壟斷運動阻止親中財團的併購案，而香港的反國教運動則是抵抗校園內的洗腦教育。兩場運動具有高度的相似性，但彼此間卻沒有相互的聯繫或聲援，更顯突兀。一位學民思潮的參與者就提到，他們當時都有注意到台灣的學生運動，但卻沒有時間深入了解。[166] 黃之鋒在當時也不認識台灣的運動者。事實上，台灣的學生參與者也對香港感到好奇，尤其是學生領導的集會，居然能吸引上千名群眾包圍立法會。兩場運動落幕後，香港的學生運動成員造訪台灣，才開啟了雙方互動的契機。[167]

香港的反對黨與社運人士面臨本土派崛起所帶來的壓力，提議創設組織，二〇一一年五月，由海外中國人士、香港人、台灣人三方合作的華人民主書院成立，開啟了有組織基礎的跨境運動網絡。儘管華人民主書院無法在中國發揮影響，卻成功成為台灣與香港運動界的交流平台。二〇一四年一月，台北舉行了一場兩天的工作坊，有近二十位香港運動人士、三位立法會議員前來參加，這些交流活動促成了雙方的團結與相互學習。在二〇一三年的七一遊行前夕，首度有台灣人在網路上表達聲援；[168]當台灣學生衝入立法院後，香港年輕人的關切立即浮現。一位香港受訪者就表示：

> 三一八那天晚上，很多關心運動的朋友都是整夜看著網路上的直播，覺得台灣衝進立法院好厲害，還討論說香港要佔的話要佔哪裡。那時候本來就有在說佔中，但看台灣衝進議會，香港朋友在whatsapp上就開始有一些討論，看是不是能仿照台灣。[169]

在太陽花運動落幕後，台灣運動者組團參加香港的七一遊行，結果許多知名領袖在機場被拒絕入境。在黃之鋒號召佔領公民廣場之前，台上所播放的是林飛帆預錄的影片。

＊＊＊

瑪麗珍・奧莎（Maryjane Osa）研究八〇年代的波蘭反對運動，她指出團結工聯運動之所以形成強大的抗爭風潮，原因在於先前的運動網絡擴大，開始納入知識分子、勞工、教會與民族主義者等不同背景成員。[170] 同樣的觀察也可適用於台灣與香港，青年的反抗促成了學生、公民團體與政黨之間更緊密的聯繫。八〇年代出生的台灣人與香港人享受到較好的生活條件，也更容易進入大學就讀，但畢業後卻立即承受缺乏就業機會、房價高漲、薪資停滯等經濟痛苦。對於社會正義的渴望，以及對於家父長權威的反彈，是驅使年輕人投身抗爭行動的主要動力。他們的參與帶來更緊密連結與勇於行動的公民社會，能發起大規模的反政府示威。

因此，認為太陽花運動與雨傘運動有個「自發性」的起源、是來自突然間覺醒的公民之參與，並非完全正確的描述。當然，是有這麼一群過往政治冷感的公民變成了熱情的參與者，但若更仔細地觀察，實際的狀況是一群不斷擴大的核心運動成員，他們累積經驗與人脈，進而搭建了一個廣大的社會運動群體。兩場翻轉歷史的抗爭看似突如其來，無法事先預想；但隨著兩地公民社會變得更加激進化，更具有內部與外部的組織關係，這樣的大規模抗議其實是有跡可循的。

第二章　機會、威脅與對峙

二〇一六年，雨傘運動兩週年的前夕，周永康接受媒體訪談，坦言當初的準備是不足的。「我自己準備係不夠充足，如果我心力高一點、能力再大一點，我自己的心情可以平靜一點，我就可以安慰戰友，穩住他們的心情。」周永康如此誠懇地反省。[1] 他也在後來的訪談中提到：

> 雨傘運動的時候，有一種說法是政府會血腥清場、軍隊進場，我們是沒有這個心理準備的。佔中都快兩年了，我們也沒有去討論這個可能性，或是說這個可能性之後的各種溝通跟策略準備，完全都沒有。所以在這樣缺乏（的情況下）去面對這個難題的時候，基本上我們沒有人可以很冷靜地處理，也沒有什麼已經討論過的想法可以拿出來，那時候大家（只能）手忙腳亂地反應。

對峙是一種未預期且不尋常的情境，其浮現之際，即使是長期關注的運動領袖也會手忙腳亂，不一定總能趕得上局勢的演變。對峙也是一種與既有狀況（status quo ante）的徹底斷裂，此時重點在於能否建構出一個強大的領導核心。在一部紀錄片中，陳為廷坦白表示：

> 佔領就是一個小政府……我是副總統，林飛帆是總統。這個東西是滿噁心的，就是有點可怕，其實我們做的跟政府做的事情差不多。比如說，媒體在樓下，他們就會直接堵你麥，想請你講點話，可是我們又怕講錯話，所以就建立一個媒體發言人的機制。但是重要的定調問題，比如說對馬（英九）江（宜樺）的回應，可能就是林飛帆與我來負責，比較瑣碎的小問題才給媒體發言人……我完全可以體會馬英九的感覺……我畏懼民主。[2]

陳為廷的真性情告白顯示了領導能力和民主參與本質上是對立的。太陽花運動末期，有些運動領袖看似慌了手腳、面露不耐，他們忙著辯護撤退的決定，拿出來的說法是「至少比馬英九更民主」。[3] 諷刺的是，要領導一個處於對峙局勢的運動，需要的正是指揮權力的集中化。這不只違反了全世界翻轉歷史的抗爭中的自發精神，也無法事前預知，無論運動者先前的準備如何充足。

對峙是稍縱即逝、不穩定、高度危險的情境，因為執政者的容忍永遠只是暫時的；只要鎮壓的武力仍舊握在他們手中。他們只是在等待恢復原狀的機會。

威脅與對峙

太陽花運動反對與中國進一步的經貿整合，雨傘運動則是要求真正的行政長官普選；兩場運動都是直接挑戰執政者核心的政治主張，運動的命運也因此直接受到一系列政治因素所左右。運動能否獲得政治盟友的支持？執政者是否有堅實的基礎，以抗拒抗議者的要求？在何種情況下，執政者較可能對運動訴求讓步？[4]

研究者通常會以兩組概念來解釋社會運動的發生，一種叫作「政治機會結構」（political opportunity structure），此概念的定義是「協助或阻礙政治行動者集體行動之體制與制度的特徵」。[5]在這個觀點之下，社會運動的發展常被視為政治機會結構變化的後果：其擴張促成運動的興起，原因在於抗爭的成本降低了，或說抗爭成功的可能性提高了；收縮則會導致運動的衰退。[6]另一個概念是「威脅」（threat），其之所以促成運動出現，是由於不行動的成本突然間提高了，威脅是「如果不採取行動所要付出的代價」[7]。研究者發現，特別對於高風險的社會運動而言，如果人們意識到「直接與致命的威脅」，而且缺乏逃避的可能性，就會衍生出強大的參與意願。[8]因此，在政治機會結構不變的情況下，突然升高的威脅有可能激發抗爭行動。威脅概念可以幫助我們們理解某些「重大事件」（transformative event）[9]為何會帶來意外的動員效果。威脅是一種不得不行動的急迫感，運用所謂「負面思考的力量」（power of negative thinking）[10]，一旦人們意識到作壁上觀的後果太過嚴重，就非常有可能勇於挺身而出。

當抗議者佔領公共空間、擾亂政治制度的正常運作，所形成的這種持續性的對抗格局，就是所謂的對峙。此時，受困的執政者為了恢復秩序，已做好隨時動用武力的準備。列寧曾提出著名的革命情境之定義，他指的是統治階級無法再維持原有的生活方式，而被壓迫階級也不想回到過去；對峙與此非常類似。對峙是一種罕見的局勢，抗議者敢公然違背法律命令，但又不夠強大到足以改變政府領袖的意志。對峙也是一種不尋常的抗爭過程，抗議者採用破壞性高的手段迫使執政者正視其訴求，進而與執政者形成持續性的政治議價；但另一方面也導致高風險後果的可能：統治菁英有可能被推翻，或是抗議者受到嚴厲的制裁。這是一種微妙而短暫的勢均力敵，也是一種充滿懸疑的緊張時刻，局勢有可能急轉直下，迅速導致最終結局。

所以，對峙經常成為國際媒體的頭條新聞，是非常可以理解的，因為參與衝突的各方都承受相當高的賭注：一旦失敗，運動領導者將面臨嚴苛的懲罰（例如一九八九年北京的天安門運動）；執政者也有可能喪失權力，引發政權移轉（例如二〇一一年的埃及革命）。在太陽花運動與雨傘運動爆發的同一年，泰國一場大規模的反政府示威導致軍事政變，而烏克蘭的抗爭行動則是帶來社會動盪、內戰，以及外國勢力併吞領土。

對峙也提供了一個觀察的視角，能夠掌握社會運動動員與其直接後果的關連。研究者通常關注的是運動的產生及其影響，但在大部分情況下需要花好幾年甚至更久，才能促成研究者可以有充分把握認定的「成功」。然而，運動中的這些「例外」卻引發了抗議者與當局的直接對抗，只消幾天或幾個星期，結局就會揭曉。時間的壓縮讓研究者得以更明確地指認出雙方的「接續性策略互動」（iterative strategic dance）；[11]也可清楚考察運動策略創新與政府化解之循環。[12]

另一方面，對峙代表了一種典型的偶然性情境（contingency），構成了人類行動最根本的面向之一。[13]社會運動意味一種處於「新生狀態」（nascent state）與「日常制度化狀態」（everyday-institutional state）之間的中介。[14]運動的起始會釋放出一種追求改變的創造性力量，可是目標卻是要讓其改變能夠恆久長存。從這個角度來看，對峙體現了社會運動的過渡性格，是一種自成一格的情境，有其獨特的運作邏輯，導致先前的準備與規畫不一定能派上用場。

從公民團體到學生

台灣的太陽花運動反對日益深化的兩岸經濟整合，此一主張的承擔者一開始是政黨，後來轉變為公民團體與學生，在其轉變過程中，抗議的手段也變得更加激進。

在陳水扁總統的第二任期間（二〇〇四~二〇〇八），政府對於兩岸經貿往來態度趨嚴。在二〇〇八年的總統大選中，民進黨參選人謝長廷反對國民黨提議的強化兩岸經貿關係。謝長廷批評所謂的「一中市場」，因為這將導致「查甫找嘸工、查某找嘸尪，囝仔要到黑龍江」。

在二〇〇八年選舉的慘敗之後，民進黨依舊維持抗拒的態度，反對二〇一〇年六月簽定的ECFA。在當時，民進黨的訴求是將此項協議付諸公投，黨主席蔡英文也曾與總統馬英九舉行電視辯論。[15]直到立法院通過ECFA，並且在二〇一一年正式生效後，民進黨的態度才軟化。蔡英文在二〇一二年首次競選總統時，保證會接受已經簽定的兩岸協議，包括ECFA在內。

民進黨在二〇一二年的再度挫敗，帶來新一輪的政策調整，尤其是在選前最後一刻，工商業鉅子出面力挺「九二共識」，被認為是民進黨敗選的主因之一。在敗選檢討報告中，民進黨提到中國因素已經成為影響選民的重要「經濟議題」。因此，民進黨試圖採取新的兩岸政策，以擺脫外界所賦予的「反中」、「鎖國」刻版印象。[16]有些民進黨人士認為只是改變既有的印象是不夠的，否則他們永遠不可能重返執政。謝長廷先前曾反對兩岸經濟整合，後來開始積極與中國建立聯繫。謝長廷提到，台灣目前仍施行的《中華民國憲法》規定一中原則，也應該成為引導民進黨兩岸政策的準則。二〇一二年十月，謝長廷受邀訪問中國，算是一場正式的破冰之旅，企圖創造民進黨與共產黨交流的契機。在之後，黨內也不斷有要求修改一九九一年提出的「台獨黨綱」之呼聲，以營造未來交流的可能性。

因此，當服貿協議簽定的消息在二〇一三年六月傳出時，謝長廷正在香港與中國官員會面，媒體報導他當面支持這項經濟利多，儘管後來他宣稱這是記者的錯誤報導。[17]民進黨起初也沒有反對服貿，事實上，有些立法委員願意與執政的國民黨協商，這意味他們是有條件地接受與中國的自由貿易。[18]在一份公布於二〇一四年一月的兩岸政策報告中，民進黨對於兩岸經濟協議的立場是「應符合互惠與透明的國際規範」，並且彌補台灣企業所面臨的劣勢。[19]這似乎意味著一旦滿足了這些條件，民進黨是願意支持服貿的。

三月十三日，也就是學生攻佔立法院前五天，民進黨公布一項民調結果，顯示百分之四十一民眾不滿其「反中立場」。[20]立法院當時正要開始審議服貿，民進黨的領導者為何選在這個時間點公布這項消息？有人懷疑這是民進黨特意釋出的消息，表示他們將不會阻撓服貿的審查。因此，學生運動者對民進黨的態度始終有所保留，因為學生認為他們對服貿是持「模糊」立場的。[21]

國民黨政府從二〇一〇年開始積極推銷ECFA，服貿是ECFA的後續協議之一，然而，國民黨對其卻採取祕密的方式，沒有事先公開談判與簽定的過程。一直到二〇一三年六月二十一日，也就是服貿正式簽定的前幾天，台灣人才從媒體報導得知，大幅度的服務業開放即將到來；協議簽署後，才會正式公告要開放中國投資與勞工的六十四大項服務業別。最早開始反對服貿的是出版界的郝明義。根據郝明義的說法，開放中國投資台灣的印刷業，卻沒有要求中國開放出版品的管制，將會帶來台灣出版業的災難。郝明義後來辭去國策顧問一職，抗議國民黨政府罔顧民主與國家安全。後來，藝術工作者、醫療人員、社工人員、美容美髮業也都紛紛表達了對於服貿的憂慮。

二〇一三年夏天，反服貿運動開始升溫。由勞工、環境、婦女、人權、福利等公民團體所組織的「反黑箱服貿民主陣線」於七月二十八日成立，召集人是從二〇一〇年就開始串連公民團體投入兩岸議題的律師賴中強。民主陣線主張，兩岸協商應該要有更多的監督，而且要更透明，也要讓弱勢勞工的生計獲得保障；此外，醫療與福利產業也不應該商業化，對於有國家安全疑慮的產業也不應開放中國投資。在賴中強的主導下，民主陣線批評服貿是「黑箱作業」，這項指控強而有力，讓國民黨政府後來很難擺脫此一負面標籤。

民主陣線代表台灣公民社會比較建制化的部門，學生抗議者則是其中的激進勢力。他們在七月三十一日試圖闖入立法院進行抗議，並在事後組成了「黑色島國青年陣線」，採取一系列在總統府、立法院、機場（抗議中國海峽協會會長陳德銘來訪）的抗議行動。至此，反服貿運動出現任務分工，民主陣線的學者與公民團體負責提出反對服貿的論述，黑島青的學生則負責激進的行動。

在民間的反對壓力下，立法院決議先收集民意，再進行服貿的審查程序，於是從二〇一三年七月到二〇一四年三月，一共舉行了二十場公聽會。在此，兩黨立委進行了議事攻防：國民黨立委壓縮議程，在八天內進行了三場公聽會；民進黨立委則是處於反服貿運動與其對中政策修正主義的雙重壓力，選擇固定兩週召開一次會議的做法。最後一場公聽會是在三月十日舉行，接下來就要交由立法院內政聯席委員會處理。預定在三月十二日輪值擔任委員會主席的是一位民進黨籍立委，但國民黨認為其有可能拖延二讀會的進程，所以延遲了一週才開始審查，由國民黨籍的張慶忠擔任召集委員。民主陣線預期該週可能會有重大狀況，事先規畫一場「捍衛民主一百二十小時行動」，排定了大型集會、記者會與學生動員等活動。民主陣線原本評估，國民黨有可能在三月十九日（週三）採取行動，[22] 沒想到他們採取了更強勢的作為。

三月十七日（週一）下午，張慶忠準備登上主席台，但民進黨立委形成人牆阻擋。此時，張慶忠突然拿出預先準備的麥克風，宣布開會以及服貿二讀通過，逕付全院審查。混亂的三十秒內，張慶忠宣布會議結束，留下不知所措的民進黨立委與記者。執政的國民黨動用議事手段，強行通過服貿審查，事實上違背了先前朝野協商時，服貿應「逐條審查、逐條表決」的決定，種下了學生佔領立法院的種子。

三月十八日（週二）晚間，按照先前的規畫，民主陣線與黑島青在立法院外舉行一場群眾活動。到了九點左右，抗議者從三個方向發動攻勢，企圖攻佔立法院。約有五十位抗議者成功地越過青島東路的欄杆，打破門窗，闖入立法院，而之所以如此順利，部分是因為中山南路與濟南路有佯攻行動，轉移了警方的注意力。（見下頁圖10）闖入者先在立法院中庭集結、呼口號，之後才進入議場。很快地，更多學生從其他入口湧進，議場內最後聚集了約兩百多人，抗議者決定用現成的桌椅作為障礙，阻擋警察入內執行驅離行動。此外，抗議者也很快地選出領導的核心群。[23]佔領立法院的消息很快地透過網路傳送出去，吸引支持者自發前來。到了午夜，已經有約兩千名支持者聚集在青島東路與濟南路，他們包圍了企圖驅離議場佔領者的警察，用行動表達聲援。瓶裝水、食物、急救醫療用品與其他物資也很快地被運送到現場。三月十九日破曉時刻，抗議者已經確保了立法院議場的佔領，警方不再執行驅離，太陽花運動正式登場。

由威脅驅動的動員

在太陽花運動爆發之際，政治局勢究竟呈現何種狀態？首先，就執政者立場而言，馬英九總統對於服貿在立法院審查進度緩慢，多次表達不耐，因為這項協議是其兩岸和解政策的重要環節。二〇一四年的元旦講話中，馬英九嚴正警告服貿的延宕會引發貿易夥伴國的關切，台灣將更難簽定自由貿

圖10——立法院周遭

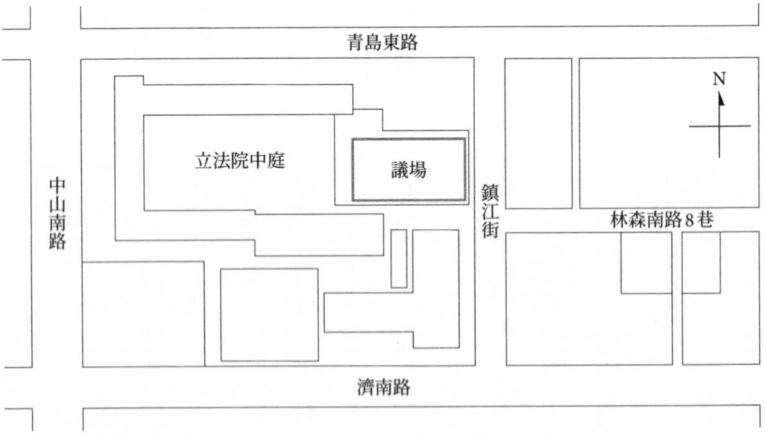

易協定與獲得更多外國投資。[24]很顯然地，國民黨立委決定強行通過服貿，主要也是來自上頭的壓力。至於反服貿人士對於運動進展的悲觀，看來也有其理由。法定的公聽會走完後，等於反對者已經窮盡所有體制內的可能途徑，但仍無法延遲服貿進行審查的程序。三月十七日，國民黨強力通過服貿之後有一場緊急會議，其中一位參與者感受到濃厚的失敗主義氣氛：

> 我們事實上是在一個非常微妙的情勢之中討論，因為大家當時覺得非常悲觀。張慶忠這樣衝過去，基本上已經擋無可擋了。應該做什麼？大家就在想說應該做什麼，當時開始有聲音說應該要衝，應該要激烈表達。有些公民團體反對，認為不要這樣衝。[25]

台灣的反對者深知，國民黨享有國會多數，一旦執政者下定決心，他們的抗爭行動將會非常艱難，取得執政者讓步的可能幾乎完全消失。但另一方面，國民黨也存在內部矛盾，統治菁英的不和是可以利用的政治槓桿，因為這阻礙了政府採取一致性回應方式。這項政治機會在台灣的脈絡中是存在的。

馬英九總統在二〇一二年一月連任成功之後，黨內浮現關於繼位者的競爭。隨著反核抗議興起，兩位可能的繼位者——台北市長郝龍斌與新北市長朱立倫——都表達反對核四興建，而這與傳統國民黨擁核的立場明顯不同。[26]此外，黨內紛爭的高潮是馬英九試圖解除立法院長王金平的職務，所引發的戲劇化鬥爭。馬英九利用一份可疑的電話監聽文件，指控王金平幫民進黨立委柯建銘進行司法關說，並因此開除高檢署檢察長、法務部長，同時要求撤銷王金平的黨籍，如此一來，形同剝奪其立法委員與院長的職務。王金平展開反擊，用法律策略保留黨籍，也獲得黨內同志與民眾的支持。國民黨的內訌使得馬英九的支持率大幅滑落，民調顯示最低時只有百分之九點二的滿意度。

太陽花運動登場後，國民黨的不團結有加劇現象。在學生攻佔立法院的前幾個小時，王金平的回應至關重要，因為不論是在法律上或政治上，在國會殿堂內動用警力都需要院長的同意。根據王金平事後出版的回憶錄，三月十八日晚上十一點，他在電話裡同意江宜樺動用警力驅離議場內的學生。但到了十九日凌晨三點，他又透過幕僚要求警察不要再有進一步的行動。[27] 沒有證據顯示王金平本人反對服貿，為什麼他後來願意容忍佔領國會的激進行動？有幾個可能的解答。首先，王金平當時已與馬英九公開撕破臉，他當然沒有理由幫馬英九強力排除一個反對其核心政策的抗爭行動。其次，王金平提出確保其黨籍的假處分官司，將在三月十九日下午宣布一審判決，也就是佔領運動發生的二十四小時之內。如果王金平敗訴，他有可能立即喪失立法院長的寶座。在這個情況下，王金平更沒有理由採取強硬姿態，犧牲自己的名聲與地位，結果只是幫助了政敵。此外，在太陽花運動最初幾天，郝龍斌與朱立倫都發表了一些友善的言論，要求中央政府以耐心與寬容處理。[28]

太陽花運動登場後，民進黨堅定支持學生的抗爭行動，提供了人力與物資的協助，可說是這場佔領運動政治上的盟友。但在學生衝入立法院之前，沒人預期到會有這樣的情況，因為民進黨並沒有完全支持反服貿運動的訴求。

如前所提，民進黨正在調整其兩岸政策，也特意與反對運動保持距離。只有台聯黨明確表達出反服貿的立場，但他們只有三席立委，如果進行表決大戰，派不上什麼用場。當時民進黨正試著摸索一種對中國較友善的策略，對於服貿的正式立場是逐條審查、逐條表決，這表示只要符合這些程序性要求，民進黨並不反對服貿。郝明義開始以個人名義反對服貿時曾見過民進黨高層，但是卻沒有獲得其支持。[29] 一位民進黨立委提到黨的困境：

我們知道服貿是兩面刃。台灣服務業去中國投資，民進黨也不能說不好，因為台灣市場小，也知道一開放有些行業會受影響。所以黨中央就算想擋，但又被怕被別人講，很擔心那個「逢中必反」的帽子。所以，民進黨一直想要營造一個理性的、顧大局的、審慎的態度，來處理中國經貿議題。民進黨想要具體呈現服貿有那些問題，而不是全盤否定，所以都是提一些技術性細節。[30]

基於上述的種種理由，一直到三月十七日「半分忠事件」出現前，民進黨對於反服貿運動是採取模糊的立場。但沒想到國民黨主戰派佔上風，積極運用議事策略，剝奪了反對黨立委參與的空間。當天下午，三位民進黨立委立即展開絕食抗議，只是他們的行動很快就被後續的學生佔領運動所淹沒。從事後來看，如果沒有「半分忠事件」，反服貿運動者不太可能願意發起高風險的佔領行動，更不會因此獲得民眾的支持。

總的來看，事先並不存在明確的有利政治環境鼓勵或是促成這場翻轉歷史的抗爭。統治菁英不和是唯一有利的政治機會，但在事前這只是潛在因素，直到抗爭行動介入才算真正開啟執政黨內部分裂狀態。事實上，三月十七日晚間的一場緊急會議中，反服貿運動者原本的規畫是要到總統府前發動靜坐，一直到當天下午才決定轉戰立法院。[31] 如果抗議者依照原訂計畫行事，馬王鬥就不會成為有利的政治槓桿，王金平也就沒有理由要介入這場爭議。

既有的政治機會並不有利於抗爭行動，相較於此，威脅反而成為一種強大的力量，鼓勵群眾參與這場不尋常的抗議。前面提到，威脅的意義是不行動的代價，而非負面的政治機會。因此，如果人們清楚意識到局勢的急迫性，意識到自己再不起身行動就沒有機會了，就比較有可能參與抗爭行動。

其實在太陽花運動之前就有相當多台灣民眾對與中國更密集的經貿往來持負面或保留的看法，但實際參與抗議活動的仍只是少數。一項二〇一三年的調查顯示民眾普遍存在的疑慮：百分之七十三點七的受訪者反對中國人在台灣工作，百分之五十三點九不贊成台灣人去中國投資或工作。[32] 台灣人民顯然擔心經貿往來的政治後果，但當時的執政黨只強調服貿的經濟效益，並未回應一般民眾對於喪失政治自主的擔憂。當被問到哪些情況會導致「贊成和中國和平統一的民眾增加」，高達百分之五十四點五的受訪者認為「台灣與中國大陸的經濟關係越來越密切」，其他依序則是「中國大陸政府的國際地位和影響力繼續上升」（百分之四十四點二）、「中國大陸不承認中華民國的主權」（百分之十五點三）、「中國大陸繼續由共產黨一黨專政」（百分之七）。[33] 很明顯地，台灣人民認知到經濟依賴有可能帶來相當程度的政治風險，而且威脅性遠比中國在國際舞台的崛起或不承認台灣主權更大。

因此，「半分忠事件」正是一種促使運動參與的威脅，國民黨立委爭議性的議事操作實際上坐實了「黑箱」的指控，為了促成兩岸更緊密的經貿關係，台灣的民主程序被破壞犧牲。甚至還因而獲得一些之前有疑慮、但沒有採取行動者的參與。在此之前，反對者一直無法提升服貿議題在公共輿論的能見度，民主陣線正在招募學者，打算撰寫出版一本關於服貿的專書，黑島青則在規畫全國性的校園宣傳活動。一位學生領袖事後開玩笑地提到，他們應該「感謝」張慶忠，使得服貿一時間成為全國關注的議題。[34]

一旦抗議者順利進入立法院，馬上又產生了另一種急迫感——議場內的學生佔領者處境非常危險，他們隨時有可能成為警方行動的受害者。所有人都知道，只要立法院外聲援的人越多，警察執行強制驅離就越困難。因此，中南部學生早在三月十八日晚上就開始動員，緊急安排巴士運送支持者到台北。一位在台中的學生參與者提到當天晚上的情況：

我捫學運社團也受到了情緒的影響。張慶忠在立院那個三十秒，服貿一通過好像就挽回不了。大家會覺得這就跟阻擋拆遷案一樣，但是像大埔案，有些人可能會覺得拆的不是我家，而服貿就是會波及到每個人。學校裡有很多學生想去參加，但找不到管道，所以就找上了我們社團，那時候有很多我根本不認識的人透過臉書來詢問……很多人是在三一八之後才認識服貿，或看懶人包或是聽別人講；也有些人想說要去台北之後再了解，就會這樣衝上去。[35]

顯然，立法院議場內學生佔領的脆弱處境，以及被層層警察包圍的危險局勢，激發了更多人參與的意願。

突然出現的對峙

前面提到，對峙是一種罕見的時刻，抗議者獲得群眾的同情，也迫使政府暫時容忍他們的違法行為。如果反對與中國經濟整合的運動者沒有戲劇化地佔領國會，這項議題根本不會獲得全國性的關注。但從事後觀之，對峙的出現是來自於抗議者即時與迅速的策略決定。

學生闖入立法院的決議，其實是在事發前幾個小時才真正定案。

三一八中午以後，鎮江街就塞滿了警察，根本過不去，所以大家看google map研究，發現青島東路離議場最近，為什麼不從這裡進去？因為之前沒有人從這裡進去，我們就決定從這裡進去。

行動參與者都是在現場臨時招募，擋警察、攜帶抗議布條、打破門窗等任務分工，也是到行動前最後一刻才分配完成。

> 我們把人分五組，每組大概十個。一般行動都會有人負責記錄、有人擋警察，我們也問了有沒有人想負責會背刑責的打破玻璃任務。但沒人想，我們只好自己來。分工就是兩組擋警察、一組負責帶電腦做記錄跟拍照、兩組負責揹布條跟掛布條……我那時候負責揹兩組麥克風，因為背太多東西，所以翻不過牆，在鐵門那跟警察盧很久，後來才開一個縫讓我進去。[36]

學生進入立法院後，許多人並沒有長期佔領的意圖，他們原本的期待是靜坐，然後很快地就被警察趕走。一位學生參與者提到：

> 衝進去之後，我本來以為會與以前一樣，沒多久被警察拉出來。殊不知進去之後，非常順利。我是從青島東路那邊進去的，他們打破玻璃後就讓大家一起進去，我們很順利地進入議場。我是第一波進去的，所以裡面都沒開燈。我幫忙把椅子堆在議場大門，這不是事前規畫好的，而是進去後很自然的反應，希望警察不要進來。原先的規畫其實是進議場，然後把布條拉起來，接下來就是等著被抬走。因為有警察在，大家還是會反抗，堆椅子不讓警察進來。[37]

議場內的參與者快速增加，行動轉向持續性的佔領。場內參與者的策略決定非常迅速，場外的回應也同樣迅速。有些人找到進入議場的其他路徑，也有些人採取了他們認為必要的手段。一位在場的公民團體幹部指出：

> 我們不是事先知道三一八要衝的事情，在事發前一個多小時才有耳語，說學生要衝立法院。我們工作人員都在濟南路，他們衝入之後，我們就在擋警察，沒有跟著進入立法院。第一個晚上兵慌馬亂，公民團體就是在做兩件事，第一件是動員，第二件是物資……公民團體工作人員開始買物資，我們大家就立即掏錢出來，將青島東7-11的水與餅乾都買完

了，送進去。[38]

留在場外的參與者知道，持續性的對抗需要後勤補給，於是許多人當機立斷，購買或搬運物資進入議場。台大醫學院位在立法院兩條街之外，醫學院學生聽到有人受傷，也立即將學校的急救箱帶入場內。[39] 筆者是在當晚十一點左右，也就是學生行動後兩個小時進入議場，當時場內已有成堆的瓶裝水、食物、睡袋，有些參與者還興奮地吃著剛送進來的熱騰騰雞排。

反對黨的政治人物也立即趕到現場。一位民進黨的黨務人士從當天下午就在立法院外觀察，從學生可疑的舉止，他懷疑學生是在策畫某種激烈的行動。他個人認為學生沒有本事能硬闖立法院，而學生也沒有來要求協助。後來得知學生已經佔領了會場，他立即聯絡黨主席蘇貞昌，請他來支援學生。很快地，蔡英文、謝長廷、游錫堃，與其他高層人士也到了現場，他們整晚坐在議場外的階梯表達聲援，台聯黨主席黃昆輝也參與其中。那個晚上，許多民進黨立委幫忙把物資搬進議場，因為警察不能阻擋他們出入。[40] 理所當然地，反對黨的介入對佔領行動相當有利，因為如果執政者決定動用武力強制驅離，得付出更高的政治代價。

基於先前的運動網絡，學生的決策核心圈很快成形。我參與了一場十九日凌晨一點的緊急會議，其中林飛帆收到親綠學者的電話傳話，警察即將強力攻堅，但是願意讓學生先自動撤離，在場的學生運動幹部立即拒絕這項要求。接下來的幾個小時，學生用臨時搭建的桌椅障礙物，阻擋了好幾波警察驅離的攻勢。林飛帆與陳為廷被選為主要發言人。他們兩人其實對先前的反服貿運動參與不深，反而是因為更早的學生運動參與，他們才確定了自己在運動圈內的地位。三月十八、十九日晚間，議場內有不少學生輪流拿麥克風，指揮參與者阻擋警察的驅離行動，但到後來只有林飛帆與陳為廷兩人被視為運動領袖。這是因為基於先前的合作經驗，使得其他學生參與者願意信任他們。「大家覺得林飛帆與陳為廷兩人的台風穩、好溝通，所以他們自然而然成為領袖。而且認真講，如果有人來搶也搶不過他們。」[41]

太陽花運動能夠迅速選出代表人物，一部分原因在於先前的黑青島仍只處於鬆散的組織形態。黑島青是唯一的反服貿學生團體，原本只有近二十位參與者，而且很多人同時關切其他議題，所以並不是全力投入。儘管如此，黑島青附著於一個緊密的學生運動者網絡，因此其成員可以透過人際關係招募更多人的參與。「進去以後的狀況根本就沒有任何的規畫……（後來的分工）都是集中在我們幾個既有的人際網絡中，從這裡發散出去，找可以信任的人做糾察、hold場之類的工作，這的確是一個人際圈往外擴的過程，而不是一個很民主的狀態。」[42]正因為黑島青的低度制度化，新的領導群能快速浮現，而不用考慮先前的組織身分或界限。

剛被佔領的立法院議場一片混亂，與外界的進出被警察封鎖，在這種情況下，透過非正式的運動者網絡，找認識的熟人來合作是必要的。但許多被找來的人彼此並不熟悉，而且要維持長久的佔領，需要儘快建立一些共同遵守的規則。在一開始幾天，學生們會發現一些無人認領的可疑物品，例如汽油瓶與打火機、電擊槍、鐵鏈等；糾察隊也發現便衣警察與情治人員偽裝成學生或記者，試圖混進來，最高紀錄是曾在一天內發現了八位潛入的人員。有些便衣人員每天輪班進入立法院，不久就被糾察隊辨識出來；有些人攜帶的V8攝影機上貼有「偵防組」的標籤，還曾出現過便衣人員剪掉整個主控台的網路線。此外，問題也可能來自參與者內部，糾察隊經常要處理層出不窮的偷竊與性騷擾事件。[43] 因此，核心的參與者通常只信任在過去抗議運動中看過的熟臉孔，他們希望熟人「能留比較久，能幫忙hold著場子。那時他們會擔心外面有不認識的人進來，把場子整個翻轉掉，所以會滿小心的。議場內之所以能夠那麼快組織起來，也是因為大家彼此都認識，所以大家會怕一些不認識的人來亂」。[44] 但如果佔領立法院的參與者是新人，就不容易進入決策圈。一位學生參與者因為缺乏過去的運動人脈，感到非常挫折：

> 如果你先前沒有運動經驗，就不會被分到工作，因為他們大多都會找熟識的人來做事，所以其他人在議場裡只能當觀眾，待不久也是有原因的。後來他們想的辦法就是找人來辦活動，讓沒事做的人不會無聊。我在裡面也是不知道要做什麼，所以一直就很焦慮，有分到工作的人都已經在忙了，如果你們有任何想法或建議，他們只會說會帶進去會議討論。[45]

佔領現場內外的決策與分工很快就形成了。立法院外的活動就交給參與民主陣線的各公民團體，他們由幹部輪值負責，在立法院的青島東路與濟南路入口舉行了包括演講、音樂表演、意見分享、審議式民主論壇等活動。這兩個地點有戰略上的重要性，如果能持續維持一定規模的群眾，警察的增援就會變得更加困難。立法院的中山南路正門則是由「公投護台灣聯盟」（以下簡稱「公投盟」）負責。獨派色彩濃厚的公投盟並不是民主陣線的成員，但支持學生的行動。從佔領的第二天開始，學生代表與公民團體固定舉行聯席會議，以協調場內與場外的合作。在行政院事件之後，太陽花運動的領導結構更加集中，形成了一個九人決策小組（五位學生與四位公民團體代表），以及每天下午召集的三十人代表大會（二十位學生與十位公民團體代表）。這個決策結構延續到太陽花運動的最後一天。

行政院事件

對峙的出現來自於政府對群眾抗爭行動的容忍，這也意味著執政者間接承認忽略了民怨的積累。但政府無能維持法律與秩序也等於開啟了防洪閘門，引發更高層次的訴求與更激進的抗爭行動。在學生衝入立法院之前，他們的訴求是服貿應回到「逐條審查、逐條表決」的程序。一旦成功癱瘓了國會，他們在三月二十日（第三日）提出新的主張：（一）退回服貿；（二）制定《兩岸協議監督條例》，並且要政府在兩天內答覆。此外，太陽花運動的領導者也試圖以其他方式增加執政者的壓力。

三月二十一日（第四日）晚上，太陽花運動領袖要求支持者前往各縣市國民黨黨部進行抗議。根據媒體報導，至少有十八個國民黨黨部出現了靜坐示威，有些地方的活動還延續數日。在台中、台南、高雄等大城市，這些抗議活動吸引了上千人參與。三月二十三日（第六日），學生宣布發起全國性的罷課與罷工。[46]然而，擴大衝突規模的努力並沒有成功。由於教育部與學校主管的介入，只有少數大學教授主動停課；也只有一家銀行主要還是因為內部勞資爭議而宣布要採取罷工。[47]一直到四月五日（第十九日），也就是太陽花運動落幕前五天，才有部分工會發表聲明，表達支持學生、反對服貿的立場。[48]台灣勞工運動界這項遲來且薄弱的表態沒有發揮太多影響，然而值得注意的是，服貿爭議明明涉及服務業勞工的生計與就業，但為何沒有引發工會領袖的回應？社工人員、醫療人員、出版業編輯、廣告業、資通訊產業等專業人員都有發起行動，與學生相互呼應，但這些與勞動權益有關的活動並不是以勞工運動為名，這些產業的勞動者也通常沒有加入工會。另一方面，台灣的工會組織長期以來處於衰退萎縮的狀態，幾乎只留下大型傳統製造業、國營與前國營企業工會組織仍積極維持運作，[49]而這些勞工大部分並不在服貿衝擊範圍內。

太陽花運動沒能即時升高執政者所面臨的壓力，使得後者獲得了喘息的空間。馬英九首度公開的回應就是譴責學生的非法行為，並且拒絕與抗議者對話。三月二十二日（第五日），行政院長江宜樺與林飛帆公開對談，拒絕退回服貿的訴求。三月二十三日（第六日），馬英九舉行記者會，嚴厲指責學生的行為，再度強調服貿是「利大於弊」。這使得群眾的不滿為之高漲。記者會結束後，議場內的學生決定提出召開「公民憲政會議」的訴求，因為他們認為馬英九的態度無助於解決當前的政治危機。先前幾天，議場內的學生領袖一直阻擋激進派升高抗爭的訴求，但在馬英九的公開講話之後，激進派的主張再也壓不下來，也獲得了議場內學生領袖的默許。

佔領運動進入到第三日，由於立法院議場的空間不足，且通訊困難，部分的學生參與者決定在兩條街外的台大社會科學院大講堂設立「後勤基地」，也就是後來所謂的「社科院派」。這批學生參與者其實與議場內的參與者來自同一群學生運動網絡，但因接觸到場外群眾的熱情，對於對峙局勢產生了更樂觀而積極的評估。在他們看來，議場內的學生坐困圍城，不了解民情已經沸騰，加上公民團體謹慎行事，試圖限縮學生的行動。社科院派決定將運動引導向更具有衝突性的局勢，這也意味著新生的太陽花運動出現了領導權的分裂。

社科院學生與議場內學生談了幾次沒有共識，於是決定將矛頭對準鄰近的行政院。他們在三月二十三日晚間七點左右號召了一場靜坐行動，很快地，行政院前廣場就被抗議者所佔滿。有些參與者闖入辦公大樓，而這讓政府有了採取武力鎮壓的藉口。三月二十四日半夜，鎮暴警察使用棍棒、盾牌、水車驅離群眾，超過五百位群眾受害，有些人承受嚴重的傷勢，六十一位現場參與者遭到逮捕。警察花了幾個小時才清理現場，奪回行政院，但對於和平示威者過度的武力使用，許多流血影像在網路上廣為流傳，造成相當大的震撼，也引發了關於「國家暴力」的指責。[50]

行政院事件的壓鎮引發運動內部的領導危機，學生陷入相互指責的狀態。有些議場內的學生特意與佔領行政院的行動保持距離，聲稱事先不知這些「自發」行動，而這樣的態度被指責為自私地「切割」運動夥伴。[51]接下來幾天，學生試圖釐清行政院事件的始末。社科院派很快地瓦解，癱瘓另一個政府機關的失敗意味著激進路線是錯誤的，有些社科院派的領導者離開台北，躲避可能的警方拘捕。如此一來，議場內核心決策圈的地位更形確立，再也沒有更激進的力量能夠挑戰其地位。行政院事件也帶來了慘痛的教訓，試圖升高對峙局勢徒勞無益，而這樣的理解促使運動領導者更願意尋找一個有尊嚴的退場方式，尤其當局勢已經呈現對己不利的情況。

另一方面，警察驅離行政院事件過度使用的武力也產生了其他效應。一位學生運動者當時正好參與電視的談話性節目，親身經驗了輿論的瞬間轉向：

> 名嘴從九點就開始罵，你們都已經佔領立法院，為什麼還要去攻佔行政院。我一開始都保持冷靜，但看到有人被逮捕，大家被打得流血，我就哭了。一瞬間整個現場輿論都轉向同

情學生，名嘴都說即使學生有錯，也不該血腥鎮壓。最後節目討論不下去，就開放CALL-IN，觀眾打進來都罵名嘴說怎麼可以讓學生被打……[52]

影像畫面舉證歷歷，有人甚至被打到頭破血流，不省人事，但官員仍輕描淡寫，企圖粉飾太平，例如行政院江宜樺說，當時警察只是「拍肩請他們起身」。面對輿論的壓力，執政黨政府決定局部讓步，以釋出善意。三月二十五日（第八日），總統府一改先前的冷淡態度，表態願意無條件接見學生代表。馬英九在四天之後（第十二日）召開第二次記者會，先肯定「青年朋友關心社會、參與民主的具體實踐」，接下來逐條回覆學生的訴求。馬英九贊成兩岸協議監督的立法，但認為可以同時進行，一邊立法、一邊審查服貿；「公民憲政會議」的部分，則可以考慮召開其他類似形式的會議。然而，馬英九堅持不願撤回服貿協議。[53] 四月一日（第十五日），行政院會議迅速通過了《兩岸協議監督條例》草案，[54] 但該版本的內容不外乎是將原本的做法條文化，仍舊缺乏任何實質監督。再過兩天（第十七日），政府宣稱即將召開「經貿國是會議」，以因應學生的公民憲政會議訴求。簡而言之，行政院事件之後，政府提出了部分的讓步與回應，但仍不能滿足學生的要求。

光榮退場

抗議者在對峙情境中能享有的戰術優勢非常短暫，政治僵局一旦延續下去，就容易引發民意反彈，為政府鎮壓找到合理的藉口。起初，輿論傾向於同情抗議者，因為覺得他們是警察武力的受害者，或是認為政府沒有尊重民意。一旦對峙時間延長，街頭佔領運動所帶來的不便將變得日益難以忍受。從下頁圖11的民意調查可以看出，在第十一日之前，太陽花運動支持率雖逐漸降低，但仍高於不支持率，可是之後就出現了逆轉的現象。

長期維持對峙僵局是一件高度困難與耗力的行動，很容易讓參與群眾感到疲倦。非常令人意外的是，太陽花運動在三月三十一日（第十四日）出現了場外佔領人數陡降的情況，但前一天明明才成功地舉行了一場號召五十萬人的大型集會。可以想見執政者當然密切關注人數越來越稀薄的佔領區，等待驅逐佔領者的時機。四月三日（第十七日），現場輪值的警力增加，並配置了鎮暴裝備，佔領區與網路上都在流傳，政府準備強制清場。從政治人物事後出版的回憶錄來看，國民黨政府當初的確打算強行動用警力。台聯黨前主席黃昆輝從王金平方面得到消息，行政部門決定在四月五、六、七日三天找機會驅離學生。[55] 馬英九也在事後提到，他的底線就是「回歸一年前朝野協商『逐條審查，逐條表決』共識」。[56] 換言之，他不再容忍學生佔領立法院的狀態持續下去。

圖11——太陽花運動期間，支持與反對的民意

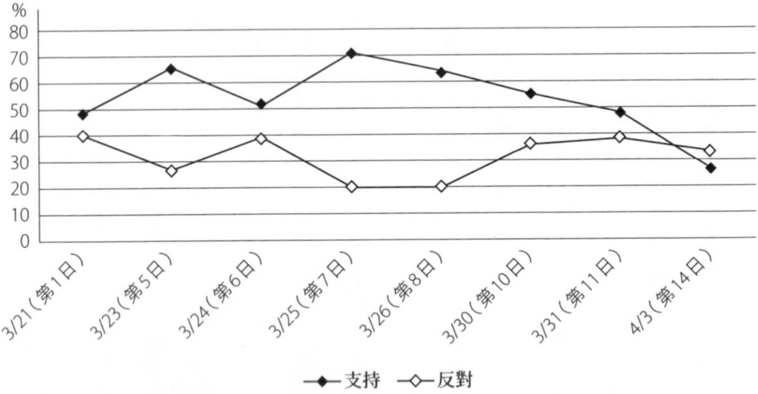

資料來源：4份是由偏藍的TVBS民調中心（https://goo.gl/FxB0NP）所執行，2份是來自親綠的新台灣國策智庫（http://goo.gl/MRcBUo）與自由時報民調中心（http://goo.gl/XSblNz），另外2份則是分別來自《今週刊》（http://goo.gl/9X5E5A）與台灣指標民調（http://goo.gl/uZFb7V），取用日期：2014年9月22日。

說明：在24天的太陽花運動中，共有12份民調，其中有3份沒有直接詢問受訪者關於學生佔領行動的態度。另外，國發會在4月2日有委託一份民調，但是由於其問題設計有明顯的引導性，故不列入。

太陽花運動的領導者深知，時間並不是站在自己這邊，他們有急迫的壓力，需要在運動能量消耗殆盡之前，儘快收場。問題在於他們需要確保某些成就，以說服參與者自願離場；否則單方面的退場決定不但會對運動士氣造成嚴重打擊，也會傷害領導者的可信度。為了尋找某種退場策略，運動領導者得重新調整他們的期待，放棄過往的某些要求，並從執政者那裡獲得另一種可以保留顏面的承諾。

由於馬英九已經拒絕了太陽花運動最核心的訴求——撤回服貿，運動領導者便將焦點放在兩岸監督條例的立法，並堅持一定要在服貿審查之前通過。學生從佔領後第十日開始收集立法委員的連署，並且宣稱如果有過半數的立法委員願意承諾「先立法、再審查」，他們就願意撤出立法院。在國民黨席次過半的情況下，學生等於是要求一定數量的執政黨立委背書，這顯然是在試圖分化國民黨立委與馬英九，希望立委能獨立決定，不理會馬英九的堅持。而太陽花運動的領導者也為了這樣的策略調整，不再對國民黨立委加以批評。

馬英九在第十二日召開第二次記者會，表達願意接受立法（《兩岸協議監督條例》）但是同時審查（服貿）的立場，如此一來，雙方政治議價的差距只剩下立法的時機。這一點太陽花運動的領導者拒絕了馬英九的讓步，讓對峙拖到第三個星期，也就是將自身暴露於被武力清場的危險之中。所幸，學生的堅持獲得更好的回報。

四月六日（第二十日），立法院長王金平抵達被佔領的議場，宣讀一篇事先準備的發言稿。

他首先稱讚學生的理想主義情操，接下來指出，運作良好的國會需要執政黨的寬容、在野黨的智慧與公民的支持。為了化解當前的危機，他表示不會在《兩岸協議監督條例》立法通過之前，召開關於服貿審查的政黨協商。

在王金平來訪之前，只有非常少數學生領袖知道這項消息，而他們也先讀過其發言稿，其中涉及多位中間人的來往協調，核心學生表示，「這個運動也不是只有我們在做決定，民進黨與國民黨那邊也有幾個立法委員在喬。」[57] 既然王金平的立場比馬英九更接近運動訴求，學生也比較能夠聲稱取得某種程度的成功。在王金平的造訪之後，太陽花運動的領導者召開記者會表示「這個島嶼終於重見天光！」接下來的二十個小時，學生與公民團體密集開會，討論如何協調退場。四月七日（第二十一日）晚上，學生宣告他們的佔領活動將在三天後結束。儘管佔領現場有人批評退場決定沒有經過充分討論，也有人認為運動尚未成功，不應提早撤退，但在四月十日晚上仍有一場盛大而歡樂的告別晚會，宣告佔領運動的結束。

台灣的太陽花運動最終是以較有利於抗議者的方式落幕。學生抗議者之前脆弱的組織基礎反而有助其迅速建構決策核心，異議激進派的初期挫敗更強化了領導者地位，以及在運動開始展露疲態後，及時執行退場的決定。執政菁英不和加劇，更讓運動領導者在自願退場之際還能夠宣稱勝利。這些有利於運動順利收尾的因素都是在過程中產生，反觀香港的雨傘運動並未享有這些有利的因素，最終導致了運動的瓦解。

停滯不前的民主

台灣的太陽花運動是起於逐漸擴大的兩岸經濟整合爭議，而香港的雨傘運動則是來自未完成的民主化志業。一九八二年，英國殖民政府引入市政局議員席次的部分直選，在此之前，香港並沒有任何選舉。外國人官員生活在自我封閉的世界，與本地人完全沒有生活上的接觸，他們有種圍城心態，對於民眾的政治參與抱持懷疑的態度。[58] 七〇年代曾出現過學生運動與壓力團體，但是這些運動風潮從未碰觸憲政體制的問題，因為「民主化的問題看似十分遙遠」。[59] 經歷了一九八二到一九八四年的中英談判，英國人理解到殖民地的現狀無法永久維持，便開始推動一些代議政治的改革，使其最終能夠光榮撤退。一九八六年成立了一個推動民主化的聯盟，一九九〇年轉化為香港民主同盟，也就是一九九四年成立的香港民主黨之前身。一九九一年，部分立法局的議席開放直選，同年通過了《香港人權法案條例》。

一九八九年的天安門事件摧毀了香港人對於政治前途的信心。最後一任總督彭定康（Chris Pattern）任內（一九九二～一九九七），港英政府不顧北京反對，強力推動民主化進程，一九九五年的立法局首度由直接選舉或間接選舉產生所有席次。然而，主權移交後的香港出現了民主化的倒退，民間團體與抗議活動的管制變得更嚴格，也再度出現委任的區議員席次（延續到二〇一一年）。香港立法會內直接民選的席次以非常緩慢的速度成長，至今七十席議員只有四十席是一人一票投出來的，其他則是所謂的功能組席。[60] 一九九〇年公布的《基本法》中所承諾的特區行政首長直選歷經多次延宕，至今香港特首仍是由一個不具民意基礎的委員會圈選，委員會的成員數目從一九九六年的四百位，變成二〇〇二年的八百位，到了二〇一二年又成長到一千兩百位。儘管投票人數增加，最終的決定權仍是操在北京政府手上。

更令人擔憂的是親北京陣營的選舉動員能力持續提升。一九九二年成立的「民主建港協進聯盟」（以下簡稱「民建聯」）的實力穩定成長，二〇〇四年超過民主運動的老大哥香港民主黨在立法會的席次，成為第一大政黨；[61] 基層的區議會選舉方面也在二〇〇七年超過了民主黨。[62] 香港的民主化進程停滯不前，民主黨與北京政府的會談並沒有獲得實際收穫，各種政治制度的改革也陷入瑣碎的細節爭議。特區政府在二〇〇五年提出的改革方案被反對勢力否決，二〇一〇年的版本並沒有比較進步，卻獲得民主黨支持而通過。香港的轉型陷入僵局，政治體制也呈現「半民主體制」，或說是「具有競爭性的威權體制」的特色。[63]

從事後看來，阻礙香港民主化的原因很多。中國共產黨對西方自由主義的敵視無疑是最關鍵的因素。無論是在九七移交前或後，北京政府始終相信某種陰謀論，認為香港的民主化主張是國際反華勢力指使。[64] 其次，香港的資本家向來反對民主化，因為他們擔心如此一來將會喪失既有的經濟特權。[65] 八〇年代他們認為民主會導致更多的福利支出，到了後期，基於其在中國的商業投資，他們更成了北京政府的協力者。最後，儘管在地認同早在七〇年代萌芽，香港的政治文化仍舊鼓勵「退出」（exit）而不是「發聲」（voice）。在中英談判結束後，大量的中產階級專業人士選擇出走，「移民從來不是公共討論的議題。選擇『退出』的人士也沒有受到道德譴責。」[66]香港政治運動的弱點之一就在於移民是普遍且受歡迎的選項，如此一來，民主是否仍是一個值得追求的共同目標，自然會受到質疑。

另一方面，台灣的民主化是與本土化同時並行的，但香港的民主化運動卻被視為是更廣大的中國民主化之一環。八〇年代初期，充滿理想主義的學生領袖提出「民族回歸、民主治港」的訴求（即後來的「民主回歸」）；當時大部分香港人的心聲是維持殖民現狀。在回歸中國主權成為定局之後，「民主回歸」成為民主運動的引導綱領。儘管天安門屠殺事件粉碎這樣一廂情願的天真想法，但一九九〇年以來每年在香港舉行六四追悼晚會，仍訴求某種「自由主義傾向的愛國主義」，試圖結合大中國認同與西方自由主義。[67]直到雨傘運動爆發的前幾年，本土化訴求才開始在香港浮現。

也是由於認同政治的分歧，台灣的成功經驗並沒有成為香港人的正面參考案例。按理來說，華人社會首度出現了和平的政權移轉，應該會在香港產生示範效應，但結果卻正好相反。二〇〇〇年的總統大選，民進黨首度取得執政，香港的立法會卻無異議通過一個決議案，公開反對台灣獨立，只有一席反對黨代表選擇了棄權。[68]民主黨何俊仁還提出了一套法律理論，證明台灣屬於中華民族的一部分。[69]民主黨前主席劉慧卿（二〇一二～二〇一四）在二〇〇三年受邀訪問台灣時曾表示尊重台灣人民的自決，結果被親北京媒體猛烈攻擊，卻沒有民主黨派政治人物聲援。換言之，一旦遇到了中國民族主義，香港民主派的政治人物會很實際地改變立場，平常掛在嘴邊的民主理念立即被拋在一邊。愛中國的民族主義是不能挑戰的聖牛，遠比民主自決原則更加重要，這是香港反對黨政治人物的基本心態，直到本土派崛起才挑戰了這樣的想法。

主權移交後，每年的七月一日是官方的「香港特別行政區成立紀念日」，吸引了形形色色的抗議活動，包括平反天安門事件、中國移民爭取居留證，與其他生計議題，但在一開始並沒有訴求政治體制的改革。二〇〇三年的七一遊行首度提出「還政於民」的要求，重新將選舉改革的議題帶上檯面。民主化意味著許多改革，包括取消區議會裡的指派席次（二〇一六年實現）、取消在立法會內由選舉委員會選任的席次（二〇〇四年實現）以及功能組別席次（二〇一六年仍只佔一半）。真正的民主也意味著最高領袖職位是由公民選票所決定。《基本法》規定，特首與立法會所有席次最終將全面直接普選，只是有個但書，要依「循序漸進的原則」。如此一來，讓北京政府掌握了可操作的空間。

面對日益高漲的民主化運動，北京政府在二〇〇四年四月決定，延後原訂二〇〇七年舉行的特首直選，與二〇〇八年舉行的立法會普選。二〇〇七年十二月，中央政府再度拒絕在二〇一二年舉行特首直選，但設定了時程，最早將在二〇一七年進行特首直選、二〇一八年進行立法會普選。有跡象顯示，政治人物領導的民主化運動已經逐漸喪失了動能。親北京陣營的選舉動員能力提升，也取得更多的席次；相對地，民主派陣營則呈現日益破碎化的趨勢，公民黨（二〇〇六年成立）、社會民主連線（二〇〇八年成立，以下簡稱「社民連」）、新民主同盟（二〇一〇年成立）、人民力量與工黨（二〇一一年成立），都侵蝕了民主黨原本的龍頭老大地位。反對運動演變成所謂的泛民主派，其內部的路線爭議與相互競爭，減弱了民主運動的力道。

選舉制度改變是民主派陣營破碎化的另一個原因。從一九九八年開始，立法會的直選席次從單一席次制改為比例代表制。[70] 新的遊戲規則有利於小黨，打擊了當時最強大的民主黨，而這呼應了北京的策略意圖。北京對於普選改革進程一再拖延，也引發了泛民內部的策略爭議。以民主黨為代表的溫和派傾向與共產黨協商談判，激進派（例如社民連與人民力量）則偏好街頭運動與群眾動員。二〇一〇年，社民連與公民黨決定聯手推動「五區公投」。這場運動的目標是要製造北京政府的壓力，以儘快促成特區直選、廢除立法會的功能組別席次。由於香港沒有法定的直接民主程序，遂利用五位立法會議員辭職，並立即參加補選，藉以製造民意的具體展現。結果親北京的保守派發動杯葛，特區政府也譴責這是場浪費稅金的政治表演，當年五月補選的投票率只有百分之十七點二，遠低於原本設定的目標。[71]

補選過後一週，三位民主黨資深領袖走入中聯辦，展開一場破冰會談。在這場號稱歷史和解的場合，民主派以溫和姿態向北京爭取通往民主化的路徑圖，結果只取得非常局部的改革方案，包括五席直選的功能組別代表（即超級區議會議員），以及特首選舉委員的人數從八百名擴增至一千二百名。民主黨為這項成果辯護，強調這是全面民主化的第一步，也證明北京政府願意讓步的務實態度。[72]然而，批評意見聲勢浩大，反對者指出，北京仍舊要求特首參選人應是「愛國」的。超級區議員雖然表面上使得直選席次過半，但等於是永久保留有問題的功能組別代表，而非將其取消。這也讓民主黨內部湧現一波出走潮。二〇一一年的區議會選舉，人民力量發起「票償票選」的抵抗運動，特意在民主黨參選的選區派人角逐，以瓜分票源。在激進派看來，民主黨等同叛徒，是比親北京陣營更可憎的敵人。二〇一二年的立法會選舉，泛民出現了激烈的內鬥，導致最後只從三十五席直選席次拿下十八席，這是一個相當明顯的挫敗，因為在上一屆的選舉，他們取得了三十席中的十九席。

佔中運動

二〇一二年立法會選舉的結果顯示，日益分化與脆弱的反對黨很難再扮演民主運動火車頭的角色。面對這種局勢，港大法律系教授戴耀廷在二〇一三年一月發表了一篇〈公民抗命的最大殺傷力武器〉的報紙評論文章。他反思過去群眾集會、公投、協商等路線的失敗，認為應該動員上萬名支持者在中環金融中心進行佔領，如此才能改變北京執政者的心態。戴耀廷所設想的是一場非暴力的抵抗運動，由有聲望的意見領袖與專業人士帶頭發起，而他們也願意承擔事後的法律後果。他強調，準備製造這個殺傷力最大的武器本身就產生了政治壓力，除非已經完全喪失了真正普選的可能性，否則不應輕易發動。[73] 戴耀廷這篇倡議文章廣泛流傳，引發強烈的回應，因此他決定與中大社會系教授陳健民、牧師朱耀明聯手，在二〇一三年三月發起「讓愛與和平佔領中環運動」。這三位領袖（媒體普遍稱為「佔中三子」）宣稱，如果二〇一七年的普選辦法沒有符合國際標準，他們將癱瘓金融中心。在此之前，公民首先要進行民主審議，決定他們理想中的普選方案，並且用公投選出最具有民意基礎的版本。如果北京仍舊選擇忽略民意，他們就會實行佔領計畫。

起初，佔中運動凝聚了分歧內訌的香港泛民與公民團體，在這個平台上重新將焦點設定在普選議題；學民思潮也在完成反國教運動的階段性使命後，全力投入爭取普選運動。[74] 泛民各黨同時加入了一個真普選聯盟，以協調出共同的行動。佔中運動招募捐款、組織志工、訓練糾察隊，以因應最終的攤牌行動。戴耀廷還出版了一本書，詳盡說明運動的使用與方法。佔中運動領袖並多次造訪台灣的政黨與公民團體，也邀請一些台灣的資深運動者到香港協助訓練志工如何進行非暴力抗爭。[75]

親北京的媒體將佔中運動視為違法亂紀，特區政府也特意阻撓，不接受其立案，使得募款活動難以進行；[76] 佔中運動利用跨境運動網絡的行為甚至被攻訐為「勾結台獨運動」。反制運動與大型群眾集會也隨之出現，其背後可見明顯的中國因素色彩。親中勢力的打壓與騷擾是可以預期的，但隨著運動開展，內部也出現了批評聲音，認為路線太過謹慎與溫和。戴耀廷是法律人出身，他曾堅持佔領運動的參與者要簽署遵守非暴力公民抗爭的聲明，並參與退休法官主持的宣誓儀式。[77] 陳健民也認為大規模靜坐是最後手段，因為香港人沒有經歷過台灣的二二八事件，不會為了民主而採取激烈的抗爭手段。[78] 佔中領袖將公民抗命視為與北京政治議價的手段，他們起初不願意接受特首選舉的「公民提名」方案，也就是不需依照《基本法》所規定的提名委員會程序。溫和的泛民是因為急切希望能保留轉圜空間，以爭取北京支持，因此反對公民提名的想法，而佔中三子似乎同意這樣的見解。

佔中運動的領導者相信，真正的民主運動應該從內部民主做起，因此應該先進行密集而廣泛的審議民主論壇，接下來才是由公民挑選出理想的普選方案，並預定在二〇一四年中進行公投。按理來說，有了程序正義的堅持，接下來才有發動公民抗命的正當性；但從結果來看，保守派仍舊持反對態度，而激進的參與者則越來越沒耐心，因為運動看起來沒有真正的進展。就某種意義而言，佔中運動陷入兩面作戰的困境，就像溫和派的泛民，一邊被親北京的保守派認為在製造動亂，但激進派也不滿他們過度小心翼翼的作風。令人沮喪的是，北京從來沒有軟化其態度，仍堅持有篩選機制的普選。二〇一四年年初，一位佔中運動領袖私底下承認，中央政府讓步的可能性幾乎是不存在了。他悲觀地認為，唯一可能的改變是佔中領袖都是被捉去關，「連《環球時報》、《人民日報》都在批評，顯示北京立場很硬。在這種情況下，表明要違法的佔中運動還有穩定的百分之二十五支持度，已經算不錯了。」[79]

學生向前衝

正當佔中運動陷入膠著，香港的學生採取了主動攻勢，進一步激化普選訴求。二〇一四年二月，學民思潮與學聯共同提出一個學生方案，不只列入公民提案，還進一步要求改革提名委員會。台灣三月爆發的太陽花運動也強化了香港學生的決心，因為他們看到了一場成功的佔領運動根本不需要冗長的討論與規畫。在太陽花運動期間，學聯就決定不理會佔中運動領導者的保留態度，要在七一遊行之後發起一場「佔中預演」。一位學聯幹部指出：

> 當時學生跟佔中三子最大的分別就是在行動的程度，譬如我們覺得衝擊是沒問題的，只要你有充分的理由。我們會覺得佔中那邊太慢，他們說太多話，但都不會去組織行動。所以我們的角色就是在會議中不停地催他們、推動他們，要他們想行動的部分。[80]

相對地，佔中運動領袖並不認為太陽花運動是值得仿傚的對象，戴耀廷曾向媒體表示不會像「台灣學生一跳，就去採取對抗」。[81]正當佔中運動出現溫和與激進路線的分歧，北京決定展現強硬立場，在六月十日公布一份國務院白皮書，強調「一國」優先於「兩制」，因此普選方法的設計應優先納入國家安全的考慮。這種強悍態度激怒了香港人，使得六月底進行的佔中運動公民投票吸引到七十八萬人參與，超過原本的預期。七一遊行結束後，上千名抗議者參與了連夜的「佔中預演」，無視警察的解散命令，事後共有五百一十一人遭到逮捕。

學生將佔中運動推往更激進的方向，北京看似也在為最後攤牌做準備。八月十七日，一場反對佔中的大規模遊行登場，號稱吸引了十九萬人走上街頭。北京政府在八月三十一日正式亮出底牌，人民代表大會常務委員會公布了一份比預期更為緊縮的普選版本，即所謂的「八三一框架」，不只否定了公民提名與其他更寬鬆的提議，也將提名委員會的門檻從八分之一提高為一半。新的制度將會帶來一場「沒有選擇的選舉」，泛民曾在二〇〇五年與二〇一二年推派特首參選人的情況，未來也不可能再發生了。

「八三一框架」的登場等於宣告佔中運動的談判路線失敗，運動領袖一度似乎猶豫不決，不知是否要發起原本規畫的大規模公民抗命。儘管已經籌備了一年多，他們私底下仍然認為只有少數人會參與他們發起的行動。[82] 在接受媒體訪問時，戴耀廷曾一度直言「運動至此是失敗的」，但這樣的失敗主義看法卻被其他領袖否定。[83] 九月中，他們決定在十月一日，一個例假日發起行動，這似乎顯示他們特意降低運動的衝擊程度，因為在不上班的日子佔領金融中心是無傷大雅的。

年長的運動領袖陷入難以決斷的困境，學生運動幹部則掌握了主動攻勢，宣布在九月二十二日開始進行連續五天的罷課。隨著罷課行動開展，學聯與學民思潮認為有必要採取更激烈的手段。九月二十五日，學生試圖「包圍」特首官邸禮賓府，但沒有成功。雖在罷課期間，學生的參與其實並不如預期，一位學聯幹部描述這樣的狀況：

我們就覺得罷課還是挺失敗的，出來的同學還是不多，每天可能有幾百個人吧。像在港大，大家還是讀書，對他們來說，罷課不是什麼大不了的事情，還是很多學生回去上課。那些支持我們的學生也是在不用上課的時間，來金鐘說一聲加油，可是他們還是會去上課。[84]

罷課運動不如預期而且即將結束，學生只得在最後一天採取更激進的手段，他們臨時決定佔領公民廣場，而整個行動是在事前兩個小時才定案。這項決定並沒有告知佔中領袖，政治人物也只有社民連的梁國雄（長毛）事先知情。根據原本的想法，如果衝進去的學生被捕，外面的學生就要發起絕食抗議。[85]公民廣場是位於金鐘政府總部與立法會旁邊的空地（見下頁圖12），九月二十六日晚間十點半左右，上百名學生突然衝入廣場靜坐。警察的回應比預期快速，他們包圍抗議者，持續用水噴灑數小時以壓制他們，用胡椒水與警棍驅趕廣場外試圖靠近的民眾，並逮捕了六十一人。為了堅守公民廣場，男女學生被迫用塑膠瓶解決如廁之急；[86]學聯的周永康、岑敖暉與學民思潮的黃之鋒不只被警方收押到接近法定容許的四十八小時上限，他們的住所也被徹底搜查。

香港市民立刻展現對學生的同情，支持者整晚聚集在政府總部外，與警方僵持不下；第二天，金鐘一帶又有更多的人加入。佔中運動領袖的反應則慢了一步。九月二十七日上午，佔中三子開了一場緊急會議，但最後仍決定按原訂計畫，在十月一日發起行動。這項決定引發內外一致的強烈批評。「他們當天早上就被學生罵啊。他們被學生說，『我們整夜吃了這麼多胡椒，你現在才來幹麼』，他們什麼話都沒得說。」[87] 佔中三子面臨強大的壓力，九月二十八日凌晨一點，戴耀廷登上添美道的講台，宣布佔中行動開始，並且要求北京撤回

圖 12——香港金鐘的政府建築物

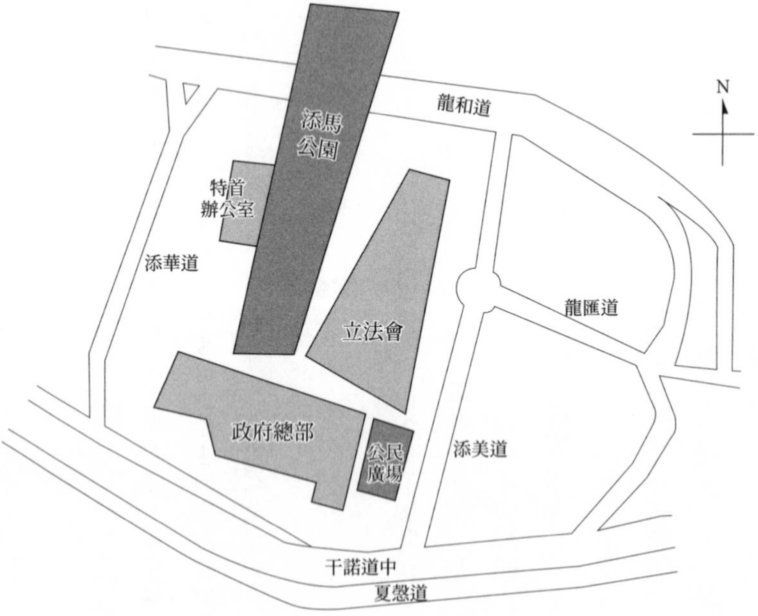

八三一框架。這場突如其來的半夜宣告讓現場一片混亂，有些支持者甚至認為，他們之所以這麼做是要與學生爭奪運動的主導權。儘管如此，二十九日還是湧進了更多的市民參與。到了下午，聚集在添美道與龍匯道的群眾突破警方封鎖線，開始佔領有八個車道的夏愨道，這是連貫港島東西的交通幹線。一位運動領導者表示：

中午時，警察已經把政府總部的範圍都包圍了，群眾圍著警察，聚集在外圍。學聯的人打電話給我，叫我衝進去，我說不可能，因為有太多障礙，當時的群眾雖然有年輕人，大多都是沒有經驗的，不知能否負荷這樣的行動。那時有個全身黑衣的人來跟我說他們找到一條路，堵著要反包圍警察，我想這不知道是不是共產黨派來的，就跟他到演藝學院旁邊那裡（按：分域碼頭街）勘查，覺得還OK。我就拿著麥克風到街上召人，那時候來了二十幾人，其他很多人都在觀望。我就告訴他們，今天我們要公民抗命反包圍警察，如果你們不想跟的話，就幫我一個忙，把天橋那邊的物資搬過來給我們雨傘。後來就越來越多人聚集，當時添美道已經被封住了……兩點鐘左右，整個夏愨道就被我們封掉了。[88]

下午五點，警察開始動用催淚彈驅離群眾，並使用赤裸武力對付手無寸鐵，僅用保鮮膜、護目鏡與雨傘保護自己的市民，此舉震驚了香港人。香港市民無懼警察的武力攻擊，堅決不退，雨傘運動正式宣告展開。

事後，特區政府並沒有完整透露動用催淚彈的決策過程，從後見之明觀之，警方明顯高估了威脅。有個說法是，香港警察之所以迅速決定使用武力，是為了即時抑制群眾，以避免人民解放軍的介入。此外，從太陽花運動的例子看來，如果抗議者衝入了政府官署，情況將難以收拾，因此香港警方決定採取主動，先下手為強。[89] 這些揣測似乎有其道理，不過仍需要更確切的證據才能證明。

不利的政治機會

警方使用催淚彈是個影響深遠的決定，但在此之前，佔中運動其實已陷入困境。對抗議者而言，執政者態度、菁英體制的穩定性、政治盟友等政治機會，都不見得處於對自己有利的狀態。在改革方案的諮詢階段，特區政府曾聲稱歡迎各種建議，也願意與各界協商，但後來卻完全不理會佔中運動堅持的真普選，反而鼓勵香港人要「袋住先」（即先落袋為安），意思就是一個缺點重重的普選也比一無所有的好。佔中運動爭取的是一場公平而沒有事先篩選的普選，北京政府六月的白皮書與八三一框架，無異是對其毫不留情的斷然否定。

黃之鋒先前曾評估至少會有九個月的「政改空窗期」，因為在二〇一四年六月的公民投票之後，佔中運動者只能耐心地等待北京的回應；[90] 有證據顯示，他們的對手也是如此盤算。一位知名的親北京學者斷言，「我們跟台灣不一樣，不會有太陽花。」[91]換言之，北京的反對者與支持者很早就都認定，中央政府不太可能讓步，而事後發展也證實的確如此。

梁振英在二〇一二年三月經歷了一場慘烈的選舉，擊敗香港商界偏好的唐英年，當選香港特首。儘管只是一場一千兩百人決定的小圈子選舉，而且絕大多數的選票還是聽北京決定，梁振英仍得靠著負面選舉，揭露對手的婚外情與違建弊案，才能在最後勝出。從一開始，梁振英政府就缺乏保守商界的支持，而其有仇必報的個性，也使得「狼英」的稱號不逕而走，顯示了他與傳統親政府陣營的疏離。前兩任特首曾任命溫和的民主派人士進入政府部門，但梁振英不願採行這種象徵性的收編吸納。他的人事決定被批評為「一左二窄」，而這項指控是八〇年代中期、北京修正對港政策之前，在地共產黨幹部經常犯的宗派主義錯誤。因此，梁振英就任以來的支持度始終低於前任特首。[92]梁振英的不負眾望讓佔中運動要求的真普選更顯得師出有名。儘管如此，包括梁振英在內的建制派最終仍聽命於北京，普選辦法並非香港的政治人物可以單方決定的。有證據顯示，即便香港統治菁英內部存在明顯分歧，但在八三一框架公布前，北京就已成功地整合了建制派。

不過，雨傘運動出現之後，菁英不和的情況卻出現了進一步的惡化。十月八日（第十一日），國際媒體報導梁振英涉及一樁有利益衝突但未申報的海外收入，疑似濫用職權的收賄事件。許多香港人懷疑，這種敏感的消息應是中國方面特意釋出，似乎也暗示北京政府並不是無條件地支持梁振英。十月二十九日（第三十二日），自由黨立法會議員田北俊以處理學運不當要求梁振英下台，將建制派的分裂正式端上檯面。自由黨是向來親北京的保守派，其轉向意義重大，因為它也曾在二〇〇三年公然與特區政府唱反調，結果就是國安條例無法獲得立法。北京政府顯然知道事態嚴重，迅速拔除了田北俊政協委員的職務，以杜絕進一步的菁英分裂。整個雨傘運動期間，部分保守政治人物曾私下與學生接觸，暗示他們有辦法取得北京的某種諒解，這也顯示梁振英與在地菁英關係的不穩定。[93]

當時，七十席的香港立法會，泛民掌握了二十七席。儘管處於人數上的劣勢，反對派民意代表仍或多或少掌握了否決權，可以採用若干的議事抵抗策略。但問題在於他們本身不團結，沒有完全支持佔中運動的訴求。

佔中運動的出現正是因為其倡議者認為分裂的政治反對派無法成事，不能領導香港的民主運動，而大規模的公民抗命就是為了搭建一個泛民、公民團體與學生能夠共同參與的平台。為了促成這個目標，戴耀廷強調民主運動內部的溫和派與激進派要取得和解，以達成「理性與激情結合」。[94]只是，一旦面對特首普選方案的設計，原本的派系糾紛再度浮現。因此，當佔中運動於二〇一四年六月底進行公民投票時，三個參與表決的版本（學生方案、人民力量方案、真普選聯盟方案）都納入了公民提名的設計。溫和派的泛民議員不滿這樣的安排，認為如此高姿態的動作形同捨棄與北京協商的空間。公民投票結果顯示，真普選聯盟方案獲得最多支持（百分之四十二點一），民主黨與公民黨議員湯家驊於是決定退出以示抗議。[95] 在他們看來，佔中運動已經被學生激進勢力綁架，不可能與北京達成協議。八月初，有幾位溫和派泛民人士還與親政府的保守派聯合發表聲明，要求香港政府與佔中運動雙方冷靜，共同尋找政治改革的共識。[96]

佔中運動一樣遇到了不團結的老問題。局勢對於民主運動十分不利，因為政治改革方案需要立法會三分之二的同意，也就是四十七票，特區政府只要能從二十七席泛民議員策反四票就可以過關。反對陣營的內部分歧使得執政者得以施行分而治之的策略。儘管如此，這樣的情節最終並沒有上演，原因在於北京的強硬立場讓泛民無法妥協，而被迫採取了對抗的姿態。在八三一框架公布之後，四位有可能倒戈的泛民議員立即表達其反對立場。除了黃毓民與湯家驊，其他二十五位反對黨議員都連署支持佔中運動。[97] 換言之，分裂的香港反對黨政治人物，並不能算是爭取真普選的忠實盟友。在雨傘運動爆發前夕，政治機會對運動者而言並非處於有利的情況。

催淚彈的震撼

佔領公民廣場是學生的臨時決定，但卻促成連鎖效應，迫使香港警方在九月二十八日發射了八十七枚催淚彈。在當時香港的脈絡下，警方動用這種化學武器是非常不尋常的，上一次催淚彈登場是在二〇〇五年反世貿會議的抗議，而且其對象是使用汽油彈的韓國農民。[98] 因此，警察攻擊毫無威脅性的香港市民，引發了眾怒。一位教師參與者回憶自己當時的反應：

「發生什麼事呀？是瘋了吧?!」那一刻我無法相信自己的眼睛和耳朵。轉瞬間開始看見有人跌倒，我的身體好像突然響起了警號，我撕破喉嚨地喊叫：「冷靜呀！儘快散去！不要人踩人啊！」……雖然是「脫險」了，但情緒仍十分激動，好憤怒，我不停地大聲叫：「這個政府瘋了，我們做了什麼？為什麼這樣對待我們?!為什麼！」[99]

一位在現場親身經歷的記者則是這樣描述：

催淚彈一丟，現場人都嚇壞了。催淚彈的煙看起來又高又大，聲音也很大，大家什麼都不知道，所有人都在逃。那時很多流言，手機上可以看到解放軍入城、坦克過維港隧道的圖，大家都很擔心。[100]

警方無法奪回被群眾佔領的街頭，只要催淚瓦斯一散，抗議者就再度結集。最後，警方決定撤退。

抗議群眾一直聚集在夏慤道。陳日君主教拿著麥克風在叫大家快撤，但是夏慤道的群眾也沒有散。在那時，我覺得任何人來說要撤，都撤不走群眾。這就是運動最感人的地方。明明是面對死亡危險，但是大家都留下來，整個晚上，大家都一直在喊口號，「釋放黃之鋒」、「釋放周永康」、「我要真普選」，一個晚上都不停。[101]

過度使用攻擊性武力導致了反效果，突然加諸的威脅激發出更多人參與抗爭。後續的現場調查研究指出，在九月二十八日之前就參與的受訪者運動參與經驗較多，而之後的參與者則較少相關經驗。這項發現指出，先前漠不關心的香港人決定要採取行動，並不是因為認同真普選運動的訴求，而是他們對警察處理抗爭方式感到不滿。[102] 這樣的情況有點類似二〇一九年爆發的反送中運動，一開始是因為政府的專斷獨行，強推逃犯條例；後來則是一系列的暴動罪指控與警察暴力，所以才激發「意外」的抗爭風潮。

香港和台灣兩場翻轉歷史抗爭的登場，都無法單純從政治機會的概念得到完整的解釋，相對而言，威脅的概念在此反而是較有說服力的。促使民眾走上街頭的原因不是普選方案的設計（香港），或是自由貿易（台灣），而是一種急迫的危機感，他們覺得自己即將喪失某種珍貴的東西。香港人的憤怒來自警察的催淚彈，針對手無寸鐵的市民採取攻擊性武力；執政黨立委強制通過服貿，罔顧民主程序之舉讓台灣人感到非常震驚。有利的政治機會可以透過理性分析來加以認定，但威脅的動員力量則是來自強大的情緒性反應。公民決定參與這兩場非典型的抗爭，是因為他們對政府的作為感到憤慨、同情被苛刻對待的抗議者，而且也擔心自己即將面對更糟糕的未來。

進一步分析可以發現，威脅的產生是個綜合性的結果，其中包括抗議者的策略以及執政者的失策。香港的學生無視穩健的佔中運動領導者，發動了一波波的抗爭行動，進而激發警察使用武力。台灣的反服貿運動者向反對黨立委施壓，立法院不得不依據程序來處理服貿的審查。在此，我們將台灣與香港運動者的作為稱作「運動的邊緣戰術」（movement brinkmanship），因為他們堅持探索每一種可用的管道，採取衝擊性越來高的抗議手段，最終讓執政者喪失了耐心，犯下嚴重的錯誤。就某個意義而言，運動者試圖「製造機會」，而不是消極地等待有利的條件自動浮現。相對於政治人物、公民團體，大學教授，學生顯然更適合扮演激進側翼（radical fringe）的角色。學生的生活作息較不會被例行活動與規則所限制，因此能夠採取快速而臨時發起的抗議行動；他們或多或少被視為「社會的良心」，所以打破規則的行為能夠獲得公眾較多的容忍。具有同樣重要性的是執政者的失誤，不必要地採取了過於強硬的回應策略。假設香港警方在九月二十八日多一些自制，佔領街頭的群眾也許會自動衰退，或是變得較容易處理，因為隔天就是恢復上班的週一。台灣的執政黨立委如果多一點耐心，按照原先同意的逐條審查方式來處理服貿，也許得多花幾個月的時間，但反對者也就沒有佔領立法院的正當性。

當香港警方動用催淚彈、許多學生領袖受到拘捕，這讓學聯與學民思潮在緊要關頭失去決策能力。網路上瘋傳各種關於致命武器的謠言，不到二十小時前才宣布開始的佔中運動，現在反而要求市民為了自身安全儘快離開現場。學聯與學民思潮、反對黨政治人物也在宣傳相同的訊息，要求「保留力量、擇日再會」。[103]十一點左右，沒有被捕的學聯幹部在中大校園召開了緊急集會，有上千位學生參與，會中決議要無限期持續罷課。[104]在這個混亂的時刻，有些學民思潮的學生擔心警方搜索，趕緊將辦公室電腦的檔案移除。[105]

學生與非學生領袖都要求群眾撤退，但卻沒能說服支持者，只要催淚彈的煙霧一散，人們就再度集結，直到警方決定停止使用武力。在旺角、銅鑼灣與金鐘出現了自發性的佔領區，尖沙咀也在最初幾天（九月三十日至十月三日）出現了較小規模的佔領行動。就某個意義而言，雨傘運動的出現並非是由運動領導者所指揮，反而是群眾特意忽略其決定，才促成運動的登場。立法會議員梁國雄後來提到這種未預期的發展：

> 若無泛民主派以至佔中運動頭面人物號召群眾撤退，雨傘運動又何以遍地開花，蔓延到銅鑼灣、旺角，見證群眾的英雄氣慨？也正因為出於義憤，群眾首創精神並無演化為決然力量。[106]

當香港學生衝入公民廣場時，佔中運動的領導者與工作人員都不在現場，這造成一種年長者似乎不關心學生的普遍印象。而當戴耀廷在半夜宣布啟動佔中，這種不信任感立刻爆發，現場有近三分之一的群眾以離開表達不滿，因為他們誤以為佔中三子是利用學生的犧牲以搶奪主導權。正當運動有可能喪失動能、面臨瓦解之際，梁國雄戲劇化地向群眾下跪，請求留下來一同抗爭，才讓局勢得以暫定穩定。事實上，在佔中三子登台之前，學聯幹部就有提醒，群眾是來聲援學生，而不是認同佔中運動的理念。[107] 顯然地，佔中三子沒有認知到局勢的迅速轉變，群眾已將學生視為實際的運動領袖。事後，一位佔中發起者提到，群眾的反應是清楚的訊號，「我們已經失去了領導權。」在接下來的正式聲明中，佔中運動領袖知道需要淡化自己的角色，因此都是以「雙學三子」的名義來宣告其決定。[108]

然而，學生也很難立即組成一個決策核心，因為在衝入公民廣場之後，主要學生組織幹部即都被警察逮捕。兩天之後，遭逮捕的幹部獲釋，他們所看到的香港已經是一座幾近人民起義的城市了。學生組織的幹部「需要一、兩天去沉澱一下，或者消化一下究竟發生什麼事」，在九月三十日（第三日）之前，「他們其實是沒有辦法去說自己下一步行動是什麼，因為他們不了解情況是什麼。那個時候，大家的目標不是去跟政府博奕，而是如何去保障現場群眾的安全，因為九二八的時候就是傳有解放軍啊、會開槍啊那些東西，所以安全保障是這些行動者頭兩、三天唯一的工作」。[109] 換言之，在催淚彈投出的四十八小時之內，運動領袖其實並未扮演領導群眾的角色。

強勢領導 vs. 基層抗爭

香港與台灣的對峙都是源於運動參與者一連串匆忙的策略決定。抗爭局勢瞬息萬變，運動者需要迅速做出回應，這些決定往往是為了應付突發狀況，有些甚至會推翻過往的決定，引發意料之外的結果。香港與台灣的學生領袖都展現出快速決策的能力，反應速度遠勝執政者，也因此激發群眾的支持。學生是「快閃抗議」的專家，他們所採取的其實是一種不對稱的戰爭。抗議者可以承受多次失敗而不會喪失鬥志，因為他們只需要引發一次的衝突或當權者的失策，就能獲得全國性的關注。儘管有這些相似性，台灣與香港的運動領導能力與協調程度仍有明顯的差異。

就參與者而言，台灣的運動領導者比香港的更有經驗。林飛帆（二十六歲）與陳為廷（二十四歲）都是研究生，而且自二〇〇八年開始就活躍於學生運動；學聯的周永康（二十四歲）與岑敖暉（二十二歲）都還是大學生，黃之鋒（十八歲）所領導的學民思潮大部分成員甚至還在念高中。周永康、岑敖暉與黃之鋒的社會運動經驗都不超過兩年。民主陣線召集人賴中強從二〇一〇年就開始居中協調台灣的公民團體，佔中三子是受人尊敬的中產階級專業人士，但二〇一三年才開始有抗爭經驗。兩地的反對黨對社會運動的熟悉程度也有所不同。民進黨的立委與黨部主管有不少是街頭運動出身，後來才投身政治，他們比較了解社會運動，也能對學生的抗議迅速做出回應。相對地，在當時香港的泛民議員中，只有信仰馬克思主義的梁國雄與勞工運動出身的李卓人過去有運動的經驗。因此，當台灣學生決定要攻佔立法院時，他們與公民團體、反對黨能夠維持較好的聯繫，而這些優勢在香港是不存在的。

除了參與者的經驗差異，香港人面臨了更為艱困的局勢，特區政府的領導人無法片面決定重大事項，而其背後的共產黨政權則是有為了政權安穩，不惜鎮壓人民起義的前例。香港人有心理上的陰影，擔心自己有可能遭遇天安門式的解決方案，但台灣人卻沒有這樣的恐懼。香港的警力部署也比台灣更強勢，積極運用台灣警察鮮少使用的胡椒水與催淚彈。香港的運動者似乎有充分的理由小心審慎，這也是為何在九月二十八日當晚，幾乎所有的運動與政治領袖都要求群眾撤退。只是從結果來看，這項決定低估了群眾的戰鬥意志。

從十月一日（第四日）開始，夏慤道上設了一個大型舞台（大台），取代在罷課期間的添美道講台，這象徵了雨傘運動試圖建立集中化的領導權。有個「MC小組」（即司儀，「master of ceremonies」）負責主持每天晚上的大台活動，由五位主持人輪流擔任，他們都有社會運動、公民團體或政黨的背景。[110] 之前，梁國雄曾建議，一旦出現佔領運動，就要建立一個更具有廣泛性的指揮團隊，但佔中三子並不認同這樣的主張。[111] 在經歷了初期的混亂，十月初終於出現由學聯、學民思潮、佔中運動、泛民政黨與公民團體共同參與的「五方平台」協調會議。儘管如此，學生仍是代表雨傘運動的公眾面孔，學聯的角色尤其重要，但學聯又並非總是按照五方平台會議的結論行動。隨著佔領運動陷入僵局，泛民與佔中三子都建議及早退場，但學生代表始終反對。十月十八日（第二十一日），佔中三子宣布退出運動，向警方自首，讓學生正式成為這場運動的舵手。

香港的對峙涉及金鐘、旺角與銅鑼灣三個同時形成的佔領區，學生的領導只有在金鐘發揮作用，金鐘也被視為雨傘運動的發源地。學生一開始有試圖在旺角與銅鑼灣搭建大台，但沒有成功。十月三日（第六日）開始出現支持政府的藍絲帶群眾的暴力攻擊，學聯與佔中領袖都發出呼籲請求旺角與銅鑼灣的參與者儘快退出，回到金鐘。然而，兩地參與者無懼暴力威脅，成功保衛了他們爭取到的佔領區，而這也使得學生的領導威信大受影響。旺角一直到十一月二十六日（第六十日）的終極清場之前，現場只有一個設在路口的小講台，每個人都能輪流發言兩分鐘，但無法作為指揮中心。銅鑼灣的佔領區規模最小，卻持續到最後一天（十二月十五日，第七十九日），學生在此的能見度更小，此處沒有講台，學生領袖只能利用「流動民主教室」的名義與當地佔領者互動。[112] 流動民主教室是從九月三十日（第三日）開始的街頭演講活動，依賴這樣的平台，表示學生在此能接觸的人仍只有少數。

台灣的抗議者在攻佔立法院之後提出了更多的運動訴求。雨傘運動也同樣在佔領後提出進一步的主張。香港學生發起罷課運動時，他們的訴求只有三個：撤銷八三一框架、納入特首選舉的公民提名方案、取消立法會的功能組別。香港市民成功抵禦了警察的催淚彈攻勢之後，學聯在九月二十九日（第二日）加入了新的主張：要求特首梁振英、政務司長林鄭月娥與其兩位負責政治體制改革的官員下台，並要求政府在十月二日（第五日）正式回應。對峙初期，運動領袖尚有議價的優勢，試圖提高對政府的壓力。學聯發起「不合作運動」，揚言以罷課、罷工與罷市，癱瘓整個香港；在警方動用催淚彈之後，職工盟與教育專業人員協會也鼓勵會員採取罷工抗議。[113]但不合作運動並沒有發揮太大效果，大部分學校仍舊進行教學，也只有一家飲料公司的工會以停工一天的方式表達聲援學生。[114]

兩場運動在一開始還有個明顯的分歧，對後來的發展具有重大的影響——台灣學生決定積極進攻，結果導致行政院事件的慘痛教訓；香港學生在初期壓制激進化的傾向，卻讓後來的爆發帶來更高昂的代價。

十月二日（第五日）晚間，特首梁振英宣布了他的回應：拒絕辭職下台，並指派特區政府第二號人物林鄭月娥與學生對話。梁振英的記者會立即觸發了零星的抗議行動，但學生領導者決定採溫和路線，因此放棄了原本宣稱的包圍特首辦公室行動。學聯提出了一份措辭審慎的聲明，強調（一）「政改是唯一議題」（不堅持梁振英是否辭職）；（二）「支持一國兩制的框架」（此次抗爭並非追求獨立）；（三）「香港問題香港解決」（不會將抗議運動擴散至中國其他城市）。[115]十月十一日（第十四日），學聯公開拒絕媒體使用的「雨傘革命」名稱，強調他們不是推動「顏色革命」，沒有試圖「奪權」，只是為了落實「高度自治」。[116]很明顯地，這些自我節制的表態，都是試圖取得北京政府的信任。

為何香港學生在這個關鍵時刻決定降低衝突對抗的緊張態勢？因為天安門的陰魂仍在香江出沒，溫和派的泛民提出警告，如果衝入政府建築物，警方就會開槍。在剛開始的幾天，學生的政治局勢判斷仰賴更有經驗的佔中運動領袖。一位參與者表示，有許多「中間人」宣稱代表中央政府，分別帶來了一致性的訊息，即「不流血、不妥協，對話是最大的讓步」。這些傳信者指出，北京政府不能承受直接取消八三一框架的政治後果，但暗示後續的修改可以再談。[117]此外，香港學生也從太陽花運動學到教訓，馬英九與王金平的鬥爭有助於運動取得較有利的成果，因此學聯也企圖利用政府部門的分裂。林鄭月娥是英國殖民政府培養出來的行政官僚，梁振英被普遍認為是中共的地下黨員，讓前者取得化解僵局的政治功勞，較能實現運動的目標。因此，為了營造對話氣氛，學生不再指責林鄭月娥。一位學運幹部甚至指出，「我們在一開始是有點想要學太陽花，想要利用政治人物之間的矛盾。初期就是寄望菁英分裂，所以幾乎所有人都認為一定要對談，製造林鄭與梁的分裂。」[118]只不過，這種策略性運用菁英不一致的政治機會，最後證明並沒有成功。

面對群眾一開始的不耐，台灣的太陽花運動領袖用的是疏導，鼓勵支持者在各縣市國民黨黨部進行靜坐抗議；反觀香港的運動領袖，為了與官員對話，試圖壓制群眾騷動不耐的氣氛。十月一日（第四日），學民思潮在金紫荊廣場外發起人鏈圍牆，阻止抗議者進人會場、擾亂中華人民共和國國慶的官方儀式。[119]

梁振英所代表的強硬派陣營明顯用一連串挑釁的行動，企圖阻礙學生與官員的對話。學生領袖曾兩度宣布擱置對話籌備工作，理由在於警方縱容支持政府人士的暴力攻擊（第六日），或試圖驅離旺角佔領群眾（第二十日）。林鄭月娥也曾暫停交涉，宣稱學生發起不合作運動（第十二日）。在對話前夕，梁振英聲稱佔領運動有「外國勢力」支持（第二十二日），這種指控是中國官方與香港親北京媒體的慣用手段，但完全沒有事實根據。[120] 官員與學生花了兩個多星期的時間，才在十月二十一日（第二十四日）順利進行期待已久的對話。透過一位大學教授居間協調，學聯代表與林鄭月娥達成了基本的共識，雙方不應設定會談的先決條件，對話也可以多次進行。對話結論有部分雙方都可接受的內容，包括學生應承認政府的誠意，而政府也會有某種程度的讓步。在這場電視實況轉播的對話中，林鄭月娥與其他官員答應將會進行更多的諮詢，以反映市民對特首普選方案的意見；但學聯堅持新版政府報告書要提到民意對於真普選的要求。

對話結束後，學生代表回到金鐘大台，激烈指控政府無恥欺騙，而沒有肯定林鄭月娥的談判團隊。[121] 官方代表認為學生言而無信，但從學生角度，破壞承諾的是林鄭月娥，因為她特意不提新的政府報告應交付北京的港澳辦公室，且其中包括取消八三一框架的訴求；同時她故意將下一輪對話排在二〇一七年特首選舉之後，而非之前。[122] 無論對話失敗的責任究竟該歸咎於哪一方，可以確定的是，兩方陣營內部的溫和派都不會再有合作的可能了。

學聯無法從對話中取得政府官員的實質讓步，而這樣的結果讓至今被壓抑的基層群眾不滿瞬間釋放，進而採取更激進的抗議手段。雨傘運動在開始時大致上遵循非暴力公民抗命的路線，但後來「勇武派」勢力崛起，他們主張抗議者應積極對抗警方與親政府勢力的暴力，避免自己受傷或被逮捕。一位參與學者描述了自己心境的改變：

我們這些參與者的想法有改變：一開始覺得要用可憐、受害者角度來爭取社會同情。到了後來，覺得至少要保護自己，甚至我後來覺得攻擊警察都是可以接受的。更激進的勢力越來越受歡迎，就是覺得自己不能一直被打，這樣沒有用。[123]

佔領區內，越來越多的參與者開始配戴面具，或拿著自製的盾牌，還有人教導武術。勇武派發起許多場抗爭行動，包括阻擋金鐘天橋讓政府公務員無法上班（第四十二日）、衝入立法會（第五十三日）、「購物革命」（用街頭購物的名義進行佔領，第六十一日與第六十八日）。非暴力原則退位，「以武制暴」的想法開始散布出去。某些公民團體與泛民政黨的工作人員認為，這些勇武派根本就是政府派來的間諜，公開揚言將他們扭送警方處理，但如此一來更加深了勇武派的不滿，覺得自己被主事者背叛。

在這種急遽兩極化的脈絡之下，學生組織逐漸倒向勇武派立場。十一月三十日（第六十四日）晚間，學生發起一場號稱「對準政權，誓爭民主」，包圍政治總部的行動，目的是癱瘓第二天的政府運作。學聯與學民思潮事先鼓勵參與者攜帶「各種需要的用品」，等於是贊同勇武派的武裝訴求。當晚，龍和道上發生多起流血衝突，四十人被捕，抗議群眾最後遭到警方驅離。學聯與學民思潮事後承認失敗，並向受傷的民眾致歉。

太陽花運動與雨傘運動的演進顯示，對峙會激發出一股強大的基層抗爭趨勢。台灣的運動領導者較為集中有力，但仍無法阻止這股力量在第一個星期就爆發出來；香港的領導者為了與政府官員對話，看似暫時成功抑制了激進化的行動，但到了後來，來自於基層的壓力過於強大，甚至連學聯都受其感染，發動了一場規畫不當、而且注定失敗的行動。從事後來看，包圍政治總部的行動是一場孤注一擲的豪賭，因為在那時，佔領運動的元氣已所剩不多。

「無人駕駛的飛機」之墜毀

從圖13可以看出，雨傘運動在第三週就已出現民意支持逆轉的現象，從那時開始，要求佔領運動立即停止的民意，超過希望其持續進行的一倍以上。一場越來越不受歡迎的運動折損了其道德正當性，也越來越難對政府有效施壓。

圖13與圖11（頁一二六）的比較顯示，太陽花運動始終享有比雨傘運動更多的民意支持，一方面是因為香港的民主化未竟，民眾對社會抗議的接納度較低；另一方面的原因在於，親北京陣營具有一定程度的組織實力，並在之前舉行反制佔領運動的動員。佔領運動的空間形態也產生了重要作用。香港的佔領者封閉了金鐘的夏慤道、旺角的彌敦道與亞皆老街、銅鑼灣的軒尼詩道，這些都是主要的交通幹道，造成通勤族、計程車司機與其他車輛駕駛重大的不便；相對於此，台灣的太陽花運動只佔據了青島東路與濟南路，而這兩條道路本來就沒有承載重要交通功能。此外，旺角與銅鑼灣有熱鬧的購物區，抗爭活動打亂了小商家的日常經營；台灣立法

圖13——雨傘運動期間，支持與反對的民意

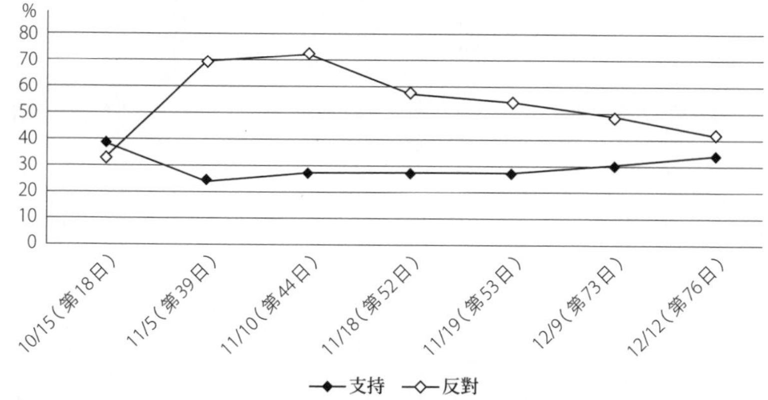

資料來源：4份來自香港大學民意研究計畫（https://goo.gl/BAAAD3），3份來自香港中文大學傳播與民意調查中心（https://goo.gl/77WQxV），取用日期：2015年8月27日。

說明：在雨傘運動期間，筆者一共收集到9份民調資料，其中有2份分別是由建制派政黨與親北京媒體所執行的民調，因為提問方式過於偏頗，故不收入。

院周遭主要是學校與政府機關，因此對一般市民而言，日常生活並未受到太大的打擾。香港學生也因此必須處理佔領所帶來的擾民問題，學聯除了發表〈致各界市民歉意書〉（第八日）[124]，還提出「日間開放、晚間佔領」提議（第十二日）[125]，以及撤出金鐘道以換取政府開放公民廣場的提案（第十六日）[126]。但在佔領者的反對下，後兩項提議並未實行。在旺角，佔領者則是自行發起到小店鋪消費的行動，以減緩商家反彈。

只要運動持續進行，佔領者也就更容易會受到親政府人士的反制抗議與暴力攻擊。黑道人士對運動者的肢體攻擊或威脅登場較早（台灣的第二日，香港的第三日），接下來才是有組織的反制抗議。從媒體的報導可以得知，台灣有五場反太陽花運動的集會，而香港則有十五場反雨傘運動的集會。反制抗議的政治作用在於改變公眾觀感，展現所謂的「沉默多數」意見；暴力則是種心理戰，嚇阻支持者的參與，其效果在旺角佔領區特別明顯，有些女學生擔心人身安全，會特意避免前往該處。[127] 在香港，政府還會有意識地利用民眾尊重法治的傳統，從十月二十日（第二十三日）法庭開始發出數道禁制令，要求抗議者退出佔領區，這使一些溫和傾向的參與者認為應該停止抗議，否則就是違反司法機構的判決；不少支持運動的律師也因此避免在佔領區現身，以免被扣上「藐視法庭」的罪名，甚至還有可能被吊銷執業許可。[128]

對峙的持續也意味著運動參與者熱忱與士氣的逐漸消磨，而政府非常樂意打這種消耗戰。[129] 香港的學生受訪者指出，到了十一月，學校的課堂出勤狀況已經完全恢復正常。從十月十七日（第二十日）起，香港警察開始驅離旺角抗議者。很明顯地，對峙只是一種短暫休兵，一旦運動顯露出疲態，政府隨時準備收復失土。

雨傘運動的領導者有足夠的策略彈性，他們放棄要求梁振英辭職，專注於普選議題；他們也積極利用菁英的不和，特意拉攏林鄭月娥，冷落梁振英。儘管如此，香港的佔領運動從一開始就面臨了結構鬆散與領導能力薄弱的問題。

在與政府官員對話之後，學聯代表拒絕跟溫和派官員合作，這項決定對之後的發展影響重大。運動的聲勢正在下跌，而特區政府很清楚這一點，因此封閉了進一步對話的管道，儘管學聯（第六十二日）與學民思潮（第六十七日）再度提出對話的要求。面對政府的強硬態度，雨傘運動領導者只得摸索其他退場方案，包括佔領區參與的電子公投（第二十六日）、五區立法會議員辭職並以補選來作為「公投」（第三十四日）、「雨傘日」的意見收集活動（第四十八日至第五十日），但直到最後，都沒找到可行的選項。更麻煩的是，佔領區人數銳減，最後只剩下一小群堅持不退的死硬派，他們拒絕任何形式的妥協，但若沒有他們的同意，運動領袖又無法正當地宣布退場。

雨傘運動最終以令人沮喪的方式收尾，三個佔領區逐一被警察清場，參與者遭到逮捕入獄。陳健民曾提一個非常適切的描述，他說雨傘運動就像是「無人駕駛的飛機」。[130] 借用這個比喻，我們可以進一步指出，正由於缺乏一致而有效的領導核心，這架飛機在航程中跌跌撞撞，最後因為燃料用盡而墜毀。

突如其來的對峙讓抗議者勢必得調整原本的領導結構。掌握資源（resources）並不表示善於謀畫（resourcefulness），這是一種能夠提出有效決策的策略能力。研究美國農場勞工運動的馬歇爾．甘茲（Marshall Ganz）指出，資源豐沛的工會無法組織移民勞工，因為他們習慣採取由上而下的官僚主義作風；反而是基層出身、走草根路線的查維茲基於自己對於移民群體的熟悉，採取適切的決策，最後獲得成功。[131]

佔中運動為了準備與北京最終攤牌，籌備超過一年，累積了相當的捐款與物資；同時也培訓了超過兩百位接受過非暴力抗爭訓練的糾察隊員。[132]為了因應可能發生的大規模拘捕甚至傷亡，佔中運動組織有醫療救護、法律援助、心理諮詢的專業團隊。[133]其他的公民團體也有類似的準備工作，例如在網路上相當活躍的「獨立媒體」（Inmediahk）就舉辦過公民記者的工作坊，以因應接下來的佔領行動。[134]在雨傘運動實際登場的兩週前，知識分子與大學教授甚至推動一項公眾教育計畫，而這個「未來民主大學」後來成為佔領區中的街頭教室。[135]反觀台灣的太陽花運動，資金募捐、後勤物資的提供、專業人士的動員都在對峙登場之後才展開。在此之前，民主陣線是個鬆散的公民團體聯盟，只有一位半職的工作人員，完全無法與佔中運動相提並論。在佔領立法院之前，台灣沒有任何宗教團體介入這個議題，而佔中運動從一開始就高度借用了基督教的愛與和平主題，就連最早的發起行動也選在九龍的一間教堂，以正當化其倡議的激進行動。[136] 香港事前也曾出現為期兩天的神學研討會，主題為公民抗命的基督教意義；[137] 台灣並沒有這樣的宗教準備。

就學生參與者而言，香港也有台灣沒有的優勢。學聯是一個正式的學生運動組織，有八間大學的學生會參與運作，而且由於長期參與社會及政治運動，很早就被公認為香港學生的代言人。學民思潮在反國教運動中大放光彩，高峰時期曾有五百名成員。[138] 對峙浮現之前，香港的學生動員就已逐漸升溫，因此一些針對中學生與大學生的宣傳活動很早就開始進行。《中大學生報》在罷課運動前出版了一份專號，探討當代世界各地的學生抗議風潮，其中包括台灣的太陽花運動。[139] 與此相較，台灣的黑島青只有初步的組織形態，很難算是一個真正發展完備的學生運動團體。

如前所提，對峙代表一種與既有狀況的徹底斷裂，運動領導者要將先前積累的資源與準備轉化，以因應迅速改變的局勢，這一點並不容易；而事先的準備是否真有其必要，也仍值得討論。首先，無論是執政黨強行通過與中國的貿易自由化法案，或是對手無寸鐵的市民採取催淚彈攻擊，「威脅」都發揮了所謂「道德震撼」（moral shock）的功能。[140] 對運動而言，道德震撼足以帶來比運動領袖在承平時期能取得的更大的資源。雖然民主陣線並未像佔中運動一樣事先籌備物資，但佔領立法院的事件本身就產生了立即的資源匯集作用，讓運動者迅速掌握了人力、金錢與其他後勤資源。無論是在台灣或香港，事後的資源收集遠比事前的努力更具效果，因為

「道德震撼」會讓以往漠不關心的公民開始自動自發貢獻。

其次，在對峙局勢的演進過程中，事先的計畫總是趕不上事後的變化。佔中三子一開始猶豫不決的原因在於，他們原本選定了十月一日行動，許多受培訓的志工已在事前向公司請假，但當對抗局勢突然從九月二十六日開始升溫加劇，他們無法立即投身參與。[141] 佔中運動曾提出詳盡規畫的方案，準備在中環推動大規模的靜坐，但當衝突實際在金鐘上演，他們的因應調整卻十分緩慢。一開始，他們預計像陳日君主教等知名人士的逮捕會吸引國際的關注，實際發生的情況卻是警察苛待學生，引發了廣大的市民同情。[142] 事先組訓的佔中糾察隊「做了一些非暴力的訓練，我們知道警察要來的時候，我們就會坐下、手牽著手。不過後來佔領運動爆發之後，大家卻都站起來、舉起雙手。所以糾察隊自己也覺得，為什麼跟之前訓練的不一樣？為什麼不是佔中三子而是學生？為什麼要聽黃之鋒說話？糾察隊內心不爽，而且心灰（意冷）」。[143] 我們可以說，佔中運動被自己的計畫綁手綁腳，對峙過程所帶來的領導結構改組，使得事先存在的組織與或規畫無法派上用場，有時甚至還會成為運動的絆腳石。

該搭建怎樣的領導平台？

在對峙這種不尋常的時刻進行決策，是非常困難與複雜的過程。由於長期紮營抗爭，核心參與者面臨了睡眠不足、個人衛生與其他健康問題，情緒狀態也不穩定。無論是在台灣或香港，公民團體與政黨人士都對學生幹部的行為有所批評。一位台灣的公民團體領袖抱怨，學生內部派系複雜，他們代表的講法前後不一致，缺乏責任感，因此開會的時間大部分都是花在安撫學生的情緒。「與學生開會，真是很可怕的經驗。他們各組派來開代表大會的人，每次都不一樣，都會將小細節帶來討論。例如媒體組就會講，昨天新聞稿印太少，與記者吵架要如何解決？誰又在臉書上說什麼、賤民又講什麼，我們要如何處理……有一位NGO負責人真的生氣了，他說你們現在如何對我們，以後等你們成為NGO，有一天學生也會如何對付你們。」[144]

更有位香港的泛民議員抨擊學生，認為他們粗魯無禮，將別人的奉獻視為理所當然。金鐘大台搭建得並不是很穩固，因此學生每次上台講話，台下都需要三位師傅出力，維持大台的平衡。有一次，那位議員的不滿爆發，「我把學生領袖罵了一頓，我跟他們說，你們曉不曉得這三位師傅的名字？他們椿腳做了三個多月，你們有沒有講一聲謝謝？他們說有啊有啊，但他們怎麼稱呼你曉得嗎？他們叫什麼名字你曉得嗎？沒有。那也許這也是新一代他們太受保護，在家裡就是被寵壞了。」[145]在開會時，學生代表經常遲到，弄得其他泛民很不滿，也許心裡根本不想來，「覺得來開會，泛民議員就是叫他們要撤」。[146]不只學生以外的群體有這樣的責難，也有些學生認為開會討論與決策品質不甚理想。一位香港學生描述了她的觀察：

他們討論很久之後還是無法決定。所以學聯一直被批評說決策超慢的，每次討論完帶回去的版本又不一樣。學聯每個人都有不同的角色，要面對不同的群眾，要跟不同的團體談，所以回來開會，也是各自報告各區的狀況是怎樣，哪些團體跟他們說了什麼。誰跟他們比較熟悉，誰跟他們比較講得上話，就有比較多的影響力。[147]

台灣學生也認為開會是一樁令人沮喪的工作。經常發生的情況是，不相干的議題或是緊急事件往往打斷進行中的討論，專注的意見交流變得不可能。一位核心參與者指出，「我後來對開會產生滿嚴重的抗拒，因為在那個會議的過程中，三十分鐘不到，就有七、八個人走過來想要跟林飛帆、陳為廷報告一些狀況。我覺得為什麼會這麼混亂，因為連一個好好開會的空間都沒有。」[148]更令人感到挫敗的情況是，幾位學生代表在休息時間抽菸聊天，他們後來推翻了先前眾人討論的成果。[149]尤其是在大型的會議，經常可見的現象是學生打瞌睡，或是心不在焉地滑手機螢幕。

搭建一個領導結構，並不意味這個結構有能力在對峙局勢中，實際發揮領導作用。香港的五方會議有時開、有時不開，缺乏真正的決策能力，在警方清場之前就已經先行瓦解；相較而言，台灣的領導核心持續運作到最後一天，並且執行有秩序的自願退場。領導能力的差異有很多原因，社會運動研究者會強調空間因素的重要性，認為這是一種能夠形塑運動動員形態的獨立力量；[150]太陽花運動明顯享有雨傘運動缺乏的空間優勢。台灣只有一個佔領區，有利於協調；而且佔領者處於一個被隔離的空間，警察的封鎖線隔開了場外的參與者，民進黨立委輪流看管進出議場的八個大門，只有某些重要的參與者可以自由進出，這讓學生領袖的地位更顯得崇高。當時參與頗深的法律學者黃國昌曾用「孤島效應」來描述這種空間隔離，場內佔領者看來危在旦夕，隨時有可能被警察驅逐，支持者因而會想要留在場外；場內的學生領袖也因此拒絕了激進派的全面佔領提議，他們認為只要政府不想強制驅離，警方封鎖線對佔領者來說反而是一種保護。[151]

事後看來，「孤島效應」的確保護了學生領導核心，使其免於應付激進派異議分子的挑戰。三月二十三日（第六日）下午，林飛帆與陳為廷來到青島東路側門，他們是來勸阻憤怒的群眾不要衝進場內。林飛帆紅著眼睛懇求民眾多一些耐心：

> 我身上還有四條案子，我還沒有畢業。我在這個國會裡面待了六天，我在前三天從來沒有踏出國會議場。整整關在裡面，悶了三天。你如果有好的方法，有縝密的規畫，你想要去衝哪裡，你願意負起責任，我們都很歡迎……[152]

非常諷刺地，林飛帆說話的當下，背後站著一整排警察；事實上，阻止民眾衝進立法院的，正是警察的封鎖線，而非林飛帆的勸說。相較之下，雨傘運動的領導者並未享有這種空間保護，他們直接面對激進派參與者的各種挑戰。夏慤道大台代表了整個運動的指揮中心，每天晚上的集會與演講是其高潮。隨著對峙的持續，佔領區民眾對學生領導者缺乏果斷決策感到不耐。在不滿的累積下，有些參與者將指責矛頭對準學聯與學民思潮，大台也成了無能領導的空間象徵。佔領區內流傳著「沒有大台、只有群眾」的口號，因此有些運動者志願組成「防線」，以保護大台上的演講者；奇特的是，這個工作在台灣卻是由警察來負責。

為了平息眾怒，主管大台的MC小組決定讓步，從十一月九日（第四十三日）開始邀請願意上台的民眾，上台講個兩到三分鐘。結果經常發生的情況就是，黃毓民與熱血公民的追隨者幾乎每天來排隊，一上台就用髒話辱罵學生領袖，有時還會大打出手。[153] 十一月二十一日（第五十五日）甚至出現了「拆大台」的佔領區抗議，上百位參與者揚言要打破「一台專政」，因為他們受夠了學聯與學民思潮的「壟斷」。[154]

其次，兩場佔領運動實際上仍都需要依賴反對黨的協助，只是運用反對黨的資源與讓反對黨參與決策過程，是完全不同的。香港的反對黨議員提供了立法會內的空間，讓學生領袖可以到裡面休息睡覺；泛民政黨也動員其支持者，參與了佔領區內各種志工活動。台灣的民進黨在三月二十一日（第四日）與三月三十日（第十三日）動員支持者參與集會，中央黨部社會運動部也派人二十四小時駐守議場內佔領區，隨時回報所現場所需並提供支援物資。[155]

但在台灣，民進黨特意自我限縮為輔助的角色，避免介入決策過程；而香港的泛民則直接參與了五方平台。香港的反對勢力內部分歧，從溫和派紳士到激進的街頭戰士都有，意識形態的差異帶來了兩極化的作用。佔領運動初期，溫和派的泛民提議學生要及早撤退，因為他們對於選民的反應特別敏感；但在意識形態光譜的另一端，激進派的人民力量與熱血公民卻會不時在旺角搶奪地盤，展現其勇武氣概。[156]

最後，既有的組織通常有清楚的界限、層級性的架構與忠誠的參與者，反而阻礙了策略的協調。學聯是有悠久傳統的學生運動組織，不但擁有不動產，參與者也含括各大學的學生會，按理說是運動的重要資產。然而，學聯的重大決定都採共識決，這原本是為了確保其決策廣泛的正當性，但在需要立即下判斷的對峙現場，這樣的規定卻顯得非常不靈活。一位學聯幹部承認，他們參與五方平台的代表沒有充分被授權，因此無法做出任何承諾。在許多重要議題上，學聯甚至會推翻五方平台的會議結論，這也解釋了為何泛民的政治人物認為學生前後不一，缺乏紀律。[157]學生們來自兩個本就壁壘分明的組織，也讓協調變得更加困難。學聯與學民思潮過往就有不愉快的合作經驗，雨傘運動期間也並非總是處於互相信任的狀態。舉例而言，十二月一日（第六十五日），五位學民思潮的成員發起絕食抗議，企圖延續看似已撐不下去的運動，但此舉卻讓學聯的幹部感到非常意外，因為之前學民思潮才答應要與學聯合作，共同處理退場事宜。[158]這件插曲也顯示出，兩個學生組織之間微妙的競爭關係。

台灣的情況正好相反，先前的組織薄弱在對峙期間反倒成為一種優勢。正因為先前組織是低度發展的，設計領導架構時就沒有必要考量他們先前的組織歸屬，參與決策大會的二十位學生代表可以完全根據其在議場內佔領區的功能角色推選。因此，儘管黑島青是最早的反服貿學生團體，但隨著對峙的開展，其組織特性很快就消失了。

在這兩場運動中，核心領導是否能影響基層參與者的意向有明顯的差異。太陽花運動的領導者從第二週開始就牢牢掌握了運動方向。舉例而言，當他們在四月七日（第二十一日）宣布即將退場的重大決定，有些參與者雖不甘心，但仍勉強接受，而如此果斷的決定一直是雨傘運動的領導者想做卻做不到的，因為他們一直無法說服拒絕退場的強硬派。在香港，對峙的頭幾天，本土派就發起一場針對學生領袖的抹黑攻勢，在佔領區四處張貼海報或分發傳單，傳播「提防左膠」的訊息。有些被列入目標的社會運動人士甚至親身感受到威脅或是羞辱。[159] 在太陽花運動時，這種運動陣營內訌是很難想像的，因為強大的運動領導核心甚至能夠壓制某些異議主張。三月十九日（第二日），一份在立法院議場內的「反自由貿易」布條被下令移除。[160] 三月三十日（第十三日）學生舉辦大規模的集會，糾察隊強制沒收了署名「基進側翼」的文宣，結果這些傳單並未能在群眾間發放。[161]

對峙中的偶然性

運動與政府間的對峙是一種高度「偶然性」的事件，具有三層意涵：非決定性

（indeterminacy）、有條件性（conditionality）和不確定性（uncertainty）。[162]首先，對峙是非決定性的，因為這種局勢的出現並不是先前發展的必然結果。如果台灣的執政黨可以更有耐心，不要強行通過有爭議的服貿，或香港的警察採取更溫和的執法態度，不要對沒有武裝的市民動用催淚彈，其結果都將大大不同。其次，對峙要朝向好的結局發展，是要有條件的，最主要就取決於集中化而有效的運動領導，但是這個因素卻無法事先獲得保證。香港的佔領行動同時出現於三個不相連的地區，領導者面臨鞭長莫及的困境，而台灣的佔領者卻是在立法院議場內，警察的封鎖線確保了其安全，也提高了其象徵地位，使得激進的異議分子根本無法撼動其基礎。最後，對峙的發展軌跡不易預測，具有高度的不確定性。香港的運動有更充足的準備、更多的國際關注、堅持更久的決心，但卻無法在結束之際聲稱某種象徵性勝利。況且有太陽花運動的先例在前，後見之明不但沒有派上用場，為何還帶來了反效果？部分原因在於，香港的學生領袖過度寄望菁英的分裂，錯過了初期政權最脆弱時的大好時機。

我們要如何解釋偶然性所帶來的種種未預期效果？對峙既然是與既有狀況的徹底斷裂，自然也要暫時擱置常態時期的期待。運動的目標與領導權需要被重新建立，而不是直接從過往狀況承接過來。不尋常的抗爭行動重新改造了既有的格局，阻力變成資源、威脅成了激勵的誘因、組織剩下僵化無用的約束、鬆散的人際網絡成為強大的領導核心；反之，事先準備、知名的運動領袖、強大的組織，也很有可能立即變成某種負面資產。近來，研究者越來越重視以策略為核心方式來探討社會運動，並認為策略選擇應該涉及行動者傳記因素、文化認知、美學意義的綜合過程。[163]無論如何精心規畫運動策略，結果永遠都是不確定的，因為實際發展仍要取決於執政者的回應方式。作為一種非典型的情境，對峙容許運動參與者有創意的回應方式，原因在於其深刻的不確定性。對峙也會產生不可避免的運動疲勞，以及升高衝突的趨勢，這都會壓縮策略抉擇的空間。

隨著「社會運動的社會」（social movement society）之到來，抗爭已經制度化為現代民主體的恆久特徵，[164]例行性的社會運動已成為常態，並且能夠說明絕大多數的社會抗爭。即便如此，全球興起的翻轉歷史抗爭，以及其與執政者高度戲劇化的對抗，提醒我們不可以忽略這些例外的抗爭，因為他們並沒有按照既有的腳本演出。這種抗爭運動數量不多，但卻格外具有意義，同時影響深遠。

第三章　臨機應變

太陽花運動與雨傘運動有個明顯的共同點：眾多公民自願貢獻自己的勞力、物資與金錢，協助一場正在進行的抗爭。[1] 我們可以這樣說，正是由於這種不請自來、隱姓埋名、無所畏懼的熱情支持，執政者才被迫在一開始容忍群眾的佔領行動。對許多參與者而言，從一無所求的陌生人身上接收到各式各樣的關懷，也是一種令他們難忘的經驗。計程車司機拒收前往佔領區乘客的車資、街頭小販免費提供食物、佔領者主動協助垃圾清理與資源分類回收的工作，即使財力有限，許多公民也用自己的方式，積極做出貢獻。下雨天就會有人發放雨具、天冷了就會有熱湯、大熱天會有人提供飲用水。佔領區形成一個與日常現實顛倒的世界，冷漠變成了關懷、團結取代疏離、自私自利被利他助人的情操化解，連懷疑也轉化成信任。一位太陽花運動佔領者甚至為了參與辭去工作，她表示：

> 場內的醫生會關心我們身體狀況，幫我們消毒、整理場內環境，醫生、律師會下來跟我們聊天、解答我們的困惑。他們有非常好的專業能力，卻選擇跟我們一起待在這裡，提供自

己的專業來幫助我們。這讓我覺得台灣是有希望的，每個人都這麼信任彼此，讓我覺得我們不會失敗，我們不會輸！[2]

在香港，也普遍存在這樣團結一致與慷慨分享的感覺。一群基督徒以下列方式描述了這種非尋常情境。

大部分留守在佔領區的參與者與支持者都在某種程度上經驗了烏托邦的境界，生活在佔領區彷似生活在一個愛與團結的國度中，好像經歷了一次靈性的洗禮。用基督宗教的語言，就是更接近天國。……使佔領區成為一個分享共同理想、可自由交換意見、富藝術氣息，而且清潔有秩序的另類社區。他們同時是施予者與接受施予者，在習慣了充滿競爭和人際關係疏離的香港社會中，體會不一樣的生活形態。[3]

無論是高昂的鬥志或是宗教性的喜悅，這些個人經驗的分享都指出一股強大的心靈感召：這是來自於前所未有規模的公民參與，他們自行決定要用何種方式來為這場運動做出貢獻。他們不是只等待領導，或是聽從指揮的追隨者；實際上，他們透過自己的努力，創造出一場屬於他們自己的運動。認為這些人是被「動員」參與某一場運動的說法，其實並不正確，因為他們的確親身投入其中。有研究者指出當代西方的社會運動有一種「抗爭政治的個人化」（personalization of contentious politics）的現象，也就是說，參與者要求某種能自我表達、也能帶來自我滿足的參與形態。[4] 這樣的描述完全可以套用於台灣與香港的兩場佔領運動，一位參與雨傘運動的香港學生就表達了這種個人滿足感的需求：

> 其實我有兩個感覺，第一個感覺就是，起初去的時候會覺得自己在現場也是意義，可是時間一長，你就發現這個意義不能（再）支持（自己）繼續坐下去，一定會要找一些事情來做，所以會有人去做手工藝這些東西，但我沒有去做這些。第二個想法就是現場很像一個烏托邦，大家都會做一些很喜愛的事情啊、小東西這樣。像是他們在裡邊種菜，（就）打破了我們對公共空間的想像。[5]

就某個意義而言，廣泛參與和自願貢獻比較像是重大災難發生後的公民志工活動，在那種非常態的狀況下，許多人都會立即感受到某種責任感與道德壓力，覺得自己必須為他人做點事。在台灣的太陽花運動有個廣為流傳的口號是「自己國家、自己救」，強而有力地表達出國家陷入緊急危難，需要即刻愛國行動的訴求。後來，相同的口號在雨傘運動中出現，成了「自己香港、自己救」。[6] 很明顯地，許多台灣與香港公民將自己的參與視為急難救助，不容許片刻的猶疑。

在全球翻轉歷史的抗爭中，常會出現一種去中心化的參與形態。有些評論者認為，隨著這種自發的、沒有事先協調的協作之出現，組織與領導已成為過時的玩意兒。[7] 同時也有人認為，當代反體制運動的發生，「不需要領導，也不需要有某個高瞻遠矚的個人」。[8] 以《帝國》系列聞名的無政府主義思想家麥克．哈德（Michael Hardt）與安東尼奧．納格利（Antonio Negri）進一步斷言，「領導者」已成了一個髒字，因為現在是一個所謂的「諸眾」（multitude）能夠進行策略決定的年代。[9] 領導者與追隨者分野的消失，似乎印證了無政府主義者的信念——群眾的自發性應該先於組織與紀律。「預兆性政治」（prefigurative politics）的概念強調，人們在抗爭現場所做的事應該就是要展現未來社會的圖像，因而拒絕採用主流的運動工具論觀點；參與不應只是達成目的的手段。[10]

台灣與香港的佔領行動當然不是無領導者的運動。前面章節指出，儘管其執行能力有所差異，但兩場運動都在對峙初期就建立了決策核心。然而，維持兩場運動的力量，實際上是來自於不請自來的無名公民之參與。我們要如何解釋這種看似源源不絕的群眾貢獻？為何會出現如此突然湧現的熱情？在與政府持續的對抗中，這些自發行動又扮演了何種角色？既有的社會運動理論大多關注例行性的、制度化的，也因此可預期結果的社會運動，這類運動絕大部分是由既有的組織事先籌畫，並且或多或少按照一定的腳本演出。台灣與香港的抗爭運動有個非常特殊的現象——「臨機應變」（improvisation），也就是「沒有事先規畫的策略性回應」，而這是使得兩地的非典型抗爭得以登場的重要機制。

如果沒有這些無名公民自發與立即的參與，太陽花運動與雨傘運動有可能早產夭折，很快就被警方驅離。儘管如此，肯定這些自發性的貢獻，並不代表我們就得要誇大所謂「諸眾」的能力。這種素樸而簡化的「民粹主義」採取過度簡化的想像，將運動參與不當地同質化，而忽略了有經驗的參與者在其中所扮演的吃重角色。

從動員到臨機應變

七〇年代以降，社會運動研究者將焦點放在動員過程，這成了一種基本的分析方式。牛津英文字典中，「動員」（mobilization）一詞具有雙重含義，一方面是「促成資產、資本等流動與實現的過程」，另一方面是「準備或組織軍隊、艦隊等過程」。[11] 奠基世代的研究者特意採用這個具有金融與軍事意涵起源的詞彙，目的是為了強調運動參與是有紀律與目標的，以對抗先前的集體行為論常將運動參與視為某種「抓狂群眾」（a madding crowd）的刻板印象。[12]

蒂利與塔羅認為，「動員」是一個讓政治行動者得以掌控攸關政治抗爭資源的過程。[13] 但此處並沒有清楚定義「資源」是什麼，只是用這個詞泛指任何有利於運動的東西，[14] 這讓動員因而指涉了一連串相關的、但是也有所區別的行動，包括喚起意識、招募成員、募款、成立組織、建立個人關係等。儘管範圍廣泛，動員總是預設了有某個事先存在的團體（無論其內部一致性或覆蓋程度），而這個團體直接影響運動參與的程度。蒂利也因此提出了一個公式：動員＝f（組織），表示組織程度越高，就越能將人民帶上街頭抗議。[15]

在某些情況下，既有的組織只能發揮有限的作用，運動參與和資源供給反都交由先前並未涉入的公民所決定。近來有研究者提出「自發性」（spontaneity）的概念，認為這是一種「非事先規畫、沒有意圖、並未預先安排或在事發之前有組織的」政治行動；非階層性的組織、不確定與曖昧的時刻、先前的情緒性促發（emotional priming）等因素，都有可能促成這種自發行動的發生。[16]很明顯地，這些條件都有在台灣與香港的對峙中出現。

臨機應變其實是人類的一種核心能力，也就是我們在面對新的情境時，如何能夠有創意地反應；沒有臨機應變，其實是因為當事人選擇不主動回應，或只是按照既有的劇本演出。如同技巧精湛的音樂家能夠即興表演，在不熟悉環境下能夠臨機應變地與他人互動，也是人們從日常應對中學到的一種社會本領。

社會運動研究有注意到臨機應變的重要性。蒂利使用「劇碼」（repertoire）的概念，來指涉在一定歷史條件下能夠採用的各種抗議形式之總合；發起一場抗議意味著這是抗議者為了達成挑戰當權者的目標，所挑選出的最合適的行動。而蒂利與其合作者也注意到，劇碼表演帶有臨機應變的成分，通常需要仰賴運動者自身的本領與技巧。也因此，劇碼通常會像「爵士樂或街頭劇場的即興表演方式，而不是藝術歌曲或宗教儀式重複的固定老套」。[17]

臨機應變的出現並不表示層級性與集中化的社會運動組織已經失效，只是說明他們並沒有窮盡所有可能的抗議方式，尤其在非尋常與戲劇化的對峙局勢中，政府經常被迫容忍群眾的違法行為，抗議者也隨時處於被警察鎮壓的風險，更有可能發生如此有創意與未預期的反應。傳統研究模型往往僅將社會運動視為有組織的動員，如果能關注臨機應變的角色，就能使我們克服其限制，更加掌握佔領行動的全貌。

臨機應變的各種形態

太陽花運動與雨傘運動都涉及持久與大規模的對峙，運動領導者主導了重大事項的決定，包括訴求的內容、如何處理政府的回應等，至於抗爭現場的管理就交給公民團體負責。也由於其前所未見的規模，既有的組織無法立即提供足夠的資源與人力，公民的自發行動其實是適時地填補了空缺。從事後來看，太陽花運動與雨傘運動的臨機應變可分為五種形態：後勤補給、鼓勵參與以及久留、維持士氣、呈現正面的形象、重啟運動之攻勢。

後勤補給

無論運動組織資源如何豐沛，要滿足成千上萬名參與者的需求仍舊是非常困難、甚至不可能的任務。台灣與香港的兩場對峙，打從一開始就有眾多支持者自願採買、運送物資到佔領區。事實上，兩場運動的名稱就是來自於公民的慷慨解囊。「太陽花」是來自某位花店老闆的美意，媒體鏡頭拍到議場講台上的鮮花，因而廣為流傳。[18]「雨傘」之所以會在抗爭現場出現，是因為天橋上的旁觀者將他們的陽傘拋擲給公民廣場裡被包圍的學生，提供他們自衛裝備，以防禦警察胡椒水的攻擊。[19]

在台灣，三月十九日凌晨，當學生仍在奮力抵抗警察的驅離行動，支持者已經將好幾箱的瓶裝水送達立法院。再過幾個小時，購物網站訂貨送來的紙箱已經排滿街頭，有些箱子甚至大到可以把人裝進去。[20]香港也有這種迅速與即時的物資運送。九月二十九日（第二日），在彌敦道與亞皆老街的交叉路口，開始有路過的上班族順手將食物、瓶裝水與其他日常必需品留給留守的抗議者，不到半天的時間已經堆成一座小山，形成旺角佔領區的第一座物資站。[21]

庫存物資的盤點、管理、分發需要大量人手，這一項勞力密集的工作。雨傘運動規模最盛之時，光金鐘就有二十六座物資站，旺角有七座，銅鑼灣有兩座。這些物資站就像是佔領區的便利商店，抗議者「可以待上一整天卻不用花半毛錢」。[22]在佔領區內，「殷勤待客」成了明顯的特色。[23]在台灣，光是議場內的物資站就有十二位參與者輪值，[24]場外的參與者數量更多、物資站管理更為複雜，志工規模也遠超過場內。

不論在香港與台灣，都有參與者積極協調物資的捐贈，以平衡供給與需求。捐贈物資者通常是由捐贈者自行決定，除了財務能力，也會涉及個人獨特的判斷與品味。一位台灣學生參與者非常驚訝地發現捐贈物資包括了各種度數的隱形眼鏡、身體乾洗劑、吉他與保險套。[25] 一件有趣插曲可以說明捐贈者的主觀想法：陳為廷抱著熊寶寶入睡的照片在網路上流傳之後，隔天就有超過八十隻的填充動物被送到立法院。[26] 在香港的金鐘佔領區，女生廁所保持得非常乾淨，洗手檯上擺滿各種衛生、護膚與美容用品，「各種品牌的面膜都有」。[27] 很顯然地，捐贈者認定的「必需」有很大的差異。捐贈行為不只是對運動者需要的客觀評估，更重要的是這個舉動所帶來的主觀滿足。

除了物資資源，佔領行動也需要專業資源的協助。在金鐘，包括醫生、護士、醫學系學生在內約三百位志工，輪班處理緊急事件。[28] 在台灣，有約兩百位的醫生、緊急救護技術員（EMT）、醫療相關人員二十四小時輪班，負責管理場外四個急救站；[29] 議場內也有幾十位醫療人員輪值留守。[30] 技工人員也許沒有醫療人員的社會地位，但他們的貢獻卻十分重要。香港的木匠製作了簡易的照明設備，讓佔領者在夜間可以享受其便利。[31] 在佔領的前幾天，台灣立法院議場內沒有空調，佔領者被迫忍受通風不良的環境，後來多虧一位水電工搭建了臨時的通風管，才讓他們可以呼吸到新鮮的空氣。[32]

鼓勵參與以及久留

兩場運動都是持久的對抗，因此在佔領區內維持一定規模的群眾在策略上是必要的，如此才能夠持續對執政者造成壓力。為了這個目標，已經來到現場的群眾需要能久留的誘因，而對那些還沒有來到現場的人，則是需要鼓勵他們前來的理由。在台灣與香港，飲料、正餐與點心都固定分派給現場參與者，志工也設立手機充電站，因為這是行動上網年代不可或缺的配備。有一群電機背景的香港學生發揮所學，將汽車電池改裝成臨時充電裝備。[33] 佔領現場就是你家，也就是你會覺得自在的地方，這是抗爭者所想要營造出來的氣氛。

香港的金鐘大台、台北立法院青島東路與濟南路的兩側入口，經常舉辦演講、音樂表演、電影放映、意見分享等活動，其中一個很重要的目的就是為了延長參與者在佔領區停留的時間。這些活動主要是由學生領袖信任的公民團體負責，然而只憑公民團體不足以吸引差異性頗大的眾多參與者，這項需求就只能靠臨機應變來滿足。香港與台灣都有大學教授參與了街頭演講，而且都是以授課的名義進行。香港的流動民主教室在三個佔領區都有舉辦活動，連續進行了五十三天。[34] 台灣也有個類似的「街頭民主教室行動」，從三月二十日（第三日）開始，持續進行到四月二日（第十六日）。[35] 兩地的高中生都面臨升學考試的壓力，因此大學生也義務提供課業輔導，希望學弟妹能留在佔領區。同時，台灣從二〇〇〇年開始一波推廣審議式民主作為決策程序的運動，[36] 太陽花運動期間，就出現了一個「街頭民主審議」的活動，試圖在抗議情境中運用審議民主。此外，從三月二十六日（第九日）開始，「民主街頭」也進行了十天的活動，邀請參與者分享與討論他們對於兩岸經貿往來與自由貿易的看法。[37]

對那些沒能來到抗爭現場的人們，台灣與香港的參與者也臨機應變，試著將相關資訊普及並廣泛傳播。服貿與特首選舉都涉及相當艱澀的技術性細節，外行人不一定能理解，因此國會監督組織沃草在立法院的「半分忠事件」之後，決定製作懶人包，用更簡潔的方式說明服貿可能帶來的危害。這些懶人包在學生衝入立法院之前幾個小時才完成，放上網路第一天，瀏覽數就超過十萬人次。[38] 在香港，也有一群學生組成「圖言」，製作可讀性高的懶人包，也在獲得資金支持之後，將這些內容印製成傳單發送。[39] 零時政府（g0v.tw）的軟體工程師並架設了網路平台，協助太陽花運動場內與場外的即時資訊分享，後來這套數位科技也從台灣移轉到香港。

對香港人來說，搭個巴士或地鐵就可到達佔領區，但台灣人若要參與太陽花運動得從外縣市移動到台北，相對而言並不是那麼容易，有些人甚至可能因為交通費用而卻步。三月十九日凌晨，中南部就有緊急發動的北上巴士，載送學生前往立法院抗議，費用由獨派團體、公民團體與大學教授共同負擔。之後也有車費補助的行動，學生參與者只要有在佔領區從事志工活動，就可以憑票根申請補貼。[40]

維持士氣

參與一場比預期更久的運動，其實是一件充滿焦慮與挫折的苦差事；但運動領袖往往過於關注重大的策略決定，沒有心神處理參與者的心理需要。兩地運動領袖似乎都採取了一種工具論的心態，認為群眾的參與和支持理所當然，因為大家都是為了相同的目標。所以參與者經常會被要求去做某些事，但不知做這件事的意義何在。很多台灣學生提到了不愉快的「工具人經驗」，一位核心運動者事後提出自己的反思：

> 大家一直反覆被動員，……但沒有人知道做這個意義到底是什麼，或是他們在追求一個更高的、運動參與的路徑，而不只是當糾察或是搬物資。但其實現場說白了就沒有那麼多工作可以做，只有些很基本的工作一定要做。並沒有這麼多事情可以做。[41]

一位香港學生也抱怨主事者的這種心態：

> 他們運動的方法就是很去人性化，只講效率或是要求成果……如果有人病倒了或是做不上了，這不會影響他們做事。你跌倒是你的事情，我沒有時間關心你跌倒。所以到最後，他們

的運作方法也稱不上溝通，就是有一個事情要做，誰有空誰有時間有心力，就叫誰去做。[42]

這對於運動士氣的維持相當不利，尤其是當不少參與者親身經歷了警察暴力，甚至出現了某些類似創傷後壓力症候群的現象。三月二十三日（第五日），台灣的臨床心理學家開始集體介入，因為他們發現某些參與者產生了強烈的情緒反應。心理輔導人員很快地組成專業團隊，在議場內處理參與者的心理健康。[43]在行政院事件後，超過五十位醫生與社工人員所組成的「三一八心理服務團隊」在濟南路架設帳篷，提供受害參與者諮商服務。[44]香港的心理學專業人士也有類似的介入活動。全港有超過一半的臨床與教育心理學家連署一份聲明文件，表態支持學生行動。同時，他們也在金鐘設立了一個提供專業協助的攤位。[45]

手工藝創作在佔領區是相當常見的活動，許多參與者花時間折紙、皮革雕製、針織等，並且與其他人分享這些作品，出現了許多以太陽花或雨傘為主題的紀念品。一位從事衣服染印的台灣參與者表示，沒有錢捐獻的人，可以用其他方式表達自己的支持。[46]一位香港學生在現場刻製橡皮圖章，她認為，「會有一天就什麼都結束了。希望在那之前，大家會有一些紀念品留下來，以後看到會記得。」[47]支持者期待他們自身的參與能帶有個人的意義，而不只是被動地充當群眾裡的一分子。做手工藝、與夥伴們分享作品，正是將表面上看來閒置而沒有用途的等待時間，轉化成為有用的、有意義的勞動，也加強了共同一致的團結感。

維持參與士氣還有其他有創意的做法。香港藝術家設計了一件裝置作品——「打氣機」（Stand By You: Add Oil Machine），透過社群媒體收集世界各地的支持簡訊，每天晚上投影在金鐘佔領區的牆上。這個設計的目的是為了連結在場的參與者與不在場的支持者。打氣機在九月二十九日（第二日）就登場，一直持續到金鐘佔領區被驅離為止，總共有來自超過九十個國家的支持者留言。[48]

香港的「打氣機」是為了提升參與者的士氣，讓他們感受到外界的支持，台灣的「大腸花論壇」則是為了宣洩參與者的挫折與不滿。學生領袖宣布撤退後，獨立音樂人音地大帝發起了一場風格獨特的網路直播活動，邀請有意願的人士上台表達心聲，從四月八日起連續三個晚上舉辦「大腸花論壇」，在網路上有超過十萬人同時收看。林飛帆與陳為廷也曾登台，而且遵守論壇的發言規則，包括宣布支持台灣獨立、喝啤酒、罵髒話，等於是將太陽花運動拘謹乾淨的形象完全顛覆。音地大帝事後透露，他之所以要辦這種情緒抒發的活動，是因為他在佔領區感受到了許多沒有講出來的不滿情緒。[49]就某種程度而言，太陽花運動最終能夠有秩序地退場，一部分原因也就在於不甘心的參與者獲得表達與抒發的機會。

呈現正面的形象

傳統上，台灣人與香港人對於破壞性高的抗議寬容度並不高，因此，贏得民眾支持成了這兩場運動的重要任務。許多參與者也意識到這項挑戰，認為自己有必要為其違法行為多爭取一些社會接納。清理垃圾、資源的回收與分類，是維持現場衛生的必要工作，但這些動作也展現了示威者的公德心，表示他們願意負責處理自己帶來的麻煩，而不是留給清潔隊員傷腦筋。街頭授課與課業輔導既能鼓勵學生待久一點，也能化解保守派的批評，具體證明學生沒有為了追求某種刺激性的活動，而棄課業於不顧。九月二十二日開始的香港學生抗議就是採用「罷課不罷學」的口號，台灣的大學教授在進行街頭演講也是提出「學生在哪裡、教室就在哪裡」這種充滿教學熱忱的說法。兩者在策略上都是為了化解保守派的批評，證明學生與教師並沒有不顧自己分內的工作。

「遮打自修室」或許可說是香港雨傘運動最具代表性的場景，原先只是幾張桌椅，後來進化到有鋪地板、照明充足的閱讀專區，現場還提供網路、食物與課業輔導，一次可以容納上百位學生。國際媒體對這樣的景象特別感興趣，因為這是一種示威者刻意表現出來的溫和有禮，雨傘運動也因此被描述為「有秩序的」、「最乾淨的」、「最有禮貌的」抗議行動。[50]

抗議者也試圖展現出其多元背景，以證明了他們代表了各界的聲音。在香港，身心障礙人士與南亞籍移民的參與是其明顯的特徵，[51] 白領專業的外籍人士也願意表現出他們的支持。[52] 雖然絕大部分的中國學生會避免涉入雨傘運動，而且其中不少人還因為根深柢固的民族主義想法，對雨傘運動採取有敵意的反對態度，但仍有受訪者強調，某些他們認識的中國學生也積極參與其中。[53]

台灣的原住民在太陽花運動中也扮演了醒目的角色。有些原住民學生是第一批衝入立法院的抗議者，立即邀請其他的原住民朋友一同參與。原住民青年反黑箱服貿論壇在三月二十二日（第五日）成立，每天晚上都會在佔領區舉辦活動，也是由於他們的參與，街頭審議民主的討論議題也擴及到服貿對原住民的衝擊。[54] 由於積極彰顯包容性與多元性的價值，有研究指出，過去鮮少上街抗議的家庭主婦也受到鼓勵，將「私人議題公眾化」，在太陽花運動期間參與並帶入自身日常關切的議題。[55]

爭取國際的關注有助於運動者與執政者的議價。在這一點上，香港明顯享有台灣缺乏的優勢。作為前英國殖民地、通往中國的門戶、全球金融中心，本就有許多外國記者駐守在此，也讓香港人發起的雨傘運動獲得更多國際媒體的注意。台灣的運動參與者意識到有必要爭取國際的報導支持，便在三月二十四日（第七日）出現一個負責國際宣傳的小組，超過八十位參與者，即時提供十三種語言的新聞稿與聲明，幾乎等於太陽花運動的國際發言人。[56]

重啟運動之攻勢

隨著對峙持續，香港與台灣的運動領導者越來越無法對參與者進行動員。在香港，如果不算十一月三十日（第六十四日）那場規畫不當、失敗收場的包圍政治總部行動，十月十日（第十三日）的集會是香港學生發起的最後一場大型活動。同樣的狀況也發生在台灣，在三月三十日（第十三日）一場成功的大規模集會之後，台灣學生也沒有能力再辦一場類似規模的活動。很明顯地，時間不是站在抗議者這一邊，運動領袖能夠做的不外乎是盡可能拖延不穩定的對峙僵局，希望菁英的分裂能帶來更大幅度的執政者讓步。這樣的有利發展出現在台灣，但卻沒有降臨香港。

運動領導者無法繼續發動攻勢讓受衝擊的執政者得到喘氣空間，因而得以從原本的震撼中回神。此時，臨機應變的行動開啟了新的戰場，使得政府再度面臨運動帶來的壓力。十月十四日（第十七日），香港抗議者自發進行一場封閉龍和道的行動，結果引發警察強力壓制，多人嚴重受傷，四十五人被捕。一位社工人員曾健超被警察拖到角落，遭到七名警察輪流施暴，毆打了近十分鐘，而整起事件意外地被電視台攝影師全程記錄下來。香港警察先前已經因為縱容親政府暴徒的攻擊遭到批評，這場「暗角事件」更是雪上加霜。社工工會立即發起到警察總部抗議，吸引了上百位參與者，香港政府因而決定將涉案警察停職，並展開調查。[57] 事後還出現了持續關注的運動，要求將七名「黑警」繩之以法。

十月二十三日（第二十六日），號稱「香港蜘蛛人」的團體將一幅巨大的「我要真普選」布條掛上獅子山頂。獅子山可算是香港具有代表性的景點之一，象徵了香港人勤奮工作的精神。[58] 儘管獅子山布條在幾個小時之內就被移除，這個臨機應變的行動發展成一種抗議劇碼，具體彰顯了不認輸的抵抗意志。雨傘運動結束前後，不少支持者自發地也在其他的山頭或建築物懸掛類似的布條，使得官方疲於處理。

太陽花運動第三週後出現了遍地開花的各種行動，這些新發起的行動為獨立籌畫，通常沒有事先告知，或與場內的運動領袖者溝通。從四月四日（第十八日）開始，南台灣學生組成的「民主黑潮」發起了一連串在國民黨立委地方服務處的抗議遊行。這幾場活動都吸引到數幾百位參與者，獲得預期之外的成功。[59]高度去中心化的組織「小蜜蜂」，在四月三日（第十七日）開始出現，全台各地曾有超過上百個「蜂窩」。小蜜蜂在各地發起街頭演講、在捷運上唱代表太陽花運動的《島嶼天光》、發放文宣等。小蜜蜂也製作了一系列傳單，剖析服貿對於醫療業衝擊的文宣就放在醫院的衛教專區，對於出版業衝擊的內容則放在書店，以各種方式說明服貿的危害。根據主事者評估，最盛時期曾有超過七千人次參與了小蜜蜂的行動。[60]

這些獨力發起的行動開啟了更新、更多的交鋒戰場，當運動領袖已經喪失了發動群眾的能力，這些具有創意的臨機應變傳達了運動的訊息，鼓勵更多人參與，也維持了當局所面臨的壓力。

創意的複製與變形

除了發揮的作用不同，臨機應變與例行行動之間的關係也有差異。最簡單的臨機應變就是複製某種過去使用過的解決方案，因為過往經驗或多或少算是可靠的引導，協助我們應對眼前的不確定。在台灣，立法院被佔領的消息一傳出，部分不在場的支持者立即開始各自行動。中南部的學生呼朋引伴，在凌晨包車北上聲援抗議。[61] 媒體攝影師抵達之前，網路活躍人士也早已在現場架好了串流直播的平台。這些行動沒有事先規畫、沒有經過協調，但並非史無前例。募資包車載學生前往台北抗議，在先前的運動（例如二〇一二年反媒體壟斷運動）中就曾出現；搭建線上影音平台也是如此，運動參與者深知主流媒體經常扭曲報導社會抗議事件、過度渲染衝突場景，但對於運動的訴求僅是草草帶過，因此他們認為，完整地傳遞運動訊息是有必要的。[62]

香港的對峙一開啟，不待學聯要求，許多大學的學生會就立即展開支援行動。舉例而言，城市大學學生會很快地召集學生進行物資的收集與運送、與學校主管聯絡、遊說教授支持，鼓勵同學參與。[63] 一位先前曾參與反高鐵運動的人士撰寫了一份為中國讀者量身設計的「答客問」，簡潔地為學生行動提出辯護，並釐清一些常見的批評，如外國勢力的介入、政治人物的煽動等。在警察動用催淚彈後，這篇「答客問」被放上中國的社群媒體，獲得了超過一百萬次的網路瀏覽量。[64]

有經驗的參與者主動發起這些支援行動，將過去做的事情，再次搬上檯面。他們的貢獻在於當運動領導者無暇處理這些事的時候，提供及時與自主的支援。但有時局勢的改變會讓原有方法失效或不那麼適用，同樣的工作便需要採取不同的做法。在台灣，運動者如何因應全國罷課行動的失敗就是個很好的例子。

許多學校的學生與校方協調，希望能夠暫時停止上課，結果並不成功。[65]於是這些學生決定在校園內舉辦「民主教室」，安排關於公民不服從與自由貿易相關的演講。換言之，學生因應校園的保守規定，安排這些帶有抗議性質的「教學活動」，不只可以接觸到不曾到過現場的學生，也有助於創造出跨校團結的印象。

另一個例子是所謂的「八巷獨立連」，這個帶有軍事意味的稱呼指的是一群自發形成的參與者，輪流守候林森南路八巷的一處交叉口（見頁一〇八圖10）。這個地點具有戰略上的重要性，因為警察可以透過這個通道進入立法院議場，而不會遇到在青島東路與濟南路上聚集的群眾。場內的太陽花運動領導者顯然沒有注意到這個地點的重要性，他們主要關心的是青島東路與濟南路兩處的群眾數目，因為這兩個地方離議場較近。場外的參與者發現這個巷口的重要性，並且靠自己的力量在此舉行活動，以吸引人群留駐，阻止警方的攻堅驅離。「獨立連」的名稱表示他們不是由總部指揮調度，但仍屬於整個運動的一部分；而這樣的軍事比喻正好巧妙地表達了臨機應變的核心意涵。

香港的糾察隊也需要因應未預期與迅速變化的局勢。佔中三子原本設想的是一場有秩序的靜坐行動，中環佔領區將會被劃分為九區，每一區都配置相當數量的糾察隊，他們有權驅離不願意遵照非暴力行動準則的抗議人士。沒想到，雨傘運動登場，而且是一場由一般市民自發抵抗所點燃的佔領行動，並非原本預期的靜坐。糾察隊很快就發現自己是不受歡迎的人物，更別說要落實佔中運動制定的規則。因此，糾察隊決定不要穿戴事先準備的制服與臂章，以免引起佔領群眾的注意，但仍配帶無線電通訊設備，因此還是有辦法處理一些在金鐘佔領區內出現的緊張狀況。經過這種改善與調整，糾察隊才得以維持某種程度的運作，一直持續到佔領區被清除的最後一天。[66]

最有創意的臨機應變則是主動尋找之前經常被運動領袖忽略的需要，並使用之前沒有嘗試過的解決方式，例如「三六二二團隊」採用網絡群募平台，在三月二十九日的《紐約時報》刊登了全版廣告。

這項獨立行動是由一群網路活躍分子所發起，原始的概念是想找出除了加入佔領區群眾，更積極、更有助益的參與方式。這群人一開始忙著製作關於服貿的懶人包，但後來注意到世代之間的數位落差，較年長的公民不習慣從網路上接收資訊，因此決定募款在國內報紙刊登廣告。三月二十四日半夜，線上募款行動開始，正好與行政院事件的鎮壓同時發生。他們在三小時內收到來自三千六百二十一位捐贈人捐贈的新台幣六百三十萬元，超過預期目標的四倍以上。他們利用這筆錢在國內報紙發動了三波廣告，還外加一本宣傳手冊，再透過海外台灣人的協助買下《紐約時報》全版廣告，以接觸更廣泛的國際讀者。

香港也有類似的線上群募活動，是由利物浦足球隊迷所發起的，起因是一位親北京的政治人物為了表達支持警察的立場，錯誤引用了該球隊著名的口號「你永遠不會獨行」（You'll Never Walk Alone）。在十二小時內，有超過五千位支持者響應了這場活動，共募得港幣七十萬元。兩天後，他們以球迷的名義買下支持雨傘運動的全版廣告，刊登在香港的兩份報紙。[67]

去中心化的協作與衝突

在抗議起初的混亂階段，這些匿名的臨機應變行動適時填補了運動領導者無暇顧及的空缺；在決策核心形成之後，這種去中心化的協作依舊提供了不可或缺的資源與協助。事實上，運動一旦超過了某種規模，運動領導者要想全面指揮幾乎不可能，因為有其客觀上的限制。運動領導者經常沒有充分與正確的即時資訊，很多時候他們的決定並非主動出擊，而是回應迅速變化的局勢。更重要的是，運動領導者的討論往往只能集中於某些重大議題，要他們來處理各種細節根本是不可能的事情。舉例而言，一開始就有人向學聯提出緊急建議，要提供急救照顧給受傷的參與者。但香港的學生沒辦法處理這項要求，因為他們的心力都放在其他議題。一位近身觀察的香港學生就表示：

> 那時候學聯的人關注的是打仗，像是網路上的打筆仗。為什麼我會這樣說呢？因為那時候

他們不會管物資和急救的事情，但這事對現場的人非常重要……那時候學聯的人有些在旺角的學聯（辦公室），有些在立法會……他們並不關心這些現場，所以我就很生氣啊，因為我覺得這是一場群眾運動，是人的運動。[68]

因此，要滿足這樣大規模且持續進行的運動不斷浮現的需求，只能依靠去中心化的協作。臨機應變也促使了某些抗議劇碼的發明。例如，為了化解支持政府人士的鬧場挑釁，香港的參與者發明了一種幽默至極的因應之道：他們包圍挑釁者，一同為他們高唱「生日快樂」歌。唱生日快樂歌這招很快地擴散出去，成為疏解鬧場人士特意製造衝突與緊張的一種有效策略。[69] 在警方驅離了旺角的佔領者後，一場所謂「購物革命」的行動登場，抗議者試圖重新佔領街頭，宣稱自己是來購物消費。[70] 在台灣，警察也刻意忽視流氓鬧場的暴力行為，一位親中的黑道老大在四月一日（第十五日）發起一場反制抗議，而警察宣稱那是一場前往立法院的「路過」行為。因此，在太陽花運動落幕之後，也出現了多起抗議警方的「路過」事件，例如四月十一日包圍中正一分局的抗議。

結果顯示，這種去中心化的協作，有時會比由上而下的協調達到更好的效果。佔中運動者宣布行動開始之後，他們原本設想的大規模靜坐方案就完全不可能落實了。在台灣的太陽花運動中，有兩個插曲清楚顯示層級性的決策有其侷限性。第一個插曲發生在佔領行動的第二日，太陽花運動領導者擔心，如果他們無法把青島東路與濟南路塞滿，議場內的佔領者隨時有可能被驅離。他們聯絡反對黨，請求他們動員支持者。由於民進黨已經排定在隔天舉行關於服貿的記者會，三月二十一日（第四日）是最早能夠行動的日期。當天，民進黨動用了約一百六十輛遊覽車，從中南部載送支持者上來台北。包括從大台北地區前來的群眾，民進黨主席宣稱他們號召了超過一萬名支持者前來支持學生的佔領行動。然而，出乎意料的是，民進黨大費周章的舉動反而帶來了自身的公關危機。行動當日，街頭上滿是群眾，警察也不再強制驅離議場內的佔領者，於是有人抱怨民進黨是來「搶光環」的。民進黨的支持者看到物資站就來要便當的行為也引發學生的不滿，民進黨主席一段不經意的發言被認為是要爭取年底的選票，後來蘇貞昌還為此道歉。[71] 因此，反對黨的大規模動員完全沒有派上用場，儘管這個提議一開始是由運動領袖所提出。傳統的組織動員在此失效，原因正是在於其僵固性，無法趕上局勢的迅速變化。

第二個插曲則是發生在三月三十日（第十三日）大型集會後，要求民眾輪班參與場外的佔領行動。當時，太陽花運動領導者擔心第三週可能會出現疲態，參與人數恐有急遽下滑的現象。因此，在當晚上演講的尾聲，林飛帆要求現場觀眾與身旁的陌生人相互認識、交換聯絡方式，組成一個七人小組，排定接下來一週輪流參與的輪班表。這種維持群眾參與的方式最後證明徹底失敗，第二天清晨，佔領區只有幾百位參與者。林飛帆後來尷尬承認，支持者都沒有響應他的號召。[72]

這個令人失望的挫敗值得仔細觀察，因為大家都認為林飛帆的演講是非常成功的，甚至還有人認為，這位當時二十六歲的研究所學生應該去選總統。然而，運動領袖充滿魅力的展演和參與者不賞臉的反應，有明顯的落差。要求陌生人相互認識，甚至排定一週的抗議參與，是非常缺乏彈性的做法，完全不容許任何臨機應變的空間。這種由上而下的要求與組織方式完全無視參與者的自行決定，反而將他們的熱情奉獻貶為某種強制加諸的義務，陌生人隨機所組成的七人小組也不會獲得參與者的認同。

臨機應變來自個別參與者的主動決定，這些沒有事先規畫的協調帶來迅速、有彈性且創新的行動，滿足了維持運動持續的各式需求，在這兩場翻轉歷史的抗爭中扮演了重要的角色。即便如此，臨機應變也並非萬能，不是隨時可以派上用場。首先，需要有令人震撼的事件發生，例如警察的催淚彈與立法院的佔領，才會激發匿名公民參與臨機應變。進一步來說，這種去中心化的決策也不是完美無缺。在台灣，佔領行政院的行動就可說是一場規畫不當、甚至是相當不負責任的臨機應變行動，因為激進派學生決心要升高抗爭態勢，無視核心領袖的反對意見。馬英九在三月二十三日（第六日）的記者會激怒了許多支持者，激進派學生的確成功地掌握到公眾不滿噴發的時刻，但他們沒料想到，這個行動會讓行政院事件的參與者承受警察鎮壓的暴力攻擊。

在香港，起初幾天一直流傳關於軍隊調動的傳言，佔中運動與學生領袖甚至還為此一度要求群眾撤退。因此，部分參與者認為正確而即時的資訊非常重要，於是有多達上百位學生組成了祕密的偵察網絡，輪班派人到具有戰略重要性的地點觀察，並透過社群媒體定時回報情況。[73]事後看來，這些努力只發揮了非常微薄的效果，因為，政府在發現無法驅離群眾之後很快就把警察召回，當支持政府的群眾在十月三日（第六日）開始攻擊佔領者，主流媒體也在第一時間就有相關的報導，這讓偵察小組的存在顯得沒什麼意義。換言之，臨機應變並非總是帶來最佳的決定或資源配置。

臨機應變是來自個別參與者的決定，他們有意願出錢出力，也從其中獲得某種主觀的滿足感與成就感，肯定自己是運動陣營的一員。但有時，自我肯定的心理需要反而使得協調更為艱困，因為他們堅持只憑自己的心志行事。佔領區空間的管理經常引發內部爭議就是個明顯的例證。不少香港參與者挪用了警方的拒馬，充當阻礙警察進逼的街障。他們親身守護這些保護自己的障礙物，也因此產生了某種所有權的想法：地盤是自己爭取來的，只有他們能全權決定；他們也因此拒絕其他人變動其障礙物，彷彿這是他們從與警察的對抗中獲得的戰利品。[74]佔中運動成員曾花了一整個早上進行民主審議，討論是否取消一段完全沒有保護效果的障礙物，因為那已經構成了抗議者進出的阻礙。[75]

在台灣，糾察隊並非事先籌組，所有的參與者都是現場招募而來，這使得團隊合作更形困難；例如輪值的參與者往往不認識他們要接班的對象，引發誤會與衝突。[76]曾有一段時間，青島東路有七個團隊負責秩序維持的工作，而他們都堅持獨立行事，不接受其他人的指揮。[77]特別是在人數最多的第一週，青島東路與濟南路塞滿了參與的群眾，糾察隊試圖強制落實某些動向的規定，並維持一條引發民怨與不便的「醫療通道」。一位參與者就提到：

我在外場的觀察是，素人只要拿到一小點權力，就很愛管人。這是人性，也是人的弱點，大家都希望自己被看見、被肯定，有時就會太過頭。有一次我接青島側的糾察總指揮，我是接一個晚上，在巡視時遇到另一位也是自稱總指揮的人。我嚇一跳，他就說他也管一堆人，我就說我也是總指揮。他後來嗆我說，你有告訴過黃國昌嗎？[78]

事實上，有不少參與者宣稱他們是從某個人或某個團體取得授權。公民一九八五行動聯盟動員了近兩百位志工，在剛開始幾天負責青島東路的糾察工作。但沒想到，有些不相關人士也聲稱自己是公民一九八五行動聯盟的成員，而他們的糾察方式引發了一些爭議。[79]一位公民一九八五行動聯盟的領導人士甚至遇過某位不認識的糾察隊員，強調自己是「正式成員」，有獲得「上面的授權」。[80]

與青島東路相比，濟南路較寬廣，也離衝突現場較遠。儘管如此，還是出現了多起關於空間安排的衝突。「賤民解放區」是由一群反抗文化分子與其他運動幹部組成的聯盟，從三月二十日（第三日）開始，每天在濟南路舉行論壇。正如其自我嘲諷的名稱所顯示的，他們特意強調自己遠離場內的核心，經常批評運動的領導者。賤民解放區的參與者反對設置醫療通道，他們聲稱這是「醫療權威」的不當介入，而且對他們的活動造成不便。在一場針鋒相對的爭論之後，醫療通道所佔的空間明顯縮減。[81]另一方面，賤民解放區也與親子共學團發生衝突，這個進步性的教育改革團體也在濟南路上搭設帳篷，共同參與運動。親子共學團鼓勵家長帶兒童到佔領區，學習民主的課程；但學齡前兒童需要安靜夜間睡眠的需求並沒有受到賤民解放區的尊重。他們經常舉辦吵鬧的活動，直到凌晨三、四點才結束。多次溝通無效之後，親子共學團的參與者在帳篷上懸掛了一個斗大的抗議布條：「我們在這裡守護立院內的大哥哥大姊姊，請賤民解放區的哥哥姊姊守護我們的睡眠。」[82]

最後，在保守的政治文化下，佔領運動持續會面對這種兩難：人們會加入抗議的隊伍是因為他們對政府感到憤怒；但是他們的行動如果要取得社會接納，就得溫和守法。針對這一點，臨機應變也無法提供妥善的解答。在台灣，議場內的抗議者是媒體關注的焦點，要迎合社會期待的壓力是非常巨大的，因此反而形成一個高度管制的場所。在攝影機二十四小時無所不在的注視之下，被佔領的議場等於是一個「虛構的監視社會（surveillance society）之縮影」。[83]議場內有要遵守的行為準則，而且糾察隊積極執行其規定：為了安全理由，要進議場得檢查攜帶物品；為了避免流行病傳染，也要量體溫。抗議者一開始成功闖入時，有些人高興地喝啤酒、抽菸慶祝，親政府的媒體不停地重複播放這些畫面，用來充當攻擊學生最好的材料；因此，這些「不適宜」的行為在後來都被禁止。在一開始的幾天，有些同志參與者透過社群媒體分享了親密的照片，後來也受到勸導，因為學生運動幹部擔心，具有敵意的媒體會借題發揮，將佔領運動與性亂交聯想在一起。[84] 因此，議場一樓的會場被說成是「乾淨乖寶寶」專區，而媒體比較沒在關注的二樓則是所謂的「野生動物區」，完全不管一樓的決議，到處都是菸灰缸、煮完泡麵的垃圾」，容許某些欲望滿足或較不得體的行動。[85] 在香港，有觀察者指出，金鐘佔領區附近的保險套變得很暢銷，抗議者所搭建的帳篷也成為最適合親密行為的空間。[86] 有一位負責夜間巡邏佔領區的參與者表示，他常看到喝完的酒瓶，或是聞到大麻的味道。[87] 如果親北京的媒體知道這些事情，肯定會拿來大作文章，將佔領運動說成一場胡作非為的青少年鬧劇。與台灣相似，當香港的學生領袖表達支持性少數、參與年度舉行的同志遊行，也有人擔心這些議題是否會帶來困擾，「轉移」了政治改革的焦點。

吉特林探討佔領華爾街運動時提到，「所有的運動都要試圖尋找某種適切的關係，以取得表達性的衝動（expressive impulse）與策略性的行動（strategic act）之平衡。」[88] 紐約的示威者特意選擇了運動的參與和嬉戲面向，拒絕了清楚的領導結構，也不願意與政府當局談判。台灣與香港的抗議則是處於表達性與策略性的矛盾之中。臨機應變無法消解這個根深柢固的困難，而是將兩者之間的緊張關係放大，甚至演變成在處理佔領區大大小小事情時所會面對的問題。誠如詹姆士．雅斯博（James Jasper）所指出的，社會運動都會面臨一種兩難的困境：寶貴的資源與時間是要投注於內部參與者，或是運動以外的人士？[89] 一場依賴臨機應變的運動讓個別抗議者獲得創意發揮，以及個人參與的成就感，但決策效率就是其付出的代價。

「熱血公民」vs.「賤民」

臨機應變來自個別參與者自發性的意願，因此，如果他們有運動目標的共識，或有意識形態上的親近性，他們的臨機應變較有可能帶來合作與互補。反之，如果存在嚴重分歧，臨機應變則會加劇內部紛爭，減弱了運動參與者之間的團結。前面提到，香港自從二〇一一年本土派登場，反北京的運動陣營就出了分裂。儘管他們對抗的都是共產黨政權，但在運動策略（非暴力抵抗或是勇武抗爭）、對於中國新移民的態度（接納或是限制）、運動網絡（公民團體或是網路動員）方面，都有激烈的爭辯。雨傘運動期間，這些緊張關係引爆了許多內部衝突事件；相對地，這種意識形態分歧與策略評估差異在台灣則較不明顯。

就某個意義而言，太陽花運動與雨傘運動呈現了完全對立的圖像。在台灣，運動的核心領導者來自獨派陣營，而高舉左翼旗幟的運動者，例如賤民解放區，則扮演了較為邊緣的角色；在香港，被批評為「左膠」的學聯是運動領導的代表人物，像熱血公民這樣的本土派陣營，則不斷地從邊緣發起挑戰。早在太陽花運動之前，林飛帆與陳為廷都曾公開表示自己支持台獨的立場，這也是為何親國民黨的媒體會一直說林陳兩人是民進黨的地下黨員，即使在當時這並不符合事實。

不過，真正影響臨機應變結果的原因還是在於運動參與者之間的團結程度。只要比較一下香港的熱血公民與台灣的賤民解放區，就可看出其差異。打從一開始，熱血公民就否定佔中運動、學聯與學民思潮的領導地位，他們強調發起街頭佔領的是市民，所以無視運動領導者主張撤退的要求。熱血公民的支持者針對特定運動成員發起一系列的獵巫行動，認為這些人是運動的「叛徒」。尤其是在本土派情緒高漲的旺角，許多被貼上「左膠」標籤的政黨或公民團體成員會特意避免相互打招呼，以免惹禍上身。[90] 熱血公民的成員為爭取運動主導權，曾發起多次抗議金鐘大台的行動，還在運動落幕之後出版了一本《雨傘失敗錄》，鉅細靡遺地記錄了「左膠」在運動過程中所犯的「罪行」。根據他們的遺體解剖，「雨傘革命」（這是本土派堅持的正確名稱）失敗的原因不只是來自政權的壓制，也是因為「主流媒體的抹黑，還得面對飯民（泛民）、左膠、佔中三子，全方位地拖後腿」。[91]

在雨傘運動的核心人士眼中，熱血公民惡名昭彰，其支持者常被貶稱為「熱狗」，以諷刺盲目無知。似乎有不少人認為熱血公民背後有北京的暗中協助，其目的就是要製造反對陣營的內部紛亂。到了後期，運動領導者陷入進退兩難的窘境，熱血公民與其他本土派所倡議的勇武行動越來越受到參與者的接納；因此，學生在十一月三十日發起的包圍政治總部也可以視為一種維繫受挑戰的領導權、孤注一擲的決定，目的就是避免敵對派系獲得運動的主導權。

在台灣，賤民解放區的領導者建構出了一套不同於太陽花領導者的運動哲學。他們堅持抗議的目標應該是新自由主義，而不是中國；也反對以帆廷兩位學運明星為核心的運動風格，要求基層參與者也要有自己的聲音；此外，賤民也更明顯地批評民進黨的介入。這些主張都顯示，賤民解放區代表了台灣社會運動意識形態光譜中，較為激進的那端。理所當然地，太陽花運動內部對於賤民解放區也有所批評。舉例而言，雖然他們高舉「賤民」的旗幟，但實際上帶頭的並不是真正的「賤民」，而是長期參與社會運動的人士，差別只在於他們沒機會進入決策核心。另外，他們批評太陽花運動過於突顯少數領袖的重要性，但他們自己一樣在賤民解放區扮演領袖的角色。儘管如此，這些批評與懷疑仍無法與香港發生的私下指控相提並論，沒有太陽花運動者會採取陰謀論的解釋，認為賤民解放區是國民黨派來擾亂的臥底。相對於此，香港經常有各種耳語，影涉高喊「提防左膠」的本土派是共產黨的「鬼」。

賤民解放區儘管有不同的看法，但並未發起攻擊太陽花運動領導者的抗議，他們承認選擇「較溫和的」表達異議方式，是因為「不想破壞運動以及期待還能讓主場有所轉變的立場」。[92]曾經發生過一段饒富意義的插曲。林飛帆有次意外現身賤民解放區的晚間論壇，與其他參與者一樣坐在地上。主持人很快地發現林飛帆在場，要求他脫掉已經被媒體大肆報導的綠色軍外套，這樣才真正算是「賤民」。主持人進而批評他的領導風格，林飛帆看來似乎樂於接受這些指教，甚至鼓掌表達同意。[93] 而在香港的脈絡下，很難想像會發生這段所謂「帆神下凡」的插曲。如果某個知名學生領袖敢涉足於熱血公民的場子，下場可能會非常難堪。一位台灣學生參與者觀察了旺角本土派的活動，有這樣的看法：

台灣有很多先前共同參與的經歷，所以兩派會有較多信任基礎，儘管在一些議題上會有意識形態立場上的區別。但我認識的香港本土派年輕人先前的行動經驗是很少的，都是雨傘之後才開始的。他們不相信學生運動領導人，因為他們沒有共事機會。[94]

換言之，台灣運動網絡的高度重疊讓臨機應變比較容易呈現合作的形態，香港既有的分歧使得其臨機應變容易產生新的衝突。

運動素人 vs. 有經驗的參與者

臨機應變依賴的不只是參與者的熱忱，還有他們的能力，這也是為何會有一些看法認為，將每個人的貢獻視為同等重要是一種有問題的說法。大規模的抗議通常會吸引到一些先前不關心公共事務的公民前來參與，但這些首次參與者在運動中的機會不多，不容易從事某種程度以上的策略決定。有研究指出，儘管當代的佔領運動往往強調無領導、自發性、水平運作

（horizontal）等說詞，但實際上整個運動仍「高度依賴密集投入與有經驗的參與者」。[95] 在臨機應變之中，有經驗的運動者往往可憑藉過往的經驗，以及他們對於運動網絡的熟悉，來應付新浮現的運動情境。在部分運動後出版的口述史與見證文章中可以發現，很多台灣與香港的首次參與者通常參與的是某些志願性的服務工作，例如垃圾清運、食物分發、手工藝創作等，但很少介入更高層次、或涉及決策的臨機應變。

有經驗參與者經常會隨著局勢演變，獨立調整自己因應的策略。舉例而言，太陽花運動到了第五日，中台灣的學生運動成員不會再調度遊覽車、動員學生北上，因為他們知道現場已經有足夠的抗議群眾，他們反而將注意力移轉到其他行動，以不同方式支援，例如在中南部各地舉行演講活動。[96] 有一位豐富經驗的香港學者表示他知道學生領袖壓力極大，因此，他也隨時在調整自己臨機應變的方式。剛開始幾天，到處都在謠傳警察準備動用橡膠子彈，參與者心生恐懼，他便與其他教授組了一個「擋子彈組」來作學生的後盾。後來，他發現學生很難跨出金鐘佔領區之外，所以特意邀請學生代表來旺角與銅鑼灣的街頭教室，以建立他們與當地參與者的聯繫。又過了一陣子，泛民議員與佔中三子要求學生及早退場，他因此籌組了一個公民團體的聯盟，幫忙學生在五方平台抗拒這些壓力。[97]

有時候，這些彷彿默默無名的領導者宣稱自己「素人」或是「鄉民」，是非常具有誤導性的說法，因為他們的經驗往往比一般的參與者更為豐富。在台灣，促成三六二一團隊背後的主事者口頭上常說自己是「新手」，因為他只有在太陽花運動之前半年才算真正有參與社會運動。然而，這位「新手」實際上是PTT的活躍分子，參與超過十年，負責管理的論壇有超過八十萬使用者。[98]同樣地，香港的「暗角事件」促成了追討警察暴力的運動，這當然是與意外的攝影紀錄有關，但當事者的背景也是個重要關鍵。曾健超之前就是學聯的幹部，也是積極參與社會運動的社工人員，還曾以公民黨名義參選。[99]曾健超的運動網絡使得這起事件更容易激起群眾的同情支持，有助於促成雨傘運動期間另一個衍生出來的運動。

總之，參與者在運動中能扮演的角色與其過往經驗、能力與個人網絡密切相關，臨機應變不應被視為門外漢的即興表演。因此，一場表面上看來是群眾自發而成的立即反應，實際上很可能是經驗老道運動者的默契與共同協作，他們熟練到足以在當下採取最適切的判斷，但又不夠有名，讓主流媒體因此忽略他們的存在。

* * *

長期以來，社會運動研究的工作是關注、說明運動者實際做了什麼，以促成其設定的目標。隨著社會運動在當代成為可預期的例行現象，研究者也傾向將社會運動視為某種組織主導的行動。因此，研究重點轉向側重運動領導者的決策，探討他們如何運用動員網絡、掌握政治機會、構框共同的民怨、採行抗議劇碼等。

近來，世界各地頻頻爆發翻轉歷史的抗爭，迫使我們需要開發新的概念工具，以理解這些少見、但影響深遠的抗議行動。在台灣與香港，如果沒有基層參與者的匿名、創新與勇敢的貢獻，是不可能出現如此大規模的公民不服從。眾多公民自願採取了這些利他行為，不只是構成了整個抗爭過程中最感人的故事，也挑戰了傳統的領導者與追隨者之劃分，因為這些自發性的參與者並非接受上級領導指揮，而是依據他們自己判斷行事。認為這些參與者是被動員號召而來的看法並非完全正確，事實上，也沒有一個組織有這樣的本領，能夠促成如此龐大的參與。更準確地說，這些參與者實際上創造了一場屬於他們自己的運動。一位台灣運動者描述他的特殊經驗：

這十年來，我真的是沒有看過這樣的社會運動。不是規模而已，是那種自發跟自由，任何人只要覺得這個運動現場現在需要什麼、缺什麼，他可以提供什麼，他就來做，沒有人授權他，他沒有問過誰，也沒有人組織他……有人就從地上的群眾裡站起來，他變成物資組管理者；看到很多人丟垃圾，有人就站起來找其他人，就成立了一個垃圾站。這些人與我們原本定義的運動主體，一點關係都沒有。沒有人知道他們是誰，或是從哪裡出來的。事實上，這些問題一點也不重要。[100]

在太陽花運動與雨傘運動期間，到處都可看到這些沒有事先規畫的策略回應。臨機應變滿足了多重的需求，也有不同程度的創新性，在運動領導者沒有能力與意願處理這些事務時，及時滿足了佔領現場的各種不足。持平而論，要供應如此龐大、長時間的佔領的各種需要，早已超過任何一個運動組織的能力範圍，無論其事前是否準備充足。這種去中心化的協作具備了迅速、彈性與有創意的優勢，也成了唯一可行的解決方案。

然而，臨機應變不能解答所有集體行動所面臨的難題。大部分的社會抗爭無法促成這種自發支援的湧現，因為多數抗爭並沒有激發成為一種直接面對政權的重大對決。有時候，個別抗議者更在意他們所追求的主觀參與，而忽略了運動現場的客觀需要。隨著參與者的能力與背景不同，臨機應變有相當多元的形態，因此，強調每個人都是運動裡的「超級公民」、都一樣重要，雖然可以激發參與的意願及士氣，但並非符合真實的狀況。

同時，太陽花運動與雨傘運動不同的結局，也突顯了臨機應變所帶來的不同後果。台灣運動者能夠執行有秩序與和平的退場，並且聲稱取得某種勝利，是因為他們的臨機應變是在不具有內部緊張的情境之下進行。相對地，雨傘運動後來深陷於領導者遇事不決、參與者氣力耗盡、內訌紛亂等困境，部分也是因為缺乏互信的臨機應變。換言之，除非運動參與者有先前的共識，臨機應變才比較有可能促成合作，帶來實際的運動支援。

第四章　佔領過後

黃之鋒在一篇二〇一七年的《金融時報》投書中提到，台灣與香港的兩場運動「清楚拒絕北京漸增的干預」，而且都是由拋棄中國人認同的年輕世代所推動。[1]的確，太陽花運動與雨傘運動有相似的起源（公民社會抵抗來自中國的負面影響）與過程（對峙過程中重新建構的領導結構、參與者廣泛的臨機應變），但是結局卻大相逕庭。[2]

不同的結局

台灣的佔領立法院行動和平落幕，學生自願退場，四月十日晚間甚至還舉行了一場盛大的告別兼慶祝晚會。在香港，上百位抗議者無視政府的警告，十二月十五日凌晨仍聚集在銅鑼灣的街頭，但這個留守到最後的佔領區，很快就遭到擁有數量優勢的警力清除。在台灣，太陽花運動領導者發表了〈出關播種、轉守為攻〉的宣言，聲稱運動「已完成其階段性任務，取得重要進展」。他們要求支持者持續關注政府兩岸協商，並期待進一步的改革運動浮現。[3]雨傘運動的結局是大規模拘捕。太陽花運動以勝利姿態收尾，雨傘運動的終結瀰漫著悲憤、挫敗與不甘心的情緒，學生領導者連發表一篇正式聲明的力氣都沒有了。

兩場運動之所以有這麼大的情緒落差，與政府的處理以及回應態度有明顯關係。太陽花運動不只阻止了服貿的立即生效，也取得兩黨共識，制定《兩岸協議監督條例》。反觀香港，北京與特區政府繼續堅持八三一框架，特首普選等於是一場沒有實際意義的選舉。在學生與官員的對話失敗之後，特區政府並未提交新的報告書給北京，也沒有再開啟新一輪的公眾諮詢。二〇一五年六月，立法會正式否決了政改方案，不過這可視為政府的挫敗，因為原本認為這個方案有可能得到幾位溫和派泛民議員的倒戈支持。雨傘運動過後，香港的民主化並沒有向前邁進，二〇一七年的特首選舉仍舊是由一千兩百人的選舉委員會決定的「小圈子選舉」，而結果是由北京圈選的林鄭月娥取代了梁振英。

在兩場大規模的抗議之後，台灣政府與香港特區政府的回應與處理也有明顯不同。儘管有太陽花運動的衝擊，國民黨政府仍堅持深化與中國的經濟往來，馬英九總統呼籲立法院儘快審查服貿，並在二〇一五年三月正式申請加入中國發起的亞洲基礎設施投資銀行，持續與對岸協商兩岸貨品貿易協議（最終沒有完成協商）。然而，他也在二〇一五年的元旦講話提到：

去年三月的學生運動，確實為臺灣帶來了衝擊。在網路串連、青年發聲的主旋律之下，整個社會有了一股全新的脈動。或許有些人歡迎，有些人疑慮。但從長遠來看，如果我們的國家，擁有關心社會的年輕人，以及尊重民主法治、堅持理性對話、反對暴力專制的公民社會，臺灣一定生氣蓬勃，持續茁壯。我們必須承認，年輕人懷有比較高的理想性與正義感，對不公不義的事，特別反感。如果政府說明不清或做法不當，很容易引發誤解與批評。[4]

當然，這些對於學生理想情操的肯定與間接的自我批評需要放在當時的脈絡下理解，畢竟國民黨剛在二〇一四年底的地方大選慘敗，馬英九也因此辭去了黨主席的位置，不過仍可視為對學生行動的正面評價。

相對地，香港特首梁振英的態度依然強硬。他在二〇一五年一月的施政報告中指責學生對「國家與香港之間的憲制關係」有錯誤的理解，應該要及早更正。他還特別點名港大學生刊物《學苑》，因其鼓吹香港人應「尋找一條自立自決的出路」。[5]一個政府領袖特意在正式文告中攻擊一份學生刊物，是非常不尋常的舉動，梁振英的意圖很可能是在暗指雨傘運動其實是由支持「香港獨立」的極端人士所發起。他後來還鼓勵市民要用選票將支持雨傘運動的政治人物「趕出立法會」，這等於是向反對黨宣戰，而事實上香港法律規定，行政長官是不能擁有黨籍身分的。[6]親北京的組織也在事後不斷抹黑所謂的「佔中運動」，將其描述成違法亂紀的行為。

警察與司法機關也有不同的回應方式。台灣與香港政府都縱容支持政府的暴力攻擊，警察也都對抗議者使用了不成比例的武力，但運動參與者被事後起訴及判刑的狀況明顯不同。在清除了最後的佔領區之後，香港警方宣稱三個月內要將所有的領導者「緝捕歸案」。[7] 相對於此，四月十一日，也就是太陽花運動落幕後的第一天，馬上就登場了一場抗議警察暴力的行動——因為警察粗暴地對待仍留在佔領現場的抗議者。台北中正第一分局被上百名示威者包圍，結果分局長公開道歉，提出辭呈。在整個太陽花運動期間，警察唯一一次現場拘捕是發生在三月二十三到二十四日的行政院事件，當時共有六十一人遭到逮捕；但在香港，警方多次逮捕參與者，總計九百五十五人次。截至二〇一六年六月，有一百二十三位香港人被起訴，[8] 而台灣檢方的起訴人數為一百一十九人。[9] 台灣政黨輪替之後，民進黨政府以最快的速度決定撤銷對行政院事件參與者的控訴，儘管這些參與者仍面對了檢察官其他罪名的起訴。[10] 香港的法院判決也比較迅速。二〇一六年八月，也就是雨傘運動落幕後二十一個月，三位學生領袖因為號召群眾衝入公民廣場被判有罪，儘管其懲罰相對來說較為輕微。[11] 然而，特區政府堅持上訴，二〇一七年八月，黃之鋒、周永康、羅冠聰三人入獄服刑。香港雨傘運動最重要的判決是二〇一九年四月宣判的「佔中九子案」，陳健民、戴耀廷判處十六個月，而邵家臻、黃浩銘則是八個月的刑期。[12] 相對於此，二〇一七年四月，也就是太陽花運動三年後，一審法官判定二十二位涉及佔領立法院的人士無罪，判決書甚至還提出一套公民不服從的定義，高院二審也是維持無罪判決。[13] 二〇一九年十月，台北地院認定，警方在驅離佔領行政院群眾時，不應使用教訓、洩憤、報復等攻擊行為，因此要賠償一百多萬元。[14]很明顯地，香港運動者面臨更嚴峻的司法判決，政權進行秋後算帳。

兩場運動的公眾支持度也有落差。二〇一四年年底，一項台港學術機構合作進行的民意調查指出，百分之五十三點三的台灣受訪者表示認同太陽花運動，反對的有百分之四十六點七；但只有百分之四十六點八的香港受訪者支持雨傘運動，表達反對者為百分之五十三點二。[15]選舉期間，不同的公眾評價也明顯可見。在台灣，太陽花運動的形象較不具爭議性，或多或少已成為某種青年理想情操的代表。二〇一四年十一月的地方選舉，不只是民進黨與台聯黨的參選人，甚至有些南部的國民黨參選人也試圖挪用其象徵符號，不是在傳單上印製太陽花的圖案，就是利用宣傳車播放《島嶼天光》。[16]香港二〇一五年的區議會選舉，大部分受雨傘運動感召的參選人（即所謂的「傘兵」），特意不提他們的運動背景，以避免產生負面的聯想。一位民主黨的區議員如此觀察：「傘兵不提佔領中環，不提雨傘運動，因為大家都知道如果提這個，就得不到大多數人的支持……願意提的都是不想當選的。」[17]

無論就佔領行動的結束方式、政策影響、執政者回應、檢察機關與法院的處理、公眾評價等等，似乎有充分的理由認定太陽花運動是「成功」的，而雨傘運動則「失敗」了。只是，這樣簡化的看法或許言之過早。在革命情境中或許可以很快地判定勝利者與失敗者，因為只要看哪一邊瓦解即可；但要評估社會運動的後果則比較不容易，因為這涉及我們要採取多長的觀察時段。一場社會運動中，激烈對抗階段通常只是短暫的例外狀況，更長遠的影響要取決於運動參與者後續的動員策略。[18] 二〇一九年年中，香港反送中運動猛烈爆發，承續了雨傘運動未完成的志業，即是明顯的例子。

台港兩地，年輕的參與者接力完成佔領運動未完成的志業，他們開啟新的戰線，持續推動社會與政治改革。佔領公共空間是體制外的公民不服從，但這些運動者並沒有放棄在體制內努力，許多運動參與者後來投身選舉，出現了一群新世代的民意代表，宣稱承續了當初的運動理念。這股政治參與風潮帶來了更大的政治變化。蔡英文率領民進黨在二〇一六年一月的大選取得勝利，帶來了台灣第三次政黨輪替；香港的梁振英則是宣布放棄尋求連任。北京政府對台灣與香港政策也產生了不同的變化。不過，這兩場非比尋常的密集參與首先要面對的，是其帶來的情緒後果以及創傷。這些情緒如果沒有妥善處理，也就不可能產生後續的發展。

「運動傷害」

社會運動研究者關注情緒過程的重要性，以框正理性主義認為感覺（feelings）、情感（affects）與心情（moods）是不理性或無關緊要的偏見。無論是個體或是集體，社會行動中的思考與感覺連結相當密切。運動的團結並不只依賴對共享利益的認知，也需要情感的交流，如此才會促成共同合作的行動。某些情緒狀態的激發，例如憤怒、驕傲、同情與充滿希望，是一種遠比理性論證與說服更強大的刺激，更能帶來實際的抗議行動。因此，有研究者認為幾乎所有社會運動研究的關鍵概念，例如認同、機會、網絡與劇碼等，都帶有伴生的情緒面向。[19]在全球翻轉歷史的抗爭中，研究者指出其相關的心理過程，例如埃及人民眾從「恐懼到抗命」的心態轉變，使得他們勇於挑戰獨裁者的警察國家。[20]還有研究發現，佔領華爾街的發起人無法在社群媒體激發群眾熱情，原因在於他們的網路發言都是「冷淡的告知語氣」，幾乎等同於「無精打采也無法激發別人的獨白」。[21]前面也提到，正是對於突然加諸的威脅（立法院強行通過服貿、警察動用催淚彈）的激情反應，促成了台灣與香港的大規模抵抗行動。

大部分的研究都是聚焦在有利於運動參與的情緒，尤其是運動開始之前或進行當中，較少人關注運動的情緒後果。但事實上，運動的情緒後果也影響了運動結束後的發展。大致而言，佔領結束後，太陽花運動與雨傘運動參與者的感受都是複雜且曖昧。一方面，部分參與者會感到自信而興奮，因為自己參與了創造歷史的時刻，這無異是值得一輩子紀念的個人經驗。佔領區裡具有創意而自發的團結感展現也有助於強化參與者之間的凝聚力。另一方面，由於運動成果不如預期，也確實廣泛存在挫折、失望、無力等感受。尤其對那些比一般參與者花更多時間在佔領區、或更深入參與決策核心的人而言，這樣的負面情緒尤其明顯。在台灣，有些太陽花運動參與者取消了婚約，或事後立即結婚；在香港也有許多關於世代衝突，甚至家庭分裂的故事。

在台灣，太陽花運動之後開始流行所謂「運動傷害」的說法，這是用來描述密集而持續參與之後所帶來的痛苦與負面之感受。香港儘管沒有使用這個詞彙，但也明顯存在類似的現象。對於那些親身經歷或目睹警察暴力的人而言，心理上創傷是很沉重的，有些人後來連看到警察都會產生恐懼。一位台灣外科醫生曾在急救站縫合被警察打到口吐白沫、不省人事的傷者，後來他只要拿起手術刀就會不自覺地抖動，連簡單縫合手術都無法進行。一位參與行政院事件急救的醫護人員指出：

> 行政院那邊有個癲癇發作的，後來被架回來，我們就是先壓制他，讓他不要咬到舌頭。然後就好了，對醫療人員來說這沒什麼，但對群眾來說這是很驚恐的。當天很多人的衝擊其實都不是來自於自己被打，而是看到別人的慘況，有些血流滿面的其實不太嚴重，反而是那種沒什麼外傷，但像僵屍一樣無意識行走的，可能比較嚴重，……（有些人）都會夢到當天晚上的場景，像紀錄片一樣不斷地播放。[22]

儘管後續有追究行政院事件應該負責官員與警察的法律行動，許多參與者仍然承受身體與心理的傷痛。二〇一六年，行政院事件兩週年時，網路上出版了一份基於當事人口述史的調查報告，試圖完整還原事發真相。同時也有一場「環境劇場」的集體治療，當事者以象徵方式重新呈現當時的狀況，並分享個人的經驗。[23]

香港的學生領袖承受的「運動傷害」更為嚴重，因為他們的運動持續更久，也受到政府更具敵意的對待。根據媒體報導，不少學生領導者事後經歷了沉痛的自我反省與自我療癒過程。周永康陷入情緒低潮，曾經有長達三個月時間，他盡可能避免出門，也特意不戴眼鏡搭地鐵，以免被認出。後來，周永康開始研習佛學，這有助於他沉澱心情，看清楚自己的處境。[24]梁麗幗是周永康在學聯的夥伴，她坦承在事後有嚴重的罪惡感，因為她覺得自己應為一些錯誤決定負起責任。梁麗幗認為，自己「讓別人受苦」，需要「償還一輩子」。[25]台灣的學生領導群也有類似的負面情緒，但是發作症狀明顯輕微許多。在一場媒體訪談中，陳為廷坦誠自己如釋重負，因為他得知警察暴力的受害者並沒有怨恨議場內的決策者。[26]

在香港的脈絡中，基層參與者有一種獨特的情緒反應是台灣所沒有的。香港學生的普遍失落感轉化為對學生領導者的憤怒，學聯被認為「誤導」、甚至「背叛」了整場運動。雨傘運動結束不到兩個星期，港大學生發起一場退出學聯的運動，而且很快在其他大學獲得回響，結果共有四間大學透過公投正式決議學生會退出學聯。這對半個世紀以來在香港社會與政治運動扮演領導者角色的組織而言，是個巨大的打擊。在這場挫敗之後，學聯只剩其他四間大學學生會的參與，等於喪失了其代表整個香港學生的正當性。非常諷刺的是，儘管學聯長期以來挑戰共產黨的獨裁，但其解體並非來自親北京陣營的壓力，而是基層的叛離，因為許多學生認為學聯不夠勇武，沒有真正挑戰北京政府。

對於學生領導者的不滿有時也帶有明顯的性別歧視，女學生往往成了其中的受害者。一位香港學生就指出：

長相漂亮的女生常被攻擊，熱狗（即熱血公民的支持者）說她們是利用自己的外表做一些社運的事情……如果女生是某位運動幹部的女友被公開，他們會說「妳一定是幫他的」，就喪失了公信力。但她又能說什麼？這些攻擊基本上都不是對事，而是對人格的攻擊，像「妳的下面是臭的、是公廁」，被說是狗，或被認為是要貼著男生！[27]

這些受害女性後來成立一個名為「少女的心」的自助團體，一開始是內部的經驗分享，後來甚至成為正式的學術研討會，探討父權主義與社會運動的關係。儘管台灣的性別暴力相較之下沒那麼嚴重，但是也有團體性的創傷治療，一位心理分析師就組織了行政院事件受害者的同儕團體。[28]

處理「運動傷害」的方式有很多，但克服心理的壓力，以及內疚、恥辱與失落等各種負面情緒，才能帶來進一步運動參與的動力。理所當然地，有些領導者與參與者因其挫折感，選擇了退出運動行列。大部分的首次參與者通常較少承受這種負面情緒，也因此比較有可能持續參與後續的行動。

後續的抗爭

在台灣，佔領立法院是許多年輕人社會運動的第一堂課，也因而覺醒成為堅定的運動者，積極參與後續一系列抗議行動。太陽花運動的正面形象聚焦於少數幾位領導者，包括林飛帆、陳為廷、黃國昌等人，讓他們在某個程度上成為台灣公民社會的公眾臉孔。同時，太陽花運動的和平落幕，並宣稱取得勝利，顯示了努力真的可以帶來改變，而乘著這樣的熱情，台灣的反核運動與反課綱運動取得了重要的勝利。

在香港，儘管雨傘運動最終以群眾氣力耗盡、領導猶豫不決告終，新一波的運動參與仍隨之出現，許多媒體所謂的「傘後組織」紛紛登場。傘後香港出現了各種不同的運動與改革論述，也由於無法取得北京對於特首選舉方式的讓步，運動參與者開始尋找其他延續運動能量的管道。佔中運動的領導者設想出一種涉及不同社會部門的「公民約章運動」，由各個不同行業分別研擬出其核心價值，以形成共同的戰線。[29]這樣的想法促成了「社區約章運動」，一些草根組織者試圖在社區鄰里層次實現真正的民主。此外，在方志恒帶領下，有一群知識分子出版了《香港革新論》，探討香港人如何利用既有的在地優勢，盡可能維持自治的局勢。[30]

與台灣相比，香港的後續運動以防禦為主，而非爭取新的權利，結果也似乎沒有帶來重大的突破。除了二〇一五年四月北京採取更嚴格的管制，限制中國人的自由行次數，以及在二〇一六年十二月宣布容許泛民議員訪問中國，在其他部分對公民社會並無任何讓步。二〇一五年港大人事案爭議與二〇一六年的「魚蛋革命」，甚至更顯示出政權的打壓心態。

反核運動

台灣的反核運動在福島核災後復甦，成為促成太陽花運動的一道支流。只不過，儘管反核輿論高漲，國民黨政府仍舊堅持核能發電。太陽花運動落幕後五天，林義雄宣稱他將在四月二十二日展開絕食抗議，要求政府立即停建核四。由於林義雄的強大意志與殉道決心，他的行動對國民黨政府產生了莫大的道德壓力，也刺激了反核人士。林義雄在絕食七天後，於四月二十八日被移送醫院，但台灣的反核運動則在這個星期經歷了前所未有的戲劇性變化。四月二十四日晚間，約有四千人參與了人鏈抗議。四月二十六日上午，一場「反核路跑」吸引了七千人參加，晚上的集會則聚集了上萬人。四月二十七日的遊行是抗議高潮，遊行隊伍超過五萬人，而當群眾抵達忠孝西路的台北車站，一場大規模靜坐行動就地展開。參與群眾直到隔天的清晨，才被警察用水炮車驅散。

上述活動都是在台北進行，但在那個充滿騷動的星期，其他城市也出現了表達支持林義雄的活動，例如進行燭光晚會、朗讀詩詞、在行道樹上綁黃絲帶等。面對這波未預期的反核行動，國民黨一開始仍試圖維持其擁核立場。在林義雄絕食的第一天（四月二十二日），馬英九宣稱核四興建完成，要經過安全檢查才能運轉。到了第三天（四月二十五日），國民黨立委與行政院決定在插入燃料棒之前先進行公投。最後，到了第七天（四月二十七日），總統府緊急召見國民黨籍地方縣市首長，正式決定封存已完成的核四一號機，並且立即停止興建核四二號機。

台灣關於核四的爭議延續超過三十年，從戒嚴統治時期，一路到多黨民主的過渡。當民進黨首度在二〇〇〇年執政，陳水扁曾下令停建核四，結果引發國民黨掌控的立法院反彈。讓反核人士感到非常失望的是，陳水扁為了尋求朝野和解，不久就決定重啟核四工程。二〇〇八年國民黨重返執政，核四議題看似已有定論，擁核人士甚至積極尋求擴張核能的機會。二〇一一年的福島核災讓一個看似休止的運動獲得重生機會，但仍不足以改變國民黨的擁核立場。林義雄的絕食激發了新一波的反核狂潮，但太陽花運動留下的動能才是讓這一波抗議發揮作用的關鍵。台灣的反核運動過往由中產階級的專業人士領導，通常採取溫和的手段，但有了佔領立法院的前例，抗議手段的接受度擴大了，這讓四月二十七到二十八日的跨夜大規模靜坐得以登場，也才讓反核運動取得重大的進展。

核四非常有可能是台灣最後一個大型核電計畫，就某個意義而言，其被迫中止的命運等於是承受了太陽花運動的間接傷害。[31]在政黨再度輪替後，民進黨政府承諾現有核能電廠在四十年運轉期限後不再延長，也開始積極擴充再生能源的發展計畫，試圖填補核電留下的缺口。儘管這項能源轉型政策面臨相當大的阻力，台灣仍有可能在二〇二五年實現非核家園，屆時也將會是第一個邁向綠色發展的亞洲國家。

反課綱調整運動

台灣二〇一五年爆發的反課綱調整運動，在某些面向與香港在二〇一一到二〇一二年出現的反國民教育運動非常類似。兩者都是由高中生帶頭參與的行動，反對政府試圖進行的意識形態灌輸。香港人反對以愛國教育為名，美化共產黨統治下的中國，而台灣人對抗的則是再度中國化的認同。

二〇一四年年初，台灣的教育部宣布高等中學課程綱領的調整方案，其中包括目前帶有意識形態色彩的修改，試圖恢復過時的、以中國為中心的世界觀。此舉引發歷史學者與高中教師的批評與抗議，但太陽花運動的爆發迅速蓋過課綱調整爭議，一直到二〇一五年五月，高中生發起新一波抗議行動，才使其爭議重新浮上檯面。

教育部官員原本無視反對意見，決定在二〇一五年秋季正式實施新課綱，但在該年初夏，高中生開始提出反對意見，並進行區域與全國性的串連活動。而官方的堅不讓步，反促使抗議行動升溫。七月二十三日，一群高中生衝入教育部長辦公室進行靜坐抗議。結果，二十四位學生、三位記者、六名非學生的參與者被立即逮捕，並在事後面臨教育部的提告。其中一位學生參與者林冠華擔心自己被起訴，選擇以自殺的方式表達抗議，消息傳出立即激發了新的抗議行動。從七月三十一日到八月六日，上百名高中生佔領了教育部前廣場，最後是教育部官員同意各學校自主選擇教科書，這項佔領行動才告終止。

反課綱調整運動在許多方面與先前的太陽花運動密切相關。兩場抗議運動都與中國有關，新課綱的目的就是要使得台灣學生「重新變成中國人」，而服貿則是要加深與中國的經濟往來。立法院佔領期間，許多高中學生曾到場參與或觀察，親身了解那場不尋常的社會運動，部分太陽花運動的參與者也在背後為反課綱調整運動提供協助。[32] 反課綱調整運動有類似的口號，「自己的課綱自己救」；教育部官員的處理方式也被認為是「黑箱」作業，缺乏透明與諮詢過程。[33] 在民進黨政府上任後，教育部廢除了那份問題重重的課綱，並擴大課綱修正的參與程序，包括納入學生代表。[34]

政治運動

反核運動與反課綱調整運動的成功是借用了太陽花運動釋出的抗爭能量，其他諸如都市更新、勞工權利、環境保護、性別平權等運動，也因此獲得了運動新血。此外還出現了新的運動組織，宣稱要延續太陽花運動精神。

成立於二〇一四年四月的島國前進，是由太陽花運動明星黃國昌、林飛帆、陳為廷等人共同參與創建，由於享有充沛的捐助，因此能夠以基金會的方式登記立案。除了延續服貿議題，島國前進同時推動補正公投法的公投連署運動，這項運動最後因連署人數未達法訂門檻而宣告失敗，而島國前進後來則成為促成時代力量建黨的一股力量。至於原本試圖納入太陽花運動所有核心成員的民主鬥陣，則因島國前進的出現發展受阻，但也維持了兩年的活躍期。[35] 南台灣的學生運動者沒有參與佔領立法院的核心決策群，但在太陽花運動後組成了民主黑潮。此外，還有兩個規模較小的團體：台左維新與福爾摩鯊會社，也是在事後由年輕運動者所發起的新興運動組織。

割闌尾是一場源自罷免國民黨立委、利用線上群募方式推動的「落選運動」。首次的割闌尾行動通過了法律門檻，並在二〇一五年二月推動罷免立委蔡正元的投票，只是該次罷免投票只有百分之二十五的投票率，未能達成百分之五十的法定門檻。儘管如此，這已是二十年來首次有連署活動能夠成功促成正式的罷免投票。之後，割闌尾將矛頭對準了三位企圖在二〇一六年尋求連任的國民黨立委。這次的落選運動非常成功，三位現任國民黨立委都連任失敗，將席次讓給了反對黨的挑戰者。

憲政改革也是太陽花運動後新興的運動議題。由許多公民團體組成的公民憲政推動聯盟，目的在於落實太陽花運動的核心訴求，也就是召開公民憲政會議。青年佔領政治則是訴求修改憲法，將投票年齡從二十歲調降至十八歲。強化公民監督立委的沃草在佔領立法院之前就已成立，特徵是採用數位溝通媒體增進公眾對於國會實際運作的認識。太陽花運動的導火線正是立法委員罔顧民意，強行通過服貿，沃草也因此在運動後獲得更多重視。

憲政改革、公投法、罷免、兩岸政策，無論關注議題為何，新興的組織與運動都帶有明顯的政治色彩，而且不排斥與政黨合作。這些團體之間有一個未明言的共識，也就是將國民黨視為最主要的對手，因為國民黨對這些改革訴求堅持採取反對態度。也或多或少由於這些公民團體的興起，國民黨在二〇一四年與二〇一六年接連遭逢了兩次選舉挫敗。

港大人事案爭議

雨傘運動後，特區政府顯然意圖強化對大學校園的監控，有些異議學者因而面臨了降級或不續聘的懲罰。二〇一六年四月，任職於嶺南大學的陳雲因其臉書的言論而遭致不續聘的處分就是明顯的個案。陳雲聲稱這是一起政治迫害事件，自己是「佔領行動之後的第一個學界受害人」。[36]之後，更多學者開始自我審查，避免公開談論或研究敏感議題。而在學術自由亮起紅色警戒的當下，兩起港大人事案引發了群眾的抗議行動。

陳文敏曾任港大法律學院院長，公開支持民主運動。他在二〇一四年被選為副校長，按正常程序，這項人事決定經校務委員會形式認可後就可確定。但親北京的媒體開始發動抹黑攻勢，更特別拿陳文敏與佔中運動發起人戴耀廷的密切關係大做文章。在外界的政治壓力之下，港大校委會特意延遲任命案，而此舉引發了泛民政治人物、港大校友、律師與學生的抗議。二〇一五年六月二十八日，學生強行闖入校委會，阻擾了進行中的會議；一位親政府的校委會成員宣稱在衝突中受傷，教育官員與港大高層也聯手譴責「學生暴力」。這場意外之後，校方強化了校園內的警察維安，有些學生代表也在開會時受到警衛的貼身戒護。[37] 九月二十九日，校委會以匿名投票方式否決了陳文敏的任命案。這項前所未有的否決促使港大學生會會長馮敬恩打破保密協定，公開親政府代表為了阻撓陳文敏任命案所提出的離譜理由與說詞。十月初，港大校園內有一場上千人參加的遊行集會，抗議學術自由的破壞。[38]

特區政府在高等教育體制填塞親政府人士的企圖並未就此中斷。李國章是梁振英特首的支持者，一般認為他就是阻撓陳文敏的幕後黑手。之前謠傳李國章將被指派為港大校委會主席時就曾引發一些抗議活動，但特區政府無視反對意見，直接任命李國章就任。港大學生會因此發起一場修改校委會章程的運動。[39] 只不過，這場運動並未成功激起學生的參與；馮敬恩也在二〇一七年因擾亂校委會會議被判社會服務，被迫延遲了來台灣就讀研究所的規畫。

「魚蛋革命」

港大向來帶有濃厚的菁英氣息，與充滿草根活力的旺角呈現巨大差異。港大學生的抗議運動落幕之後沒多久，旺角也出現了一場未預期的抗爭事件，即媒體所稱的「魚蛋革命」。這場抗爭起因於政府在農節新年期間強力取締攤販，不料引發民眾反彈，並造成警民的流血衝突。其實，早在抗爭發生的前幾年，特區政府對於街頭熟食販售採取零寬容的政策，就已在公共空間的管理上掀起諸多的討論。站在政府立場，管理街頭的食物販賣是基於衛生理由，但從反對者看來，攤販是瀕臨危機的香港本土文化之代表，自然容易引發同情；再加上旺角佔領區在雨傘運動期間展現出草根與激進的抗爭氣息，與拘謹而有教養的金鐘佔領區呈現明顯不同的風格，旺角攤販的處境很快就吸引了不滿學生非暴力抗爭路線的勇武派人士關注。對他們而言，對抗企圖執法取締的警察，就是完成當初在雨傘運動無法完成的志業。

二〇一六年二月八日晚間，警察與支持攤販的抗爭者之間的衝突開始升溫。警察以警棍與胡椒水驅離群眾，抗爭者則是投擲人行道路磚、架設路障、焚燒垃圾。一位警察對空鳴槍，並且瞄準抗議群眾，引發現場更嚴重的對立。這場衝突延續了十個小時，一直到隔天清晨才平息，結果造成一百二十四人受傷，七十四人被捕，成了主權移交之後最嚴重的治安事件。[40]可以預期的是，特區政府與其親北京的盟友譴責這起事件是無法無天的「暴亂」，而泛民反對派則再度處於相當尷尬的位置，一方面指責抗爭者使用暴力，另一方面也批評政府的粗暴執法。在事前，香港年輕人已經對政府缺乏好感，一項調查指出，青年人對於特區政府的信任度降低，也有更多人願意支持激進的抗議手段。[41]

「魚蛋革命」也有其政治意涵。本土民主前線是雨傘運動後出現的激進本土派組織，領導者梁天琦是充滿個人魅力的港大學生，當時參與預定於二月二十八日進行的新界東立法會議員補選。在事件過程中，本土民主前線號召支持者前往聲援，梁天琦也以參選人身分參與這場抗爭，並遭警方逮捕，這使他一夕間知名度遍及全港。梁天琦鼓吹「抗爭無底線論」，宣稱要不斷對政府施壓，迫使政府犯錯而採取過度的武力。這種勇武主張吸引了許多年輕人的認同，因為他們早就厭倦了雨傘運動領導者所奉行的非暴力抗爭。梁天琦聲望鵲起，威脅到公民黨提名的楊岳橋。這位由公民黨與泛民共同支持的新興政治明星原本被認為可以輕易贏得選舉，但最後獲得百分之三十七點二的得票率，只以不到百分之三的差異擊退親北京建制派的對手；反觀梁天琦則是獲得了百分之十五點四的支持，遠遠高出預期。泛民的慘勝預告了本土派的政治成年。在此之前，本土派通常被視為一群根本選不上的極端分子，但經此一役，本土派已經明顯成長，有機會將香港反對派帶往更激進的方向。梁天琦更在選後預告，未來的政治版圖將會是由建制派、泛民與本土派三分天下。[42]

專業者的運動

傘後組織有不少是基於特定的專業或行業類別。舉例而言，「法政匯思」源自雨傘運動的義務律師團，二〇一五年一月成立後約有八十位的訴訟律師與律師事務所參與，他們的活動包括每週撰寫媒體專欄、向中學生推廣法治教育、針對政策爭論並撰寫法律意見書等。[43]「思言財雋」的成員約三十位，皆任職於銀行、證券業與基金管理公司，也會固定撰寫媒體專欄。[44]醫師、心理師、保險業務員、放射治療師等專業也有類似的團體。這些傘後組織經常關切與自身專業有關的特定議題，例如關於香港信用評等降低的問題，並試著提出不同於政府或業者的看法。

有人估計，這類參與運動的專業者人數應介於一千至兩千人之間。[45]不過，這些參與者仍只是香港白領專業人士之中一小群有意識的分子，大部分的專業工作者因其業務涉及中國境內業務，或受僱於香港的中資企業，而選擇了不參與。同時也有一些專業人士同時涉足社區組織，因此傘後組織有一定程度的人員重疊現象。

這些以專業為基礎的傘後組織是重要的發展現象，因為除了律師、教師、社工人員，大部分的專業者傳統上都是冷漠或保守的，如今他們卻動了起來。而且，立法會有三十席功能組別代表，大部分屬於親北京的建制派，這些專業傘後組織也因而積極倡議，遊說修改選舉辦法，刪除不合理的「公司票」規定（即企業負責人可以投票，但員工卻不行）。[46]在二〇一九年的反送中運動，這些傘後專業組織更進一步擴大成為三十三個支持運動的專業團體，促成一股組織工會的新興運動。

台港比較

台灣與香港都出現了遍地開花的後續抗爭行動，顯示高強度的佔領行動並沒有完全消耗持續動員的能量，只要能夠妥善處理「運動傷害」，持續關注與參與政治議題的熱忱似乎是一種有辦法自我再生的能源。對於兩地的年輕人而言，這種願意持續參與的意願特別明顯。誠如麥亞當在其美國民權運動的研究所指出的，年輕人投身於一場非比尋常運動往往帶來深遠而持久的生命週期後果，因為其發生於他們成長階段的形塑時期。[47] 因此，佔領後所新浮現的組織與行動通常是由年輕人所帶領，並不足以為奇。

但台灣與香港的運動發展還是有一些明顯的不同。太陽花之後的運動通常是針對政治體制。在核能發電與課綱調整等議題上，他們成功地挑戰了執政者所特別重視的政策。儘管修改憲法的訴求最後並未實現，但光是提出這樣的主張就顯示可能性的疆域已被開啟，真的有不少參與者熱切相信，體制的改變是有可能的。相較之下，傘後運動幾乎都沒有針對特首選舉改革，而這正是一開始點燃雨傘運動的重大議題。傘後香港出現了許多關於自治、自決，甚至獨立的討論，但這樣的想法要如何落實仍舊很難想像。在經歷了雨傘運動的衝擊，香港出現了逐漸壯大的「邊陲民族主義」訴求。[48] 過往的普選議題也逐漸被各種關於香港與中國關係的爭辯所取代。[49] 對於憲政問題的缺乏興趣，意味著許多香港人早就看破了一國兩制的政治安排，學生代表在二〇一五年的六四燭光晚會上台焚燒《基本法》就是個最明顯的例子。對年長的泛民政治人物而言，這部《基本法》儘管有其漏洞，但至少保障了香港人的高度自治，但年輕人則將其視之為早已破產的空洞謊言。

台灣的運動者則努力推動各種進步性的變遷，他們的各類訴求幾乎是一份包山包海的政治改革願望清單。相對地，香港人的運動則多屬自我防衛性質，僅是避免岌岌可危的現狀再向下沉淪。特區政府從殖民統治承接了許多可以合法介入大學管理的手段，這些政治干預在雨傘運動登場之前已經出現，但沒有激起太多抵抗，是因為傘後香港有可能出現校園自由緊縮，港大的人事案風波才引發公眾關注與抗議行動。很明顯地，此處涉及的議題已不再是學術自由，而是政權強行加諸的控制，試圖根除以校園為基地的反對勢力。香港傘後運動的企圖心受侷限，這也與他們面對了較不友善的環境有關，當權的特首是以氣度狹小而聞名，而且親北京的組織擁有龐大的勢力。

香港的運動者大致上沒有提出新的政治改革訴求，他們花更多心力發掘更多能推動運動的新領域。在此有個未明言的悲觀設定，即真正的民主化在可見的未來是不太可能出現的。香港的運動者將心思放在社區或是專業，也等於是延伸擴展了與北京政府對抗的戰場。「維修香港」是一個有趣的個案，試圖從日常社區生活延續運動的參與。這個由水電工所組成的團隊提供免費的修繕服務，幫助有需要的貧困家庭，也藉此重新串連基層社區。[50] 相對於此，儘管服貿議題實際上威脅到許多服務業人士的生計，但在台灣幾乎並未見到以專業者為基礎的社會運動（由出版社編輯所組成的「台灣出版陣線」是少數的例外），少數案例也只侷限於學生（如醫學系或社工系學生）。太陽花運動時有超過四百位律師提供義務諮詢服務，雨傘運動只有一百多位律師參與；然而，台灣事後卻沒有出現像法政匯思這類的組織。台灣較少這種以專業權益為基礎的運動團體，很明顯是因為佔領立法院行動已成功推遲服貿的批准生效，運動期間的專業者活動也因此沒有必要再持續下去。

太陽花之後的運動或多或少都享有一致的意識形態立場，但傘後組織卻有明顯的分歧。一位民主鬥陣的成員在訪談中提到，台灣新興的運動組織其實沒有什麼看法上的差異，幾乎都是強調年輕人參與、主張台灣獨立、要求社會改革。[51] 在香港，既有的互不信任在雨傘運動後更加強化，也導致了前面提到的學聯退出風波。許多年輕香港人對於非暴力抗爭的哲學感到失望，各種關於運動路線的爭議陸續浮上檯面。也因此，雨傘運動支持者對於魚蛋革命看法分歧，勇武本土派認為這是具有英雄氣概的抵抗，但更多的公民團體成員則認為這是一場被誤導的暴力行為。[52]

從抗議到選舉

抗議者佔領國家機關或公共空間，形成與執政者的對峙，無疑有違法之虞，也往往是抗議者窮盡所有手段，最後不得不採取的方式。然而，即便抗議者選擇了這種高度衝突性與戲劇化的抗議方式，並不意味其拒絕採用體制內的合法程序；如果他們認為既有管道有可能帶來自己所追求的改變，也會願意採用這些機會。當代關於佔領運動的研究，無論同情或批判，似乎都過於強調其反體制的特徵，而忽略了後續的選舉參與。卡斯特爾檢視全球晚近的抗爭行動，認為這些運動都沒有完整的政治主張，其無領導者的結構也使運動不會「被政黨收編」。[53]也有觀察者認為，佔領運動拒絕提出另類的選擇，因為他們主要是由一種「為反對而反對的倫理」（rejectionist ethics）所驅動。由於缺乏理念或意識形態的引導，街頭佔領成了不帶有其他目標的「一種展演藝術」。[54]不過這樣的觀察忽略了晚近許多抗議行動催生出的新政黨，以及參選的熱潮。西班牙的我們可以黨（Podemos）、希臘的激進左翼聯盟（Syriza）、以色列的未來黨（Yesh Atid）等，都是近年來源自社會抗議的新興政黨。[55]在智利，有不少二〇一一年學生運動的領袖後來成為國會議員，[56]台灣與香港的運動者也選擇了這樣的策略。

近來也有學者開始研究社會運動與政黨的互動，因為兩種行動其實是透過當代國家的不同管道，共同推動某種社會變遷。[57]有些政黨是社會運動動員的產物，而政治人物涉足抗議行動也是常見的現象。

太陽花運動與雨傘運動之後的選舉，在台灣有二〇一四年十一月的地方選舉、二〇一六年一月的總統與國會選舉，以及二〇一八年十一月的九合一選舉；在香港則是二〇一五年十一月的區議員選舉與二〇一六年九月的立法會選舉。這些選舉提供了體制內的管道，吸納這兩股從翻轉歷史的抗爭中釋放出來的政治能量。隨著原本的佔領者成為民選公職人員，也在兩地促成了重大的政治變遷。

在台灣，二〇一四年十一月二十九日所舉行的「九合一」大選，是史上規模最大的選舉，超過一萬一千個公職將透過投票決定。對運動者而言，縣市議員席次（全台共有九百零七席）是最合適的選舉舞台，因為大部分席次是採複數席次選區，可以提高首次參選人的當選機會。許多太陽花運動者都參與了這場選舉，不論是以參選人的身分、或是輔選團隊的身分。根據中選會資料，此次選舉有三十七位參選人都具有太陽花運動背景，其中綠黨九位、樹黨八位、基進側翼五位、人民民主陣線十四位，以及一位無黨派的獨立參選人。這樣的參選人數對這些運動型政黨來說已是史上空前，[58]最後更有兩位綠黨候選人當選，分別是二十六歲與三十四歲。此一結果不但讓年輕人重新燃起對政治的興趣，也使創黨於一九九六年的綠黨獲得了前所未有的突破。

另一場對台灣至關重要的選舉，則是二〇一六年一月十六日登場的總統與國會選舉。太陽花運動之前，社會抗議氣氛高漲，於二〇一三年夏天激發了一場組黨運動。在學生攻佔立法院前夕，「公民組合」正式成立。二〇一四年的地方選舉，國民黨大敗，拱手讓出台北、桃園、台中三個直轄市，以及其他四個縣市的首長寶座；這次的選舉結果顯示，真正的改變是有可能的。在二〇一六年的選舉中，一百一十三位立法委員席次的角逐特別激烈，運動參與者非常積極，也催生了媒體所謂的「第三勢力」。

時代力量、社民黨、綠黨都有提名太陽花運動參與者為參選人，三個政黨光是區域席次就有二十三位，還有其他獨派政黨（例如台聯黨與自由台灣黨）也有太陽花運動人士選擇加入。二〇一六年的國會選舉主要是第三勢力與民進黨之間的競爭，最終包括黃國昌在內的三位時代力量參選人在區域席次勝出，加上政黨票獲得的百分之六點一，取得兩席不分區席次。五席的時代力量成為民進黨、國民黨以降的國會第三大政黨。社民黨與綠黨則是未在區域或不分區取得任何一席。儘管有人批評時代力量獨佔了太陽花運動的光環與明星，也享有最多的捐款，但其崛起仍代表了從公民不服從到參選的平順過渡。時代力量的領袖黃國昌在佔領立法院期間參與了九人決策小組，他從運動型學者到民意代表的轉變，也有助於太陽花運動在國會佔有穩固的一席之地。

二〇一八年十一月的九合一選舉，韓國瑜捲起了國民黨的勝選氣勢，反同與擁核的保守勢力也在公投大獲全勝。不過，代表太陽花運動的候選人仍在縣市議員選舉中大有斬獲，時代力量當選十六席，綠黨三席，社會民主黨三席。另外，有四位新當選的民進黨縣市議員也曾是太陽花運動的核心幹部。

香港共有十八個區議會、四百三十一席區議員，選舉制度是採單一席次，一個區議員的選區規模大致上與台灣的村里相似。區議會以往是政黨培養新生代政治人物的基地，近年來最大的改變是建制派利用其強大組織與豐沛的資源，增加了基層的席次。區議會的功能主要是社區層次的衛生、福利、休閒設施等諮詢，因此不容易將崇高的運動理念帶入選舉。儘管如此，傘後香港仍出現了受運動啟發的新參選者加入二〇一五年十一月二十二日的區議會選舉。媒體將其稱之為「傘兵」。在某些選區，有些年輕人得知建制派並未派人報名，只要登記就會自動當選，也因此主動參與了選舉。[59]

在香港，我們很難實際估算因受運動啟發而投入選舉的人數。一方面是因為香港沒有政黨相關法律，參選人可以在政治聯繫一欄任意填寫偏好的組織名稱，或隱瞞其真正所屬的身分。另一方面則是由於雨傘運動在公眾心目中是有爭議的，所以也有不少運動參與者特意不提自己過往的運動經驗。此外，包括熱血公民六位參選人在內的本土派，認為左膠主導的雨傘運動徹底失敗，因此也不會認為自己是泛民反對派，或所謂的「傘兵」。因此，不同媒體關於「傘兵」數目的統計不同，立場新聞認為有五十一人，[60]《蘋果日報》則主張有四十九人，[61]實際上，兩份名單還有相當大的出入。最後總計有七位傘兵成功當選，有些甚至還擊敗了相當穩固的保守派連任者；其中，帶有濃厚本土傾向的傘後組織「青年新政」提名九人，當選兩人。此次選舉結果代表香港反對派（包括泛民、傾向民主派的獨立人士、傘兵）的局部勝利，區議員增加了二十五個席次，而建制派則減少了十一席。對於保守派而言，這樣的結果相當令人失望，因為他們原先期待泛民會因為雨傘運動而受到選民的懲罰。

立法會選舉方面，事後看來，二〇一六年二月的新界東補選相當於同年九月四日立法會選舉的前哨站，也預見了本土派與雨傘運動參與者的崛起，使得泛民議員感受到新血加入所帶來的競爭壓力。特區政府在選前臨時新增了一項事先篩選的規定，要求參選人繳交支持香港是中國一部分的簽名承諾書，甚至檢視他們的過往言行，結果有六位人士被剝奪了參選資格，其中包括兩位本土派的明星級領袖：本土民主前線的梁天琦與香港民族黨的的陳浩天。

立法會選舉的焦點是在爭取三十五席的地方選區席次與五席區議會別代表，有別於三十席功能組別代表，這四十席是由一人一票的民主方式產生的地方直選席次。由於選區席次是採取比例代表制，一個選區會選出五到九位議員，等於是鼓勵相同陣營的參選人內部競爭，因為只需拿到相對多數的選票即可當選。本土派是新生勢力，協調上較為困難。他們在二〇一六年的選舉中分裂為兩個陣營，一邊是較為資深的參選者，包括退出泛民政黨的黃毓民、陳雲，以及三位熱血公民推出的參選人；另一邊則是以青年新政為核心的年輕勢力。此外，雨傘運動的參與者也參與了競爭，共同以「自決」為號召，強調香港人民有權決定自己的未來，而獨立是其中一個選項。這純粹是一個政治策略上的訴求，目的在劃分出介於本土派與泛民之間的中間地帶。自決派的參選人包括朱凱廸（資深的文史保存運動人士）、劉小麗（雨傘運動期間在旺角設立街頭講堂），以及羅冠聰（承接周永康之後的學聯祕書長職位），其中，羅冠聰是由黃之鋒創建的新政黨「香港眾志」所提名。

選舉結果代表了本土派與自決派的勝利，兩派各有三位參選人當選。自決派提名的三位全數上榜，本土派的則包括熱血公民的鄭松泰（三十二歲）、青年新政的梁頌恆（三十歲）與游蕙禎（二十五歲）。整體而言，香港的反對派在三十五席地方選區席次有些許成長，從二〇一二年的十八席增加至二〇一六年的十九席，但這卻是以泛民的席次減少為代價，有些資深的議員甚至連任失敗，其中包括工黨的李卓人。很明顯地，受雨傘運動啟發的年輕人成功晉身政壇，但也帶來香港反對勢力進一步的破碎與分化。

若從執政者的角度來看，在台灣，太陽花運動之後，年輕人間廣為流傳「國民黨不倒、台灣不會好」口號，足以顯示當時執政黨支持度之低落。國民黨在接連兩次的選舉大敗，台灣也經歷了第三次政黨輪替，民進黨的蔡英文當選總統，國會選舉則取得一百一十三席中的六十八席，首度完全執政。很顯然地，民進黨與國民黨都認知到太陽花運動帶來的巨大政治後果。勝選當晚，蔡英文的演講引用《島嶼天光》的歌詞，「天色漸漸光，這裡有一群人為了守護我們變成更勇敢的人」，並進一步表示，民進黨就是這一群能守護台灣的人。[62] 五月二十日的就職典禮，蔡英文總統再度引用相同的段落，還邀請了滅火器樂團在總統府前表演。當民進黨歡慶太陽花運動的成果，國民黨的敗選檢討報告也提到了這場事件，將其列為喪失民眾支持的主要原因之一。[63]

香港的傘後政治發展並沒有那麼戲劇化，但仍帶來了重大改變。本土派雖然在二〇一五年的區議會選舉失利，但卻在二〇一六年的立法會選舉中勝出。而且雨傘運動結束後，本土派的主張實際上獲得了年輕人的普遍共鳴。二〇一六年年中，一項由《學苑》所進行的港大學生調查顯示，有百分之四十一的受訪學生贊成獨立，只略低於維持一國兩制的民意（百分之四十三）。[64]二〇一六年十二月，梁振英突然宣布放棄角逐連任，雖然這應是北京授意的結果，但也或多或少算是為雨傘運動討回了公道。

仔細看來，兩地年輕運動者的參選之路並不見得輕鬆容易，能夠當選的機會也非常低。在台灣，二〇一四年地方選舉，三十七位參與縣市議員的運動成員，只有兩位當選，二〇一六年立法委員選舉，二十三位參選人中只有三位當選；在香港，二〇一五年區議會選舉，五十位參選人中當選的只有七位。二〇一六年的香港立法會選舉看似一個明顯的例外，本土派推出九位參選人，當選者就有三位。但這其實是扭曲後的結果，特區政府事先篩選的規定，剝奪了六位有獨立傾向人士之參選權利，否則他們肯定會瓜分票源，減少可能的當選席次。此外，儘管立場十分相近，在內部協調出共同的參選人仍不是件容易的事，台灣公民組合的分裂以及香港本土派之間的內訌都是明顯的例子。同時，也是由於高漲的社會運動氛圍讓許多參選人抱持了過度樂觀的評估，無法聯合相近立場的陣營，形成席次的極大化。

儘管帶有運動使命的參選勝算不高，不過其影響未必只能從最終的席次判定。運動取向的政黨「不見得需要勝選，才能夠影響主要政黨的政策決定」，因為主要政黨也有可能向其主張靠攏，以避免選票流失。[65]台灣「第三勢力」的興起就迫使主流政黨需要有所回應。二〇一六年的立委選舉，民進黨所提名的不分區參選人名單幾乎是晚近社會運動風潮的縮影，納入了環境運動、婦女運動、人權運動、農村保存運動、身心障礙者運動與社會企業的代表性人物，甚至還包括了兩位前綠黨的重要幹部。即使是較保守的國民黨，也有支持同性婚姻的不分區立委。同樣地，在香港的立法會選舉中，泛民政黨，甚至是保守的建制派，也被迫要對「本土派訴求有所回應」。[66]

將黃國昌與羅冠聰這些新臉孔送進體制內的機構，等於是讓太陽花運動與雨傘運動在政治體制中獲得了立足之地。一個新生的政治世代已經登場。在香港，他們甚至儼然取代了一九八〇年代出生、開啟前一波抗爭風潮的的香港人。更年輕的代表人物，如黃之鋒（一九九六年出生）、羅冠聰（一九九三年出生，也是香港史上最年輕的立法會議員，但在二〇一七年七月被剝奪議員資格）代表了未來的世代，他們將不可避免地面臨與北京攤牌的時刻，也就是五十年一國兩制在二〇四七年到期的那一刻。同樣地，一群二十多歲、三十出頭的台灣人也加入了民進黨、時代力量、社民黨、綠黨等，成為值得關注的政治新血。[67]這一群新世代的政治人物，在街頭抗議中成長，也經歷了選舉的無情考驗，他們未來會如何形塑台灣的政治，是值得慢慢觀察的趨勢。

與反對黨的關係是合作，抑或衝突？

在台灣與香港，新興的政治勢力與既有反對黨之間的關係，也呈現了不同的風貌。在單一席次的選舉制度下，例如台灣的區域立委選舉與香港的區議會選舉，新興勢力如果不能與反對黨協調出一個共同的參選人，就是將席次拱手讓給競爭對手。在台灣，若不考慮時代力量為了湊滿十席區域提名人所推派的「任務型參選人」，在二〇一六年的立委選舉中，共有六個民進黨與其他第三勢力（時代力量、社民黨、綠黨）參選人競爭的情況；香港二〇一五年的區議會選舉也有六個泛民與傘兵互相衝突的選區。表面上，兩地產生衝突的數量一樣，但是實際意義卻完全不同。台灣有七十三席區域立委，而香港則是四百三十一席區議員，所以後者要避免「撞區」相對而言並沒那麼困難；而且，香港的泛民與傾向民主派的獨立人士總共只有七十二位參選人，大約有百分之四十的席次並沒有反對陣營的參與。然而，分裂的香港泛民連內部協調都困難重重的，更遑論與傘兵達成協議。在二〇一五年的區議會選舉，青年新政推出九名參選人，其中有三位與泛民重疊。兩方曾經事先協調，但結果卻不了了之。[68]

反觀台灣，民進黨的資源較豐裕，也因此較能夠避免與第三勢力產生鷸蚌相爭的困境。民進黨一開始決定在七十三席區域立委中先暫緩提名三十席「艱困選區」，預留空間與盟友協調。事實上，由於黃國昌參選的決定較晚，民進黨還抑制了黨內批評聲音，保留三個黃國昌可能參選的選區。民進黨對於第三勢力看似較友善的姿態當然不是來自利他主義，而是精心的政治計算。二〇一六年的區域立委選舉，民進黨總共支持了十二位非黨籍參選人，包括六位無黨籍（其中五位是前國民黨人士）、三位時代力量、一位社民黨、一位台聯黨、一位親民黨。很顯然地，民進黨並沒有特別禮遇第三勢力，而是考量實力原則。

此外，台港兩地年輕人都積極組織新政黨，但卻有一個明顯的差異：香港的新政治世代對泛民沒什麼好感，但台灣的新世代卻較不排斥民進黨。一位香港的工黨議員就發出這樣感嘆：

> 香港市民對政黨二十、三十多年還沒有推翻共產黨，覺得我們沒用處。所以有一些新的希望出來，他們就把希望寄託在學生領袖上面……新一輩的人討厭政黨，就覺得政黨跟政治人物就是dirty（骯髒）的，政治就是dirty的。[69]

一位社民連幹部也有類似的感受，「你看看，黃之鋒跟我們理念差很遠嗎？不會嘛，但他也不會跟我們走在一起。」[70] 太陽花運動啟發的運動者對反對黨則抱持較友善的態度。在二〇一四年的地方選舉，民進黨推出了一場「民主小草」的活動，招募與培訓年輕人參選村里長。結果在三十七位參與者中，有超過三分之一提到了自己參與太陽花運動或其他運動的經驗；[71] 也有一些太陽花運動的參與者後來加入民進黨，甚至成為全職的黨工。根據筆者的估計，至少有十位太陽花運動核心成員參與了蔡英文總統競選活動，更有些人在政黨輪替後，直接進入了總統府。二〇一六年二月，新國會開議，也有超過十位太陽花運動者擔任民進黨立委的助理。為了迎戰二〇二〇年一月的選戰，民進黨爭取到林飛帆加入並擔任副祕書長一職，不分區立委名單中也列入了社會民主黨的范雲與綠色公民行動聯盟的洪申翰，再加上提名賴品好參選區域立委，等於大規模吸納了太陽花運動者。相對於此，時代力量則是深陷路線爭議、領導者個人風格問題，反而與太陽花運動者漸行漸遠。

這種反對黨與年輕運動者的密切關係在香港是不存在的，也因此，新生的政治力量成了競爭者，而不是夥伴。民進黨之所以較能夠獲得運動者的支持，原因在於其比香港的泛民政黨更有組織、也更有資源。即使在取得中央執政之前，民進黨也有若干縣市的地方執政，能夠吸納這些年輕人。對於想要從政的年輕人而言，這是他們開啟公共參與生涯的理想起點；而民進黨能夠吸收新血，也等於是在為自己培育新一代的政治領袖打下基礎。

國際政治效應

太陽花運動與雨傘運動都帶來了前所未有的挑戰，衝擊了台灣與中國、香港與中國之互動，而這兩組關係又附著於變動中的國際地緣政治，受到區域內中國崛起與美國回應的形塑。因此，兩場佔領運動都產生了溢出邊界的效應。

大致上而言，國際媒體都以正面形象來報導抗議運動，強調年輕人的參與、沒有黨派色彩、溫和有禮、擅長使用數位通訊，幾乎就等同於西方媒體所看到的阿拉伯之春形象。也由於國際媒體將香港視為重要的採訪基地，雨傘運動獲得了遠比太陽花運動更多的關注，《時代雜誌》與《經濟學人》都曾以封面故事的方式加以報導。

包括美國、英國、德國、加拿大、日本等國家的政治領袖都曾公開表達對雨傘運動的支持與同情。好萊塢也向香港人致敬，在二〇一五年的奧斯卡頒獎典禮上，有獲獎者在致詞中提到雨傘運動。二〇一八年年初，美國參議員甚至發起提名黃之鋒等人參與諾貝爾和平獎的活動。而可以預期的是，中國官員堅持香港問題屬於內政，不容許其他國家干預。[72]台灣的馬英九總統也表達了支持香港人爭取真普選的訴求，在二〇一四年的雙十日演講中鼓勵北京當局讓步，結果卻招致北京官方媒體的辱罵。[73]十分諷刺的是，全球湧現的支持並未帶給香港抗議行動任何實際的助益，因為這些支持正坐實了北京的偏執猜測，認為雨傘運動是一場外國勢力介入的陰謀。美國總統歐巴馬曾親口向中國國家主席習近平保證，「美國沒有介入製造抗議。」[74]而這樣的承諾與說明顯然沒有被採信。

相對地，除了美國與中國，其他主要國家的領袖或發言人並未提到太陽花運動。很明顯，一場起源於雙方貿易自由的爭議在國際上的能見度較低，至少是低於選舉權的議題，因為民主較能與佔主導地位的普世價值有所連結。相較之下，美國人的反應非常值得玩味，因為他們謹慎地表達了中立的立場。在以往，美國的官方立場是鼓勵兩岸交流，以降低軍事緊張。自從馬英九就任總統以來，他與北京取得和解的政策獲得了華盛頓的支持。然而，美國國務院發言人並沒有指責太陽花運動所帶來的衝擊，反而認為展現了「蓬勃有朝氣的民主」，並且希望爭議能夠和平落幕。[75] 國民黨政府曾聲稱，服貿如果沒有簽定將會影響台灣加入包括跨太平洋夥伴協定在內的國際經貿協定，但美國外交官卻明確表示，兩者是不相關的議題。[76] 一位負責與美國代表接觸的民進黨官員認為，這些回應算是非常友善的，因為美國將重點放在民主程序，而非把太陽花運動視為保護主權的抗爭。[77] 事實上，在佔領立法院落幕之前，兩位學生領袖曾赴美接觸國務院官員，任務就是要化解美方可能會有的反對，強調太陽花運動與台灣獨立或反自由貿易無關。[78] 雖然很難評估這些國際遊說是否有達到目標，但可以確定的是，美國的官方回應大致上符合學生領導者的期待。

有跡象顯示，台灣與香港在佔領運動之前形成的跨境運動網絡，於佔領運動中獲得強化，並在東亞公民社會獲得更廣大的回響。二〇一四年五月，一場抗議過度禮遇退休高官的大型抗議於澳門登場，在這個不到六十萬人的城市，有兩萬人走上街頭抗議。這場澳門史上最大規模的示威，於台灣太陽花運動發生之後、香港雨傘運動登場之前爆發，顯然是受到兩地抗議運動升溫的影響。蘇嘉豪是澳門運動的重要領袖，曾在台灣大學攻讀學士與碩士，並與香港學生運動圈熟識，扮演了台港澳三地重要的串連角色。二〇一七年九月，蘇嘉豪當選澳門史上最年輕的立法會議員（二十六歲）。但就如同香港羅冠聰等人的先例，蘇嘉豪因為一場刑事起訴案，而被剝奪議員資格，中止了短短兩個月的任期。

在日本，反對安倍晉三修改和平憲法的抗議一開始主要是由傳統左派發起，但卻在二〇一五年三月出現了一場由大學生發起的「自由與民主主義學生緊急行動」（簡稱SEALDs），試圖阻止安倍內閣取得國會的修憲多數。儘管這場行動最後以失敗告終，但這卻是日本進步派學生動員在七〇年代的歷史性挫敗之後，值得標誌的新起點。SEALDs的登場也的確是受到了台灣與香港學生的啟發，因為他們代表了一種非暴力的運動路線，而這對於保守派長期掌權的日本而言，是較能夠被接受的。

「亞洲青年民主網絡」（Network of Young Democratic Asians）是一個泛東亞的學生運動組織，成員包括來自香港、台灣、日本、南韓、菲律賓、越南、泰國的學生代表。二〇一六年十月，黃之鋒在曼谷機場被拒絕入境，導致他無法參與一場泰國學生所主辦的活動，該組織即發表聲明表達抗議。東亞地區從未出現過這樣的跨境學生運動網絡，也不曾有過像二〇一一年阿拉伯之春、歐洲之夏那樣的區域性抗議風潮。能夠在一個被語言隔閡、民族主義衝突所撕裂的區域促成這種國際運動組織，也算是太陽花運動與雨傘運動的具體遺產。

北京的回應

對中國統治者而言，同一年內爆發兩場大規模抗議，意味著其強化控制台灣與香港之政治企圖的挫敗。服貿是經濟統戰工作的一環，也就是使用經濟誘因來換取政治意願，結果卻招致台灣人民的反彈。香港人勇敢抵抗八三一框架，顯示他們支持民主的決心勝過強制加諸的愛國主義。北京對於這兩場挑戰採取了不同的處理態度：對太陽花運動較容忍與讓步，對雨傘運動則是採取了嚴苛的壓制。

如同國民黨政府，北京並沒有料到會出現這麼大規模的抗議，來反對一個他們認為重大讓利的自由貿易協議。起初，中國官員看似接受了國民黨的解釋，認為這是反對黨在背後策動學生，因而堅稱服貿所帶來的經濟效益。[79]但隨著立法院佔領態勢持續，並獲得更多的聲援，中國官員認知到國民黨的故事並非全部的事實。中國官員開始了解，其所釋出的利多只被一小群特權人士所享有。因此，北京政府開始推出專為台灣中小企業、青年學生量身設計的優惠政策，因為這些群體認為自己無法在服貿中獲利。[80]

國台辦主任張志軍在二〇一四年六月造訪台灣，這是太陽花運動之後，北京政府首度派來的高層官員。張志軍特意安排面見一群大學生代表，很明顯是企圖化解年輕公民的疑慮。可以預期的是，張志軍所到之處吸引了大量的抗議者，他的車隊還曾被圍堵、被投擲白漆抗議。六月二十八日，張志軍臨時取消了排定的行程，提前搭機離開。這樣打破外交禮儀的舉動並不尋常，不過卻也反映了受太陽花運動衝擊而陷於困境的兩岸關係。

儘管如此，北京政府仍自我克制，避免提及或直接指責太陽花運動。二〇一五年十一月，也就是台灣總統與立委選舉前兩個月，當時執政的國民黨選情看似非常不利，北京突然間傳來願意與台灣領導人在國際場合會面的消息。十一月七日，馬英九與習近平在新加坡正式見面，可說是一九四九年以來，中國與台灣領導人的首次面對面互動。馬英九與習近平都共同支持「一中原則」是兩岸互動的基石。總之，在民進黨蔡英文於二〇一六年五月接任總統之前，北京大致上採取了相當溫和與友善的姿態，以因應太陽花運動之後的台灣。

但北京的這種友善態度並未延伸至香港。在雨傘運動爆發的頭幾天，中國官方媒體就將這起事件定調為是一場由外國勢力煽動、意圖製造政權轉移的「顏色革命」。儘管雨傘運動領導者一再否認與澄清，例如拒絕採用媒體流傳的「雨傘革命」名稱，但仍舊無法說服中國領導者放棄陰謀論的偏執心態。很顯然地，北京政府與其派駐香港的官員、在地的協力者看法一致，雨傘運動正是因為有外國勢力介入，所以應該要強力壓制這起「非法暴亂」。相對於此，國民黨當時到處宣傳太陽花運動是民進黨在背後搞鬼，而共產黨後來其實並沒有採信這一套故事。在雨傘運動結束後，梁振英仍用各種手段挑釁香港的公民社會，而他在不連任特首之後仍可獲得中華人民共和國的重要職位，顯示北京政府始終支持其對待雨傘運動的硬強態度。

雨傘運動之後，北京政府介入與打壓的姿態更為明顯，《基本法》所承諾的高度自治看似已形同具文。銅鑼灣書店事件正是令人擔憂的警示，反映了香港異議分子可能面臨的處境。這家書店以出售在中國被查禁的政治性書籍聞名，經常有來香港觀光的中國遊客造訪。從二〇一五年年中，書店的五位員工開始逐一消失，無論當時人是在香港、泰國或是中國，後來才得知他們是被中國特務拘留審訊。這起事件帶來寒蟬效應，意味著北京政府不惜侵犯香港的人身自由。其中有兩位受害者是已經歸化英國與瑞典的公民，因此也引發歐洲的關切。中國官員為這起國家介入的綁架行動辯護，宣稱有中國血統的香港居民都是中國公民。換言之，就算香港人已經放棄了中國國籍，他們仍然有可能面臨中國政府的全球拘捕。

二〇一六年十一月，北京政府進行了新一輪人大釋法，要求民選議員的宣誓儀式必須「真誠」與「莊重」，關於中國統治香港的主權段落需要「準確、完整、莊重」宣讀。民選議員就算當選，如果其宣誓被認定為無效，仍舊無法就任與行使職權。這項介入起因於許多反對派議員會利用宣誓儀式來表達抗議，例如兩位青年新政的新科議員梁頌恆與游蕙禎就在宣誓時表達支持香港獨立的信念，並特意唸出一些貶損中國的辱罵性字眼。結果，梁頌恆與游蕙禎很快被法院判定喪失議員資格。二〇一七年七月，法院又進一步剝奪了梁國雄、劉小麗、羅冠聰、姚松炎等四人的議員身分。如此一來，七十席的立法會已有六位當選人面臨該處分，其中除了梁國雄，其他五位都是雨傘運動之後新登場的自決派或本土派。在不到一個月的時間內，由於特區政府堅持上訴，雨傘運動的三位學生領袖黃之鋒、周永康、羅冠聰三人被改判六到八個月的刑期。羅冠聰從香港最年輕的立法會議員變成最年輕的政治犯，戲劇化的發展充分顯示香港人所面臨的脆弱情境。

＊　＊　＊

太陽花運動與雨傘運動都是創造歷史的事件，帶來了深遠與重大的改變。台灣人民拒絕了國民黨對中國的忍讓與討好，也無視北京的壓力，讓傾向獨立的民進黨再度執政，並掌握了國會多數。在香港，自發性獨立運動的出現也帶給北京更大的威脅。在兩地，新世代的政治人物已經登場，他們非常有可能成為未來政治運動的領袖人物。監禁這些青年運動者、剝奪他們的參選資格，甚或直接取消他們的當選身分，誠然會在一時間打壓了香港民主運動的進展，但也讓這群青年獲得了政治受難者的道德光環。有朝一日，這有可能會是他們政治生涯的閃亮招牌。就如同包括陳水扁在內許多民進黨的創黨政治人物先前都曾在國民黨的監獄待過；相形之下，香港民主運動的第一代領導者，例如李柱銘、司徒華，都沒有坐過英國人的監獄。

需要強調的是，這些巨變之所以產生，原因在於佔領行動之後的後續運動動員。盛況空前的大規模公民不服從的結束，只是代表暫時的休兵，對抗仍以較不激烈的方式持續進行。

在台灣與香港以外，兩場佔領抗議與後續動員也影響了中國、台灣與香港的三邊關係。北京政府一開始所提的一國兩制原本是針對台灣，卻在香港優先實施，也成為其對台灣的展示基地。如果香港的高度自治成功，台灣人應該會更「心向祖國」，但結果卻完全相反，越來越多香港人開始欣賞台灣人所享有的活躍民主。甚至可以這樣說，香港政治出現了「台灣化」的現象，政治論述的詞彙（包括「革新保港」、獨立運動、本土化等），與選舉策略（例如時代力量的成功案例）也在香港遭到採用。北京當然有充分理由擔憂這樣的趨勢，但其笨拙的介入，反而引發更多香港人的反感。在香港主權移交二十週年的前夕，一件插曲正透露了這個發展方向。十八位民進黨與時代力量的立委組成了「台灣國會關注香港民主連線」，在其成立大會上，三位香港立法會議員，以及雨傘運動領袖周永康、黃之鋒也前來出席。很顯然地，台灣與香港運動的合作正式登上檯面，共同對抗北京的步步進逼。

在之前，北京雖然對於太陽花運動的回應力求克制，但隨著民進黨政府的登台，這樣的和緩態度不復存在。民進黨拒絕接受所謂的九二共識，不承認台灣是中國的一部分。從蔡英文在二〇一六年五月就任總統以來，北京片面中止官方協商的管道，甚至還要求世界衛生組織與國際民航組織限制台灣的出席、將在第三國逮捕的台灣嫌犯引渡到中國審判、特意壓制前來台灣旅遊的中國觀光客人數、用金錢外交搶奪台灣的邦交國、經常派遣艦隊與軍機在台灣周遭執行任務、剝奪台中市主辦東亞運的權利、抵制金馬獎等，都是針對政府的施壓。此外，儘管服貿協定所要達成的雙方市場開放並未實現，但北京政府仍採取一系列的單方讓利，企圖吸引台灣的企業投資、青年創業、學生就讀，包括二〇一八年的「惠台三十一條」、二〇一九年的「惠台二十六條」。然而，隨著中國經濟成長趨緩、美中貿易戰的開打，以及台商大幅回流投資，中國對台所採取的政經分離策略，能達成多少成效，尚未可知。

台灣與香港都是處於一個不斷變動的區域性與全球性的地緣政治格局之中，太陽花運動與雨傘運動的長期影響，仍有待觀察。事實上，在二〇一九年六月，我們就已見到這兩場運動帶來的巨大影響。

第五章　關於佔領的想像

二〇一五年某個秋天夜晚，我在香港島一家時髦的夜店認識了安迪（假名），他當時才二十九歲，人高馬大，身材壯碩。安迪正在競選區議員，剛結束一整天忙碌的選舉拜票活動。他從一大清早就必須向早起的年長市民打招呼，一直忙到晚餐時刻。安迪是媒體所稱的「傘兵」，他個人的經驗是饒富意味的東方與西方融合，正如同香港，之前是英國人的殖民城市，現在則是中國的行政特區。英語流利的安迪在倫敦接受教育，回到香港創業，公司業務分布在中國好幾個省分。安迪的選區有很多居民是外國人，超過百分二十都是外籍白領人士，因此儘管天氣炎熱，他仍會身著襯衫與外套，因為他不想讓自己手臂上的刺青嚇跑了這些中產階級選民。

在雨傘運動期間，安迪自願擔任「防線」的工作，輪班巡邏與守護金鐘的佔領區。他曾多次被警方的胡椒水攻擊，四肢也被警棍打到紅腫，儘管如此，他一直很難忘懷當初與防線兄弟共患難的情誼，他們的任務就是要提供學生抗爭者安全的空間。防線兄弟有時會痛毆支持政府的鬧事分子，那是他們發洩不滿最痛快的時刻。參與佔領運動之前，安迪其實不太關心政治，而且他其實帶有很強烈的中國人認同，但一看到警察粗暴地對待和平的抗議者，他突然覺得自己應該起身，畢竟香港是他的家鄉。運動結束後，他資助了一個傘後組織，維繫他的持續參與。安迪特意在選舉傳單上放了一張與未婚妻、兩隻小狗一起入鏡的照片，他想要在競選宣傳上強調自己是愛家、愛寵物的好男人。在那一場選舉中，安迪挑戰的是一位已經多次連任的建制派區議員。儘管最後沒有順利當選，安迪仍持續關注新興的議題，並且參與了社區約章運動。

半年後，我與阿芳（假名）約在台北市東區的一家咖啡廳碰面，她最近剛接了一份無黨籍政治人物的助理工作。阿芳一九九一年出生，大學時期曾參與席捲校園的抗議運動風潮。她加入了黑島青，並且在二〇一三年年底經歷反服貿運動的最低潮，那時黑島青一度找不到參與行動的人手。二〇一四年三月十八日，阿芳是那一群首先衝入立法院議場的學生，也由於那一場運動，她經常代表學生出席電視的談話性節目，成為幾位當時能被辨識出來的公眾臉孔之一。

儘管阿芳在電視上的表現總是口條清晰、沉著穩重，但在佔領期間，她也曾經歷了巨大的情緒起伏。行政院事件發生之後，她與議場內的學生領袖有過激烈的口角，她認為不應該「切割」那些發起行動的學生。在事後，她有著嚴重的挫折感，她感到非常失望，因為他們的和平運動沒有獲得真正的政府讓步。阿芳的運動傷害很沉重，一度不想再次面對以往共事的運動夥伴。然而，要回復原有的生活也不是一件容易的事情，她有一陣子不想接觸別人，也辦了休學。突然結婚之後，她的日常生活才變得正常，在配偶的陪伴下逐漸走出自己的低落。阿芳又重新回到社會運動的隊伍，為此，她還放棄了已經取得的研究所入學資格。沒過多久，她決定動用父母之前準備的嫁妝，投身二〇一六年的立委選舉。她參選的選區是國民黨的大本營，民進黨從來沒有人曾在此當選。阿芳代表第三勢力政黨參選，在國民兩黨的夾殺下仍獲得百分之十二點二的選票，算是非常不錯的表現。儘管首次參選不利，阿芳仍然對於從政有興趣，因此願意接下政治人物的助理工作，並且開始籌組地方的社團。在訪談中，阿芳表達了參與二〇一八年縣市議員選舉的高度意願。

在翻轉歷史的抗爭中，個人的傳記歷程與社會的集體歷史是交織在一起的，安迪與阿芳的故事正是最好的例子。中國越來越富裕與強大，北京政府更有辦法介入香港與台灣的內部政治，使得國家與公民社會的關係日益緊張。加劇的社會抗議風潮吸引了包括安迪與阿芳這樣的年輕人加入，在太陽花運動與雨傘運動之前，抗議行動已形塑出了一個清晰的青年世代輪廓與世界觀。但漫長的佔領抗議涉及高強度的參與，也導致了個人經驗的急劇轉變。安迪與阿芳都曾受傷，無論是心理上的或肢體上的，他們的求學或工作生涯出現重大轉折，親密關係也有未預期的轉向。如同年輕的香港人與台灣人，儘管承受了負面的情緒後果，而且兩場運動看似沒有立即的成果，他們依舊再接再厲，投入新興的運動議題。隨著他們決定參選，選舉政治也出現了一絲年輕的理想主義氣息。假以時日，安迪的同輩人將成為香港民主運動的中堅分子，而阿芳的同年齡夥伴也將會是持續深化台灣民主的重要動力。

賴特・米爾斯（C. Wright Mills）所提出的「社會學想像」，是指一種能夠理解個人困擾與公共議題之相互影響的心智能力。[1] 事實上，也正是在翻轉歷史抗爭的例外時刻，個人與公共的互動才會顯得激烈、戲劇化，也更容易觀察。就這一點而言，社會運動研究提供了一個獨特的視野，因為其主要的任務，正是解釋個人的行動如何匯集成為一股能夠改變社會的集體力量。很顯然地，除非有一定規模的人們開始接納其訴求，否則強大的社會運動不會登場。而當人們開始貢獻自己的時間與力量以推動所企求的目標，他們的認同、生涯與私人生活也會因為自身的參與而發生改變。換言之，社會運動研究的核心任務正是同時掌握發生在個體與集體層次的轉變，以及兩者之間的互動關係。

這也正是馬克思在《關於費爾巴哈的提綱》中以隱諱方式所提到的「革命的實踐」（revolutionary practice），其內容正是「環境的改變和人的活動的一致」（the coincidence of the changing of circumstances and of human activity）。[2] 想要改變一個不能接受的現況，就不可能不同時改造我們自身。這種討論有助我們重新連結巨觀層次的社會變遷與微觀層次的個人經驗。中國成為新崛起的世界強權，帶來了國際政治與全球經濟巨大且深遠的影響；然而，來自境外的巨大力量經由國內制度的轉化，形塑出青年不滿與採取行動的意願，也促成了台灣與香港年輕運動者的出現。他們有可能成為未來的政治領袖，而他們在太陽花運動與雨傘運動期間的親身經歷，也將成為他們世界觀的一部分，進而形塑未來台灣與中國、香港與中國的關係。

迷團之解答

本書開頭是以六個圍繞著太陽花運動與雨傘運動的知識迷團出發。兩場運動的出現都是未預期的，即使當初持續關注的參與者也沒有料想到佔領會突然登場，與後續的轉折。兩場運動也構成了歷史的轉捩點，太陽花運動後的台灣與雨傘運動後的香港都被粗暴地推向另一個通往未知的軌道。在此，將先以解答六個迷團的方式，對這兩場運動做一簡要整理。

首先，**台灣與香港都是保守政治文化當道、公民不服從理念薄弱的社會，為何會出現這樣大規模的激烈抗議？**新的世紀出現了許多翻轉歷史的抗爭事件，例如全球正義運動、二〇一一年中東與南歐的佔領運動，但都沒有波及到東亞。佔領華爾街運動在台灣與香港有激起若干仿傚，但只侷限於非常少數的社運分子。台灣與香港的抗爭行動和世界各地其他的翻轉歷史抗爭有一些共同的特點，包括佔領公共空間、參與者為經濟困頓的年輕人、獨立於既有的政黨等。但是，太陽花運與雨傘運動卻有一個明顯的地緣政治原因，即兩場運動都挑戰了北京企圖將台灣與香港置於更嚴格掌控之下的新殖民主義。台灣人與香港人都對於中國日益強大的身影感到不安，發起越來越多的抗議行動。北京的經濟統戰策略成功地打造出一群享有特權的協力者，但也深化了「中國機會」的勝利者與失敗者之間的落差。中國衝擊同時帶來了政治制度與公民權利的負面影響。香港的自治、法治、新聞自治急遽惡化，民主化的進度被無限期擱置，而台灣剛建立的民主面臨威脅，獨立自治受到壓縮；香港人發起自我防衛的行動，對抗被強加的中國化，而台灣人則是試圖掙脫香港化的命運。追根究柢，正是這種深層的存在危機，才促使香港人與台灣人參與了這兩場史無前例的抗議運動。

其次，**在政府願意讓步的可能性微乎其微的情況下，為何抗議行動反而會出現？**八三一框架的公布可說是讓香港人痛心的時刻，這表示他們追求公平特首選舉的願望徹底粉碎。北京採取了遠比預期更強硬的姿態，完全排除反對黨參與的可能。在台灣，反服貿運動一直無法形成浪潮，因為反對者沒有喚起公眾對於與中國自由貿易的關注。抗議者窮盡了各種體制內管道，仍無法拖延國會的批准表決；更嚴重的是，反對黨也不願意支持反服貿的主張，因為他們正在調整兩岸政策，以吸引溫和的中間選民。

雨傘運動與太陽花運動並不是導因於有利的政治機會，抗議者集體行動的成本並沒有降低，他們的成功機會也沒有提高。在抗議登場前夕，執政者態度、菁英體制的穩定程度、政治盟友等條件對他們而言都是不利的，或至多只能說是中性的。但台港政權後來都犯了致命的錯誤，戲劇化地提高了公民所感受到的威脅感。香港警察使用催淚彈攻擊和平抗議的群眾，帶來普遍的憤怒，佔領街頭隨即登場。在台灣，執政黨粗暴強行通過服貿，引發全國關注；學生成功闖入立法院議場，他們被警察包圍的岌岌可危處境立即吸引了支持者的聲援。換言之，執政者的措施讓眾多香港人與台灣人突然感受到，如果自己不立刻行動，一切就太晚了。佔領運動之所以登場，是支持者為了保護學生，不得已採取的最後手段。實質上，這些動機已經偏離了原本關於選舉設計或與中國自由貿易的爭議。

第三，**為何是學生成了兩場抗議中被公認的領袖，而不是更資深的反對黨政治人物或公民團體幹部？**誠然，儒教的政治文化賦予大學生某種崇高的社會地位，他們是古代士人在當代的接班人，被視為社會的良知，他們發起的抗議行動因此代表一種施加於執政者的道德力量，而且他們也較有可能被認為是具有理想情操的、超越黨派利益的。這些傳統文化的遺緒依舊存在，不過另一方面，在佔領運動之前的香港與台灣，也早已出現了一波青年世代的造反風潮。八〇年代出生的香港人與台灣人經歷了新世紀以來的經濟剝削，發起一連串的抗議行動。大學校園成為招募新生代運動參與者的基地，學生與公民團體、反對黨之間的連結也變得更緊密。學生運動者之間的網絡獲得擴張，他們對於如何進行動員變得更為熟練，也勇於發起激進的抗議。換言之，學生運動者之所以能夠掌握運動的主導權，並不是因為他們享有特權地位，而是在於他們人數眾多、連結緊密，而且經驗老道。

第四，**為何香港人有事先準備、較大的組織、更豐富的資源，結果卻導致薄弱的運動領導；而台灣準備不足的佔領行動卻形成了有效的決策核心？**兩場大規模的抗議都引發了例外的運動與政府之對峙，這使得例行政治的常態運作被暫時擱置了。對峙是一種自成一格的情境，其演變是由一系列的偶然性所形成，沒有人能夠事先預知。打從一開始，香港的運動指揮就遇到重重阻礙，三個不相連的佔領區同時產生，而且也沒有合適的中心空間能保護運動領導者。相對地，台灣被佔領的立法院議場遭到警察包圍，帶來一種保護作用，反而成為一種理想的空間安排：核心參與者能夠受到全國關注，而且不容易受到異議分子的衝擊。此外，事先存在的組織有清楚的指揮管道與成員邊界，反而成為對峙中的阻力，阻礙了新領導群的事後建構。台灣沒有類似香港佔中與學聯的組織，結果太陽花運動反而形成了有效的領導，而且能以有秩序的方式退場，這是佔中運動者花了超過一年的時間精心規畫，但無法實現的場景。

第五，**在運動領導者沒有充分準備，也缺乏必要資源的情況下，要如何維持長期而大規模的抗議？**答案在於參與者不請自來的貢獻，他們當機立斷，各自決定應該如何協助正在進行中的運動，也就是所謂的「臨機應變」。實際上，無論運動組織的資源如何豐沛、或有多充分的事先準備，要維持與政府的長期對峙仍然需要參與者的自動自發。然而，臨機應變並不是解決所有大型運動難題的萬靈藥；每個參與者不見得能產生一樣的貢獻，有經驗的運動者較能處理較廣泛議題的決策。臨機應變內部也存在多種矛盾，因為要調和情感表達與工具性的目標，本就相當困難。臨機應變的存在也不能證明無領導者運動的理念是可行的，所謂的「水平運作」或「諸眾」等講法仍是脫離現實的。尤其如果運動網絡缺乏重疊性、或內部充滿不信任，臨機應變反而有可能讓內訌加劇。

最後，**為何雨傘運動最終進一步分化了香港的反對派，太陽花運動則協助反對黨獲得了政權？**香港與台灣在佔領結束之後都出現了後續的運動風潮。然而，其後果被一系列制度性因素所中介，因為代表例外時期的對峙已經結束了。由於較強大的組織，台灣的民進黨看似較能吸引年輕的運動者，並且促成較友善的政治勢力登場。相對地，香港分裂而薄弱的泛民政黨則面臨了傘兵與本土派的挑戰。這些新興勢力登上政治舞台，代價就是削弱了既有反對勢力的得票與席次。

本書觀察的第一個節點是二〇一九年三月，也就是太陽花運動的五週年。在這個時間點，蔡英文的民進黨政府看來岌岌可危，深陷兩面作戰的困境。太陽花世代要求同性婚姻合法化、工時縮減、非核家園等進步性政治，而國民黨與保守派則是全力反撲。民進黨在二〇一八年年底的地方大選中大敗，在首次舉行的十項公投中，反同婚與擁核陣營也取得顯著的勝利。這些發展是否意味著太陽花效應的消失、保守年代的到來，仍值得觀察。不過，在那場選舉中，包括時代力量（十六席）、綠黨（三席）、社民黨（一席），以及幾位民進黨新生代的新科議員，都可以算是太陽花世代的政治初登場。

香港的政治局勢顯然是更為嚴峻。二〇一七年七月，林鄭月娥取代梁振英成為第四任特首，但是特區政府對於雨傘運動參與者的打壓絲毫沒有減緩的跡象。魚蛋革命的參與者被重判，有人甚至被處七年刑期，一度是年輕本土派巨星的梁天琦也入獄，身上背了六年刑期。以這樣的標準來看，戴耀廷與陳健民在佔中九子案被判長達十六個月的刑期，似乎並不令人意外。此外，特區的參選人資格審查也變得更嚴苛，香港眾志的周庭被禁止參與二〇一八年三月的補選，在二〇一九年十一月的區議員選舉中，黃之鋒更成為唯一被禁止參選的候選人，這個新生的政黨可能未來都不會有參選的資格。主張獨立的香港民族黨則是直接被政府宣告為非法組織。「焦土論」因而成為流行的論述，即除非香港出現重大的動盪，否則任何改變都是不可能的，要促成這樣的危機爆發，使得目前早就名存實亡的一國兩制徹底消失，如此才能全面激發香港人的抵抗。「焦土論」反映了許多香港人的悲觀情緒與絕望，然而十分意外地，在二〇一九年爆發的反送中運動中，焦土論進一步演化成為「攬炒」（即是「要死，大家一要死」），反而支撐起更為強大而無畏的抗爭行動。

運動風潮過後，保守勢力的反撲往往是歷史常態。無論是在台灣或是香港，兩場佔領運動所代表的新生勢力依舊奮力邁進，試圖以不同方式改造社會，成果究竟為何，這個時刻仍無法蓋棺論定。二〇一九年四月二十四日，「佔中九子」案正式宣判，戴耀庭、陳健民被判十六個月，邵家臻、黃浩銘被判八個月，其餘五人則是處以緩刑或社會服務令。這是雨傘運動最後一批司法案件，其判刑之重也出乎一般預料。當晚，上百位支持群眾在收押所外集會，點燃蠟燭為被判刑入獄的人士守夜。如果我們將觀察停格在此，結論很可能是指向雨傘運動的徹底失敗。但是，佔中九子案落幕的一個多月後，反送中運動興起，承接起雨傘未完成的志業。

之於社會運動研究的意義

東亞個案在社會運動研究領域並沒有顯著的地位，儘管這個充滿朝氣的地區在上個世紀見證了各種革命、內戰、民主化，與形形色色的社會抗議活動。東亞地區的學者在九〇年代開始著手研究社會運動，一開始是借用西方現有的概念工具，儘管各國都有陸續出現一些修改與調整，但這些新浮現的討論並沒有受到國際研究社群應有的關注。[3] 換言之，東亞社會運動向來處於國際研究的邊陲，主要的理論發展仍聚焦於美國與歐洲國家所發生的個案。[4] 因此，有研究者指出，西方理論與非西方個案之間一直存在某種「能激發成果的緊張關係」（fruitful tension）。[5]

本書採取一種混合的策略。一方面高度依賴既有的概念工具以鋪陳敘事，包括第一章所談的網絡、世代與認同，第二章提到的政治機會與威脅。另一方面，為了要彰顯台灣與香港兩場翻轉歷史抗爭的特定面向，採取了新的理論化思考：第二章提出「對峙」的概念，用來理解這種抗議者與政府之間高密度而充滿例外性格的互動；第三章則是提出「臨機應變」的想法，這是一種與既有的「動員」概念不同的參與方式，特徵在於其去中心化的決策。那麼，來自邊陲地區的觀察是否能對國際社會運動研究有所貢獻？台灣與香港的運動個案是否能夠幫助我們解答當代的理論性問題？

在目前，社會運動研究已成為一種高度制度化的研究領域，有一群邊界清晰的參與社群，他們享有一套近似的概念工具，對於哪些著作是所謂的「經典」也有明確的共識。理論典範的戰爭早已結束，資源動員論與新社會運動論在八〇年代與九〇年代之間的爭辯已不復存在，而被一種更具有統攝性的研究取徑所取代，在其中，社會運動的策略性與文化性面向是可以被同時檢視的。蒂利、塔羅、麥亞當試圖將原本分散的研究領域，包括社會運動、革命、民族主義、工業關係、族群衝突等，納入「抗爭政治」的單一典範，引發不少關注。他們立足於機制與過程的觀念，嘗試制定一套普遍通用的分析術語，這樣的發展也顯示許多研究者享有某種廣泛的共識。[6] 創立於一九九六年的《動員》（*Mobilization*）與二〇〇二年的《社會運動研究》（*Social Movement Studies*），目前是社會運動研究領域的旗艦級期刊，也或多或少界定這個領域的邊界。

有了專業化與共同的研究議題，社會運動的研究領域才能夠深化，並產出有累積性的成果，但也可能會招致意外的後果，限縮了知識關懷的廣度。魏昂德（Andrew G. Walder）指出，只關注動員過程的研究太過於窄化，容易忽略了政治社會學更廣大的問題，例如認同到底是如何浮現。[7] 麥亞當也提出相似的關切，反對所謂的「托勒密式的社會運動觀」（Ptolemaic view of social movements），亦即一種以社會運動為中心的思考方式，就如同古代人認為太陽繞著地球運轉一般。[8] 這樣的運動中心觀容易忽略非運動者所扮演的角色，以及其他非運動狀態下仍浮現的相似情境。換言之，制度化意外地帶來一種同溫層效應，導致社會運動研究變得越來越自我指涉與自我封閉，對於其他研究領域而言，也就越來越不相關。事實上，七〇年代初期最早提出資源動員論時，倡議者曾特意強調，動員過程的深入考察只是一種「片面的理論」（partial theory），因為他們只是暫時擱置了更廣大的結構性議題。[9] 不幸的是，原本暫時劃定的研究焦點，後來幾乎完全獨佔了研究者的關注。社會運動研究者將動員過程單獨抽離出來，不願意關切更為廣大的研究議題。

社會運動成為一個知識關切的議題，正是因為其帶來社會轉型的潛力。社會運動不同於其他促成變遷的源頭，例如科技進步、國家建立或是經濟發展，社會運動是一種有意圖性的集體努力，來自於那些弱勢且無法自求多福的人民。社會運動之所以登場正是來自先前的變遷，因而才使得抗議成為可能。也因此，應該**將動員研究置於更廣大的社會變遷脈絡**，窄化的運動中心研究容易只關注短期的抗爭插曲，而忽略了促使抗爭爆發的長期因素。

要解釋太陽花運動與雨傘運動的起源，就不能不提到中國統治者的霸權企圖，為了政治目的有意識地製造香港與台灣的經濟依賴。此舉導致兩地親北京的協力者勢力日益龐大，支持民主化的政黨分裂或被馴化，但公民社會卻反而更為活躍，積極抵抗。被北京經濟統戰策略排除在外的青年有明顯的世代不滿，他們的參與更強化了公民社會的行動。如果不納入中國政治意圖所帶來的多重與複合的矛盾，就無法理解這兩場高度例外的抗議。因此，如何將動員階段的考察置於更廣大、更長期的分析架構，將是社會運動研究的重要課題。

當太陽花運動與雨傘運動落幕的那一刻，勝負仍難以斷定。執政者可以宣稱以傷亡最小方式化解了重大的政治危機，但運動領袖也沒有認輸，若**將觀察延伸至動員結束之後的時期**，將會發現正是後續興起的運動讓兩地出現重大改變，例如台灣核四計畫的終結與香港獨立運動的登場，而這也見證了兩場非比尋常的抗議事件之深遠影響。

政治學家關注選舉、社會學家考察抗議行為，可說是一個行之有年的知識分工。一般公民不會意識到這樣的區分，社會運動分子或政治人物也不會特意規避另一個較不熟悉的領域。太陽花運動與雨傘運動之所以登場，或多或少都是源自反對黨的失職，他們沒有掌握真正的民意走向。公民社會的行動掌握這個政治真空的機會，開啟了前所未有的抗議。同時，也**重新連結抗議與體制內的政治**。台灣與香港的運動者在抗爭結束後不約而同地將注意力移轉至選舉，台灣的時代力量、香港的本土派與自決派都成功進入立法機關，也具體展現了體制外參與所帶來的體制內後果。

第六章　香港的時代革命

六月九日，號稱一百零三萬香港人走上街頭，他們忍受溽暑與擁擠，齊聲反對逃犯條例的修正。但執政者完全無視抗議者的心聲。在百萬人遊行後，特區政府晚間立即回應，原訂六月十二日上午的立法會二讀審議將如期進行。六月十一日晚間，金鐘一帶等於進入實質上的戒嚴，警察在地鐵站任意盤查、搜身看不順眼的年輕人。北京政府發言人更聲稱遊行人數是造假的，有外國勢力介入其中。六月十二日，立法會所在的金鐘出現了持續一整天的警民衝突，香港警方部署五千名人力，動用最精銳的防暴隊伍，使用了胡椒水、催淚彈，甚至還有具致命殺傷力的橡膠子彈。衝突結果導致七十九位民眾受傷，其中兩位傷勢嚴重，甚至有生命的危險。這場抗爭行動引發全球關注，也迫使立法會延後了審議的時程。然而，在特區政府執意修法、絲毫不退讓的強硬態度下，緊張關係並沒有獲得緩解。六月十六日，香港民間人權陣線舉行「譴責鎮壓、撤回惡法」大遊行，在大遊行前夕，特區政府宣布將暫緩修法，但此舉仍阻止不了市民走上街頭。香港居民不過七百四十萬人，六月十六日竟出現高達兩百萬人參與的示威。

七月一日，抗爭群眾發起類似台灣太陽花運動的佔領立法會行動，並宣讀《金鐘宣言》。

在運動前期，民眾的不滿是源於被「送中」的憂慮，未來特區政府有可能利用刑事案名義，將異議人士移送中國法院審理；到了後期，抗爭焦點逐漸指向警察過度使用武力，以及對抗爭者浮濫的暴動罪指控，這項殖民地時期遺留下來惡法最高可求處十年刑期。七月二十一日出現的元朗白衣人無差別攻擊事件更坐實了警察與黑道勾結、連手打壓抗議者的傳聞。香港公務員向來被要求要遵守政治中立的原則，但是警黑合作的醜聞衝擊了他們的專業理念，許多公務人員將自己的識別證遮掉姓名與照片後放上網路，表態宣示自己支持運動的訴求；八月二日出現了一場前所未有「公僕仝人，與民同行」集會。八月五日出現的罷工與罷市，估計有三十五萬人響應，八月十二日群眾集結赤鱲角機場，導致連續兩天的班機取消，東亞地區航空為之大亂。

抗爭初期，反送中運動的示威者雖然會採取衝擊性高的抗爭手段，例如堵路、包圍官署，但是大致而言仍避免使用武力。八月十八日，民間人權陣線在維多利亞公園舉行「流水式集會」，號稱有一百七十萬人參與。八月二十三日晚間出現了「香港之路」的人鏈集會，綿延長達六十公里，獅子山與太平山上都有參與的抗議者。八月底，由反送中運動者創作的《願榮光歸香港》掀起一股香港版的「歌唱革命」，示威者在商場中庭、學校、足球場、天星渡輪集結，共同唱出這首被廣泛視為「地下國歌」的抗爭歌曲。

但到八月底，反送中運動卻出現了轉折。八月三十日，警方突然拘捕包括黃之鋒在內的七位知名人物，先前更出現黑道暴力攻擊公民團體領袖的情事。八月三十一日，示威者無視警方禁止，開展多處的遊行與抗爭。當晚，位於旺角的太子站出現了警察衝入並任意攻擊市民的事件。許多人堅信當晚有無辜市民喪生，但港鐵與政府卻不願意公布完整影像紀錄。八三一太子站事件後，示威者的武力逐漸升級，包括「私了」來鬧場的人士、「裝修」（破壞）港鐵以及黑店（幫派所經營）與藍店（持親政府與撐警的人士所經營）、投擲汽油彈等。九月一日，出現了新一波的「塞機場」行動，九月二日與三日則是由中學生與大學生發起罷課行動。

香港政府終於在九月四日宣布正式撤回逃犯條例的修正，然而近兩多月來的反對運動已經蔓延成全面性的抵抗行動，抗爭者堅持落實「五大訴求、缺一不可」。除了撤回逃犯條例，另外四個訴求為：取消暴動罪定性、釋放被捕者、成立獨立調查委員會追究警察暴力、雙普選（行政長官與立法會）。政府遲來的讓步並沒有平息運動風潮。十月一日的「國殤」抗議，在市區多處出現了嚴重的衝突，其中一名中學生被警察近距離實槍射擊，幾乎喪命。示威者之前的口號是「香港人加油」，後來卻高喊「香港人反抗」。十月四日，香港政府引用《緊急法》，在行政會議通過頒布《禁蒙面法》，在當晚香港十八區都出現激烈抗爭，地鐵首度全線停駛。

《禁蒙面法》並沒有達成政府所宣示的「止暴制亂」目的，反而由於一系列警察暴力與死亡事件，持續激發更多的抗爭行動，包括香港中文大學學生控訴警察性暴力（十月十日）、少女陳彥霖浮屍事件（十月十一日）、香港科技大學學生周梓樂死亡（十一月八日）、少女遭警強暴墮胎事件（十一月九日）。也由於周梓樂是第一起確定與警方行動有關的死亡事件，示威者的口號也從「香港人反抗」演變成「香港人報仇」。從十一月十一日起連續五天，示威者發起早上堵路行動。為了驅離群眾，警察甚至動用各種武力進攻校園：十二日，香港中文大學成為警民對峙的戰場，香港理工大學也從十七日起展開長達十三天的「圍城之戰」。

截止十一月底，香港警察已經逮捕五千八百九十人，至少十起以上的死亡、自殺或疑似被自殺。這種以「時代革命」為名的抗爭運動犧牲非常慘痛，然而，示威者也並不是完全沒有收穫。在十一月二十四日的區議會選舉，投票率創下前所未有的百分之七十一，超過四年前的百分之四十七。民主派在四百五十二席中奪下三百八十九席，建制派只獲得五十九席，等於是一場關於反送中運動的人民公投。二十七日，美國總統簽署《香港人權與民主法案》，未來迫害人權的政府官員會被美方制裁，香港是否維持高度自治，也將會決定美國是否仍維持香港的特殊待遇。

「我城終局之戰」

二〇一四年的雨傘運動落幕之後，有一段時間，香港民主運動雖然氣氛低迷，但沒有潰散。各種本土、獨立、自決、革新保港的論述紛紛浮現，香港人開始以更廣闊的思想座標思索自身的政治前途。從香港大學副校長人事案、旺角的魚蛋革命，到在各個社區與專業興起的傘後組織，抗爭的能量並沒有消散，反而從街頭移轉到更多元的戰線。二〇一六年的立法會選舉具體呈現了這些新生的政治力量，許多自決派與本土派候選人順利當選。

然而，同樣是在那一場歷史性選舉之後，北京與特區政府的打壓變本加厲，雨傘運動的主事者也面臨了司法體系的秋後算帳；魚蛋革命是一場沒有導致死亡的警民衝突，但卻有主事者被以暴動罪判了七年的刑期，特區政府更剝奪了特定組織與領袖的參選資格，有些年輕香港人等於被宣告褫奪公權終身。毫無意外地，主張港獨的政治組織也被查禁、勒令解散。

香港反對運動看似欲振乏力，建制派在立法會順勢通過頗具爭議的一地兩檢，容許內地公務員在香港境內執法；二〇一八年兩場區域性立法會議員補選，泛民陣營也首度在一對一的格局下落敗。由此看來，逃犯條例所引發的反對運動，其規模的確超乎意料。甚至早在六月九日大遊行之前，就有七十幾間中學參與聯署、上千名律師發起黑衣沉默遊行；在百萬人上街頭當天，全球更有十二個國家、二十九個城市的聲援活動。

為什麼香港人如此憤怒？主要原因當然是中國政府逐步瓦解了「港人治港、高度自治」承諾，使得香港人對於「一國兩制」不再具有信心。逃犯條例侵蝕了兩套法律體系的分隔，一邊是承續英國法治精神而獨立審判的普通法體系，另一邊則是充滿人治、服從黨意的政法體系。即便是高喊「熱愛祖國」的香港建制派政人物與商界菁英，也不相信自己可以在中國的人民法院獲得公平的審判。

事實上，對於北京的不信任，抗拒「兩制」朝向「一制」的傾斜，過去十年來在香港激發了各種抗議風潮。從二〇〇八年起，就有以反拆遷與保存本土農村為名的反對廣州香港高速鐵路興建的運動，二〇一一年的反對「蝗蟲」運動則表達了香港人對大量自由行觀光客與水貨客的不滿。五年前的雨傘運動是這一波抗爭的高潮，在這場舉世關注的抗爭事件中，市中心出現了三個佔領區，行動持續長達七十九天。

雨傘運動並沒有成功爭取到真正民主的特首選舉，許多參與者身心俱疲，承受了嚴重的「運動傷害」。傘後香港出現了年輕的政治犯與政治難民，說明了反對運動面臨了更為嚴苛的處境。很顯然地，香港人已經被逼到牆角，反送中被參與者視為「我城終局之戰」（endgame），反映了這樣普遍感受到的急迫感。雨傘運動要爭取的是貨真價實的特首普選，就算沒有爭取到，香港局勢沒有倒退惡化，至少只是被承諾的民主化再度跳票。相對於此，儘管特區政府局部妥協，承諾不會移送政治犯，但習近平主政下的中國緊縮控制，誰能保證在六四晚會高喊平反天安門的香港人不會被送中？換言之，逃犯條例瓦解了香港的司法獨立，在打擊犯罪的名義下，香港人在自己的土地上喪失了政治自由。

抗爭者的進化

近十年來，受到國際關注的大型抗爭都是以佔領方式進行，示威者長期集結盤據某一處公共空間，要求政府對話或正視其不滿。但佔領運動的致命弱點就是無法持久，一旦政府採取以拖待變的因應方式，抗爭者被迫防守既有的佔領區，就得忙於應付黑道與親政府人士的騷擾；一開始同情的民意也有可能轉而要求抗議者見好就收，運動陣營容易陷入內部爭執，在升級抗爭與保全實力之間難以取捨。同樣是佔領運動，台灣的太陽花運動利用執政者內部的矛盾，主動撤出立法院，還有能力宣稱「光榮出關」；但香港的雨傘運動則是身心俱疲、氣力耗盡，三個佔領區遭到警察逐一清理驅離。

反送中運動的參與者記取了四年多前雨傘運動的教訓，採取了更為新穎與有創意的策略，迫使特區政府陷入左支右絀的窘境。反送中運動不長期佔領公共空間，而採行「柔若如水」（be water）的哲學，一旦警方動用武力，立即撤離。抗爭地點也不再於侷限於九龍與港島的核心地區，而是分散到元朗、上水、沙田、大埔等新界城鎮。每週末出現的帶狀抗爭，讓警方被迫採取守勢，抗爭者獲得了休養生息的機會。

雨傘運動奉行公民不服從的理念，參與者需要自行承擔即將面臨的法律責任，當時主張「不流血、不受傷、不被捕」的勇武派被視為破壞大局的冒進分子；但在反送中運動，這樣的主動進擊路線儼然成為主流。如果沒有六月十二日金鐘的勇武抗爭，逃犯條例的審查不會暫緩；如果沒有七月一日衝入立法會與《金鐘宣言》之宣讀，立法會與特首雙普選的訴求也不會重新浮現。雨傘運動期間，架設在夏慤道上的大台成為指揮中心，但其議而不決、決而不行的弱軟領導風格成為眾人批評的問題。因此，反送中運動不再有特定的領導核心，抗爭的進行完全由於網路平台決定，呈現一種多元而去中心的決策模式。在「不分化、不篤灰（出賣激進分子）、不割席」的訴求下，即使溫和的反對派人士也無法指責在前線搏命的「衝衝仔」，因為逃犯條例的暫緩正是他們爭取到的成果。

反送中運動帶來諸多「臨機應變」上的策略創新，其中特別標示某些群體身分的抗議活動成為常見的現象。除了香港社會運動常見的律師與大學生，反送中運動中有包括基督徒、媽媽、年長者、醫護人員、記者、公務員、社工人員、航空公司員工、會計師、金融人員、寵物主、足球迷、中學生等，都發起其特定的行動。社區意識是反送中運動的重要資源，尤其在七月之後，各種大大小小的抗爭行動已不侷限於港島區，而擴散到九龍與新界其他地區，深水埗、黃大仙、荃灣、元朗、屯門、沙田、天水圍、將軍澳等地都成為抗爭的熱區，有些遊行安排也因此特意結合社區議題，例如光復屯門公園遊行（七月六日）反對有礙觀瞻的大媽舞、光復上水遊行（七月十三日）強調當地水貨客問題、光復紅磡土瓜灣遊行（八月十七日）特意突顯團客巴士帶來的困擾。此外，各地自發浮現的社區連儂牆、商場中庭合唱、中學生人鏈，也儼然成為在地的反抗象徵。

與雨傘運動相比，反送中運動也因為其去中心化的特徵，開拓了更多支持者可以參與的戰線。警察任意盤查、逮捕年輕人，因此使得許多社區居民（街坊）自發阻止警方行動，私人屋苑與商場經營者也不歡迎警察的進駐。學生被捕或被暴力攻擊讓各大學的行政主管成為學生抗議的對象，中學生也因受到畢業校友的支持與鼓勵而展開抗議行動。

同時，因為沒有大台的指揮，抗議行動呈現出更多的自發性與創意，參與者更能夠發揮臨機應變。在中國鬼節，示威者發起了「全港超幽布施祈福除惡盂蘭燒衣晚會」（八月九日）；在西洋鬼節，由於政府已經頒布了《禁蒙面法》，示威者則在蘭桂坊發起「哈囉喂（Halloween）狗官面具夜」（十月三十一日）。警方將觀星筆視為攻擊性武器，甚至逮捕持有的大學生，示威者就發起一場在尖沙咀太空館的「觀星團」活動（八月七日）。由於一位女性急救員被警察擊毀右眼，「#Eye for HK」成為全世界流傳的網路圖像。

抗爭者的進化最明顯的一點反映在「滅火隊」的出現，這個名稱是特指負責澆熄催淚彈的前線參與者；雨傘運動的登場是因為香港市民不滿警察動用催淚彈，試圖驅離和平的群眾，反送中運動則針對此發展出更有創意的對應方式。五年前，催淚彈象徵了引發眾怒的暴政；五年後，催淚彈成為香港人的日常，警察在街頭、天橋上、地鐵站內、學校裡，毫不設限地動用這種化學武器，到十一月底為止已經使用了上萬發的催淚彈，原本是使用西方國家進口的催淚彈，打到連過期品都拿來使用，後來更使用成分不明的中國催淚彈。整座城市都陷入了毒氣威脅，有些市民甚至已經出現了相關的皮膚病變。

反送中運動早期，大型的集會與遊行都是在週末進行，週間則是有各式各樣的小規模行動，例如午休期間的抗議（和你lunch）、靜坐、人鏈、集體唱歌、折紙鶴等。示威者採取激烈的手段，包括包圍政府官署、架設路障、圍堵機場等，但是一旦警察開始採取鎮壓，他們就立即撤退。這樣持續性的帶狀動員並不常見，晚近較著名的案例為二〇一六到二〇一七年南韓抗議朴槿惠總統濫權的燭光示威，以及二〇一八到二〇一九年法國抗議燃料稅的黃背心運動。然而，香港的政治情況畢竟不同於民主的南韓與法國。在民意壓力下，朴槿惠在總統任期結束前被起訴並且收押，法國總統馬克宏很快地取消加徵燃料稅的提議，並且全國各地下鄉傾聽民意。相對於此，香港的行政長官並非人民投票選出，林鄭月娥實際上是聽命於北京領導者，不能充分反應民意，自然也無法對民意做出任何回應。

另一方面，香港的警察也在進化，採取更具壓制性的因應策略。在雨傘運動中，香港警察沒有動用橡膠子彈、布袋彈、海綿彈、水炮車等武器，也沒有蒙面，特意不攜帶委任狀與編號。這一次，壓制性的警力運用固然導致示威者付出重大代價，卻也不斷創造出新的不滿，使得反送中運動得延續。十月二十日的「藍色清真寺事件」即是一個明顯的例子。

十月中，民間人權陣線召集人岑子杰受到南亞裔人士攻擊，這是他自從反送中運動爆發以來第二次遭受人身暴力，但不同的是施暴者的身分，很顯然地，相關勢力企圖激發示威者與香港少數族裔之間的矛盾。在十月二十日九龍大遊行之前，網路上有傳言，示威者將破壞南亞裔聚集的重慶大廈。然而，在遊行當天，南亞裔的群眾在重慶大廈高喊支持運動的口號、播放運動歌曲，並發放瓶裝水支持遊行參與者，避免了可能的衝突。挑起族群衝突的反而是自恃擁有鎮壓武力的警方，在示威者隊伍經過後，警察的水炮車在毫無預警情況下，特意攻擊九龍清真寺前的立法會議員、記者與伊斯蘭教領袖。加入藍色化學毒物的水汙染了宗教聖地。香港警方後來聲稱，該事件是「誤中」，也派出數名警員以毛巾協助清潔。但在警察意識到自己犯下大錯之前，早就有市民自發清洗清真寺，展現跨族群的團結。隔天，林鄭月娥及警務處處長盧偉聰等人前往九龍清真寺親自致歉。換言之，笨拙的「止暴制亂」只是警察武力的蠻橫濫用，其後果卻是形塑出更強大的示威者團結，甚至衝擊到執政者的正當性。

從非暴力抗爭到暴力邊緣論

反送中運動期間，香港政府的確曾採用各種手段，企圖止息民眾的不滿，包括釋出利多，以經濟景氣不佳為理由在八月中推動各種「紓民困」措施，減免電費、減稅、提高各種津貼。但更多時候，執政者是採取強力壓制的手段，嚇阻人民的參與。從六月起，政府就祭出可以監禁十年的暴動罪名，大規模整肅被捕的示威者。反對派的政治人物與公民團體的領導者經常成為不明人士施暴的對象，從七月二十一日的元朗白衣人無差別攻擊事件來看，警察縱容、私下勾結黑幫暴力分子，已廣為人知。警方所動用的武力也越來越不成比例，連急救少女、外國媒體記者都受到嚴重的肢體傷害，更何況是站在更前線的示威者。也越有越多的人以親身經驗控訴，香港警察以暴力私刑、性暴力對待被捕者。

「白色恐怖」過去並不是香港人常提到詞彙，但隨著警察武力的無節制使用，這樣的感受已經成為了香港人日常經驗的一部分。從七月之後，抗爭現場從先前的港島區，蔓延到九龍與新界，深水埗、黃大仙、元朗、沙田、天水圍等社區居民都直接感受到了催淚彈的震撼；也由於警察的濫捕，只要走得慢的街坊就有可能遭遇被捕或被打的威脅。香港地狹人稠，商場、地鐵、天橋等公共空間是日常生活不可分割的一部分，但暴走的警察卻將這些場所變成流血的殺戮戰場，七月十四日沙田遊行被警方多面包抄，最後成為新城市廣場的「困獸之鬥」，嚇懷了許多中產階級消費者。七月二十一日白衣人在元朗站施暴、八月十一日警方在葵芳站與太古站追殺逃離現場的示威者，在八月三十一日太子站，警察更是瘋狂施暴，毒打所謂「偽裝成市民的示威者」。這些流傳出來的影像十分具有震撼力，地鐵乘客、商場購物者、社區居民都有了「警察國家」的切身體驗。

一旦動用了《緊急法》，香港就處於準戒嚴狀態，大部分的遊行與集會都不被警方允許，即使被批准的公眾活動也有可能被要求提前解散。地狹人稠的香港高度依賴大眾運輸系統，但每當有遊行集會，港鐵與巴士就停駛，阻撓民眾的參與。十月之後，港鐵已經多次取消晚上十點之後的列車，其效果也等同於「宵禁」。有《禁蒙面法》的先例，香港政府等於獲得一張不受限制的空白授權書，未來甚至有可能阻斷網際網路、延長被捕者的羈押時間。《明報》十月十六日公布了一項民調，顯示百分之七十七的民眾反對政府動用《緊急法》、百分之六十二認為《禁蒙面法》無法平息抗爭，百分之五十三認為政府要為暴力衝突負最大責任。

香港政府聲稱示威者是「暴徒」，有些前線勇武派用磚頭、棍棒、汽油彈與其他自製武器攻擊警察，也是事實。但正常人都可以理解，濫暴警察與暴力示威者之間有巨大的武力差異，警棍與雨傘的傷殺力不能相提並論。更何況，就算是最勇武的示威者也不會浮濫使用暴力，他們往往針對的是落單的警察；但警察所擊發的催淚彈、橡膠子彈、海綿彈、布袋彈，甚至是一般子彈，卻不長眼睛，不論是否參與示威，一樣具有致命的殺傷力。這也是為何一般市民開始厭惡警察，許多社區或商場都宣布不歡迎警察進入。

香港特首林鄭月娥在九月四日同意正式撤回逃犯條例的修訂，企圖止息已經蔓延燃燒近三個月的抗議運動。林鄭宣布之後，民主派議員與示威者的「民間記者會」提到，近三個月來，已經有上千人被捕，其中有七十一人被控可處十年的暴動罪，有三隻眼睛永久殘廢，更有八位香港人選擇了自殺。這樣巨大的社會代價是並不是執政者的些微讓步所能彌補的。事實上，六月十二日的金鐘立法會抗爭，警方發射了一百五十顆催淚彈，還從醫院與救護車逮捕受傷人士，同時將反送中定性為暴動，反對運動在這一刻就已經立即升級。

「被送中」的恐懼與威脅感是一開始驅動反對運動的力量，但從六月中開始，示威者越來越是基於義憤，尤其是警方動用不成比例的武力，以及與黑社會勾結的情事。如果沒有七月二十一日元朗白衣人的無差別攻擊事件，就不會各部門公務人員紛紛用證件表態，以及八月五日的三罷（罷工、罷學、罷市）行動；如果沒有八月十一日警察用布袋彈打殘女急救員右眼，就不會有十二日與十三日大規模的「警察還眼」機場集會，導致接連兩天班機取消與延宕。也是因為八月三十日的大搜捕，警方捉了本土派、自決派、民主派的代表人士，才有隔天成千上萬群眾無視禁令，參與了港島的遊行。

執政者無視沸騰民怨，以為國家鎮壓機器可以達到威嚇效果，結果適得其反。這段期間以來，香港人的膽量變大，前線示威者也學會更靈活與敏捷的勇武抗爭方式。二〇一四年九月二十八日，香港警察在金鐘丟出了八十九顆催淚彈，當晚網路上到處流傳解放軍坦克車已經出動的假消息，佔中運動領袖與學生急忙勸退群眾，要求「擇日再戰」。這一次，中國官員與軍事將領殺氣騰騰揚言「止暴制亂」，對付他們所謂的「恐怖主義的苗頭」；但香港人似乎已經看穿這樣的恫嚇技倆，「跪求解放軍出動」成為網路流行的話語。

在以往的香港民主運動中，和平、理性、非暴力是傳統的基調。雨傘運動強調「公民抗命」，即是有意識地違背法律，這已是向前跨出很巨大的一步。在佔中三子原本的構想中，挑戰法律的行動需要公開身分、採取和平手段、不抵抗警方拘捕，並且願意承擔法律後果。在雨傘運動結束後，政府秋後算帳，主事者逐一被判刑入獄，充滿理想主義色彩的公民抗命顯然已經碰壁。最早倡議更激進路線的是本土派領袖梁天琦，在二〇一六年二月新界東補選中，他聲稱參考台灣的《美麗島》雜誌經驗，主張所謂暴力邊緣論。這種策略強調抗爭者應更為進取，主動挑戰政府的底線，萬一警察使用過當的武力對付示威者，就會激發民情反彈，如此即可順勢推進運動的訴求。等到反送中運動爆發，梁天琦早就因為參與魚蛋革命入獄，服其六年的暴動罪判刑。但是，縱觀反送中運動的進程，常見的情況是示威者包圍官署、設置路障、阻擾交通、汙損國旗或其他象徵，警察因此採取過當的壓制手段，如此一來即是製造出源源不絕的民怨。身陷獄中的梁天琦無法參與反送中運動，但是當初他的大膽想法，卻儼然成為這場時代革命未明言的運動方針。

香港人很清楚問題的關鍵：沒有真正受民意節制的政府，就會產生濫權與濫暴的警察。香港淪落為暴警橫行的城市，追根究柢的原因是因為香港人沒有自由，他們的政治領袖是對北京負責，而不是服務廣大的市民。逃犯條例的爭議只是這場盛大的反抗運動的一樁意外導火線，在此之前，銅鑼灣書店事件、香港立法會宣示風波、一地兩檢等爭議也是源自於相同的中港矛盾，只是沒有演變成為全民抗暴。一國兩制所允諾的五十年不變與高度自治被不斷地掏空是香港人的具體感受。在未來，就算沒有了逃犯條例，類似的威脅仍將持續出現。

香港人怒火無法平息，關鍵即是一國兩制之結構性的矛盾，渴望民主自由的城市與日益走向法西斯極權的國家是無法和平共存的。就這一點而言，香港的獨派人士宣稱「只有兩國、才有兩制」，顯然是早已看清一國兩制真正的本質。如同所有的社會運動，反送中運動終會有結束的一天，但這樣的體悟卻可能是其留下的遺產。

從邊陲公民社會觀察中國之興起

本書最後的反思是關於中國在全球舞台的耀眼崛起，這個議題也適切地在世界各地獲得了相當程度的重視。現有的評論大部分著眼於經濟或軍事的面向，經常被提出的問題是中國的國內生產毛額何時會超越美國，以及中國巨額外匯存款與對外投資將如何重新形塑全球經濟的風貌。一帶一路是一項涉及六十多個國家的基礎建設計畫，企圖打造一個以中國為中心的經濟共榮圈；亞洲基礎設施投資銀行則是為了創造一個中國能掌握的國際金融機構，以挑戰世界銀行、亞洲開發銀行的既有地位。當前，全世界各地都在討論中國的銳實力，這是一種密集運用經濟力量，利用西方民主國家的結構弱點，以發揮實際影響的策略。雖然香港與台灣的資本家被成功地馴化成為北京的協力者，但兩地也同時埋下抵抗運動的種子。在未來，對於中國銳實力的抵抗將如何在更廣大的脈絡開展，仍是一個值得觀察的議題。

至今為止，關於中國的快速成長與日益增長的經濟影響力，有兩種結論迥異的評價。世界體系論大師喬萬尼・阿銳基（Giovanni Arrighi）預測，一個新穎的中國模型已經浮現，這是一個以市場為基礎的發展形態，但卻不會複製西方掠奪、浪費與海外擴張的負面經驗。[1] 中國已經成功地展現一條通往富國強兵的威權道路，所謂的「北京共識」儼然成形，挑戰了堅信自由市場的「華盛頓共識」。[2] 有觀察者進一步主張，中國日益強大的經濟實力，將會在儒家「文明國家」（civilization state）的基礎上，重新形塑國際政治格局，現行的民族國家的體制將會被「天下」的概念所取代。[3] 當然，也有質疑中國經濟實力的聲音。孔誥烽指出，中國仍是高度依賴低工資的外銷產業，內部面臨了嚴重的區域與階級不平等，無法在現有的政治形態下獲得疏解。[4] 經濟學家彼得・納瓦羅（Peter Navarro）在二〇一一年製作了一部紀錄片《致命中國》（*Death by China*），片中也嚴厲指控中國靠操作匯率、壓榨勞工、汙染環境、踐踏消費者權益，以賺取不正當的利潤。

「修昔底德陷阱」（Thucydides Trap）是一種晚近流行的說法，從古希臘的霸權爭奪來看，一個世界強權的崛起必然帶來軍事衝突。中國積極地經濟擴張與軍事建設已經引發周遭各個國家的回應，包括日本、南韓、越南、菲律賓等。二〇一七年二月，美國國防部長詹姆士・馬蒂斯（James Mattis）在訪日的一項活動中批評中國試圖恢復明朝的朝貢體系，強迫周邊鄰國接納一個以中國為中心的區域秩序，這樣直白的言論顯示了區域緊張關係的白熱化。

誠然，經濟實力、軍事力量、地緣政治的角力仍將是形塑當前國際秩序的主要力量，中國主要也是依賴這些力量，才得以崛起成為新興世界強權。相對而言，公民社會是一種由下而上的組織、追求改革的倡議活動，看起來十分微小，尤其與上述的強大力量相較之下更顯薄弱。儘管如此，在某些歷史時刻，公民社會的行動者仍能獨立產生區域層級、甚或國際性的後果。

一九八〇到一九八一年間的波蘭團結工聯運動正是一個明顯的例子。儘管這場反對運動以戒嚴令鎮壓告終，其抵抗的精神卻啟發了後續的東歐民主運動，也促成蘇聯的解體，終結了俄羅斯對其周邊衛星國家的控制。當然，我們不能將蘇聯的消亡歸因於一場來自其周邊的反抗運動。然而，如果忽略了東歐公民社會的復甦及其動員，任何關於後共產主義轉型的解釋也都無法完備。

今日，中國的公民社會相當薄弱，無法依靠自身的力量帶來變遷。習近平已經清除政敵、強化意識形態控制、讓異議者噤聲、拘捕維權人士、打造一套一人終生統治的遊戲規則。許多研究都指出，國家已經掌握了管理日益頻繁的社會抗議技術，能夠化解其可能造成的政治衝擊。[5]公民團體並沒有促成更進步的變遷，反而更依賴政府的資源。[6]網路上的公共領域一度非常活躍，帶動維權抗爭，但後來也被精通數位科技的黨國體制所壓制。[7]

有鑑於中國內部公民社會的積弱不振，來自其邊陲的抗議與持續騷動就特別值得注意。杜贊奇（Prasenjit Duara）指出，香港向來是一個「全球性的邊疆」（global frontier），此言帶有雙重意涵：一方面是中國的「邊陲」，另一方面也是某種「閾限性的空間」（liminal space），開放性與不確定性的區域，缺乏固定的認同」。儘管如此，台灣與香港後續的公民社會行動，仍將影響中國與其邊陲的關係，進一步地擴散與蔓延並不是不可能的。就如同三十年前的蘇聯領導人一樣，習近平也面臨了一個自家後院的「波蘭難題」，原因正是來自於台灣與香港的翻轉歷史抗爭。

附錄一　深度訪談

在本書撰寫過程中，太陽花運動與雨傘運動相關人士的訪談提供了相當多來自內部的資訊。在台灣，我的訪談是在太陽花運動落幕之後立即開始，而香港部分則是在雨傘運動爆發之前就已展開。在獲得當事人同意的情況下，大部分的訪談都有錄音，事後整理成逐字稿。訪談時間從三十分鐘到兩小時不等，受訪者包括兩地的學生參與者、學生領袖、公民團體參與者、政治人物與其助理、黨工、新聞記者、大學教授。我一共訪談了七十一位香港人、六十六位台灣人、一位澳門人，其中有些人曾多次受訪。除了九位香港人與十一位台灣人，其他的訪談都是筆者親身參與，以面對面方式進行。這項研究計畫獲得台灣科技部的支持，也在二〇一六年八月通過國立台灣大學研究倫理中心審查通過。

本書以匿名方式引用深度訪談資料，因為有一些台灣與香港參與者仍面臨司法機關的審判。更重要地，也有訪談者要求不能透露其真實身分。下列兩表整理了我所接觸到的台灣與香港受訪者，為了簡潔起見，只列出受訪當時他們的身分，或是與引用內容相關的職務。

此外，丘琦欣（Brian Hioe）以個人之力進行太陽花運動參與者和觀察者的訪談，並將英文訪談稿匯整於一個非常方便使用的線上資料庫：https://goo.gl/dG5xxn。

表A　台灣受訪者清單

代號	身分或職務	日期
TW1	世新大學研究生、黑島青成員	2014/4/10
TW2	國立政治大學研究生、反黑箱服貿民主陣線祕書	2014/4/15、2015/4/18、2016/5/6
TW3	民進黨中國事務部主任	2014/4/17
TW4	民進黨社會運動部主任	2014/4/17
TW5	東海大學研究生	2014/4/18
TW6	《新社會》雜誌編輯	2014/4/21
TW7	民進黨立委助理	2014/4/21
TW8	民進黨立委	2014/4/22
TW9	台灣勞工陣線成員	2014/4/22
TW10	台灣勞工陣線祕書長	2014/4/22
TW11	國立台灣大學研究生	2014/4/24、2017/4/11
TW12	東海大學研究生	2014/4/29
TW13	國立陽明大學學生	2014/4/30
TW14	國立陽明大學學生	2014/4/30
TW15	公民1985行動聯盟成員、沃草成員	2014/5/1、2016/5/19

TW16	國立台灣大學研究生	2014/5/1
TW17	國立台灣大學學生、賤民解放區參與者	2014/5/5
TW18	國立台灣科技大學學生、小蜜蜂成員	2014/5/5
TW19	國立台灣大學研究生、太陽花運動國際部成員	2014/5/8
TW20	國立台灣大學研究生、進擊的向陽成員	2014/5/13
TW21	國立東華大學學生	2014/5/29
TW22	公民1985行動聯盟成員	2014/6/6
TW23	亞洲大學學生	2014/5/16
TW24	東海大學學生	2014/6/5
TW25	咖啡廳老闆	2014/6/5
TW26	靜宜大學學生	2014/6/12
TW27	台灣環境保護聯盟祕書長	2014/6/13
TW28	國立東華大學研究生	2014/6/26
TW29	國立成功大學學生	2014/8/28
TW30	皇家墨爾本理工學院大學（RMIT）研究生	2015/3/6
TW31	反黑箱服貿民主陣線召集人、經濟民主連合召集人	2015/5/15、2015/9/11
TW32	國立政治大學教授	2015/12/12
TW33	華人民主書院幹部	2016/3/14
TW34	國立台灣大學研究生、民主鬥陣召集人	2016/4/6

TW35	國立台灣大學學生	2016/4/8
TW36	時代力量主席團成員	2016/4/12
TW37	國立台灣大學學生	2016/4/29
TW38	國立台灣大學學生	2016/5/4
TW39	黑島青成員	2016/5/11
TW40	國立台灣大學研究生、經濟民主連合成員	2016/5/23
TW41	國立台灣大學研究生	2016/5/25
TW42	割闌尾成員	2016/6/3
TW43	黑島青成員、立法院議場內糾察隊	2016/6/7
TW44	親子共學團祕書長	2016/6/8
TW45	綠黨立委選舉參選人	2016/6/10
TW46	前台大工會幹部	2016/6/14
TW47	民進黨立委助理	2016/6/29
TW48	國立交通大學研究生	2016/6/12
TW49	前綠黨中執委	2016/7/13
TW50	前《行南》主席	2016/7/15
TW51	黑島青成員、民進黨立委助理	2016/7/18
TW52	台灣出版陣線成員	2016/7/20
TW53	島國前進成員、時代力量立委助理	2016/8/10

TW54	民進黨青年事務部主任、前台大工會幹部	2016/8/17
TW55	民主鬥陣召集人	2016/8/24
TW56	台左維新會長	2016/10/2
TW57	國立台灣大學研究生	2016/10/4
TW58	公民1985行動聯盟成員	2016/10/4
TW59	前台大工會幹部	2016/10/31
TW60	福爾摩鯊會社召集人、反媒體巨獸青年聯盟副召集人	2016/12/21
TW61	反媒體巨獸青年聯盟副召集人成員、國立清華大學研究生	2016/12/23
TW62	國立清華大學學生、黑島青成員	2017/8/17
TW63	前綠黨召集人	2017/9/26
TW64	民進黨立委助理	2017/9/28
TW65	台灣同志遊行召集人	2017/11/14
TW66	眼球中央電視台共同製作人	2017/12/4
TW67	前樹黨祕書長	2017/12/7

表 B　香港與澳門受訪者清單

代號	身分或職務	日期
HK1	讓愛與和平佔領中環共同發起人	2014/3/24、2014/11/17、2017/1/5
HK2	公民黨副主席	2014/3/25
HK3	香港教育學院教授	2014/10/10
HK4	嶺南大學教授、流動民主教室召集人	2015/3/14、2015/11/15、2017/1/5
HK5	香港浸會大學教授	2015/4/4、2016/12/15
HK6	《亞洲週刊》記者	2015/4/15
HK7	香港中文大學職員	2015/5/16
HK8	香港中文大學學生	2015/5/18、2015/5/26
HK9	香港中文大學學生	2015/5/18
HK10	香港中文大學學生	2015/5/18
HK11	香港中文大學學生	2015/5/18
HK12	香港中文大學學生	2015/5/20
HK13	香港中文大學學生	2015/5/20
HK14	香港中文大學學生	2015/5/20
HK15	香港大學學生	2015/5/27、2015/11/16
HK16	前香港中文大學學生會長、前香港學聯常務委員	2015/6/1、2016/5/3

HK17	前香港學聯祕書長、香港天主教正義和平委員會幹部	2015/6/5
HK18	香港天主教正義和平委員會幹部	2015/6/5
HK19	香港學聯祕書長	2015/6/5
HK20	婦女參政網絡主席	2015/10/19、2016/3/17、2016/11/1
HK21	《學苑》編輯	2015/11/14
HK22	工黨立法會議員	2015/11/14
HK23	香港中文大學學生	2015/11/15
HK24	學民思潮召集人、香港眾志召集人	2015/11/15、2016/10/2
HK25	前香港學聯祕書長	2015/11/15
HK26	香港民主黨區議員	2015/11/15
HK27	香港民主黨中常委	2015/11/15
HK28	青年新政區議員選舉參選人	2015/11/15
HK29	香港教育學院教授	2015/11/16
HK30	嶺南大學教授	2015/11/16
HK31	西環飛躍動力區議員選舉參選人	2015/11/16
HK32	《學苑》編輯	2015/11/14
HK33	前《學苑》主編	2015/11/16
HK34	思言財雋成員、美孚家・政成員	2016/3/15
HK35	法政滙思核心成員	2016/3/19

HK36	社會民主連線副主席	2016/5/26
HK37	香港大學學生、左翼21成員	2016/5/30
HK38	香港教育學院博士後研究員	2016/6/15
HK39	香港天主教正義和平委員會幹部、佔中糾察隊成員	2016/6/15
HK40	香港城市大學學生	2016/6/28
HK41	香港大學學生	2016/6/28
HK42	澳門良心成員	2016/6/29
HK43	青年新政立法會議員選舉參選人	2016/7/22
HK44	前《中大學生報》主編	2016/7/28
HK45	香港中文大學學生	2016/7/28
HK46	前學民思潮成員	2016/8/1
HK47	國立政治大學研究生	2016/8/12
HK48	前公民黨員	2016/8/14
HK49	良心理政成員	2016/8/14
HK50	前香港大學學生會長	2016/8/15
HK51	香港政策研究所教育政策研究中心研究員	2016/8/15
HK52	前香港大學學生會長、前學聯常委	2016/8/16
HK53	前學聯祕書長、前民間人權陣線召集人	2016/8/16
HK54	前《學苑》編輯	2016/8/16

HK55	前香港中文大學學生會長、前學聯祕書長、前民間人權陣線召集人	2016/8/17
HK56	前香港中文大學學生會代表會幹部	2016/8/17
HK57	前香港中文大學學生會長、香港民主黨中央委員	2016/9/1
HK58	前學聯祕書長	2016/9/1
HK59	工黨立法會議員助理、前學聯祕書長	2016/9/2
HK60	民主黨立法會議員助理、前民間人權陣線副召集人	2016/9/2
HK61	公共專業聯盟主席	2016/9/3
HK62	前學聯祕書長、大專2012立法會議員選舉參選人	2016/9/3
HK63	香港演藝學院講師	2016/9/12
HK64	嶺南大學教授	2016/10/17
HK65	前香港中文大學學生會長、前民間人權陣線召集人	2016/12/27
HK66	前香港大學學生會長、前左翼21成員	2017/1/5
HK67	前香港大學學生副會長	2017/1/5
HK68	保險起動核心成員	2017/1/6
HK69	傘下爸媽發言人	2017/1/6
HK70	本土民主前線發言人	2017/7/13
HK71	本土研究社成員	2017/7/15
HK72	前工黨立法會議員	2018/3/9

附錄二　抗議事件分析的方法論

抗議事件（protest event）分析是社會運動研究常用的方法，通常用於理解抗爭政治發展的軌跡。在此，抗議的定義是由一群有意圖人士所發起的公開而且具有對抗性的行動，他們的主張與其對手有利益衝突。一個社會運動有可能涉及好幾起抗議事件；抗議是一個基本單位，有具體的時間與空間界限。同一時間在不同地方舉行的抗議會被視為不同的事件，但是一場延續超過一天的抗議活動則被視為一個事件。然而，在一場規模較大的抗議事件，例如佔領行動，其行動者有可能獨立發起新的聲援活動，這些則會被視為新的抗議事件。

本書資料來自於新聞媒體的電子資料庫。在台灣，使用的是聯合知識庫（https://goo.gl/351R6G），其中包括了《聯合報》與《聯合晚報》的新聞報導；香港的新聞來源為《明報》，可透過慧科資料庫取得（https://reurl.cc/GkLD0d）。《聯合報》的立場偏向國民黨；《明報》在二〇一四年編輯改組之前，立場是中間派。儘管其意識形態有所不同，兩者都是研究者經常使用的新聞資料庫。

觀察期間設定於二〇〇六到二〇一三年間，選擇這個區間是為了橫跨兩地兩位政治首長的任期，台灣是陳水扁總統（二〇〇〇～二〇〇八）與馬英九總統（二〇〇八～二〇一六），香港則是曾蔭權特首（二〇〇五～二〇一二）與梁振英特首（二〇一二～二〇一七）。本書所進行的抗議事件分析主要是為了理解兩場佔領運動之前的社會運動動態，因此將二〇一三年十二月三十一日設定為觀察截止的日期。

在操作上則選用了二十七個關鍵字來搜索新聞報導，這些字詞經常被用來描述抗議活動，包括：「請願／陳情」、「抗議」、「抗爭」、「靜坐」、「遊行／示威」、「遊說」、「倡議」、「集會」、「連署」、「罷工」、「怠工」、「集體請假」、「絕食」、「圍堵」、「訴訟」、「記者會」、「行動劇」、「佔領」、「丟石塊」、「衝撞」、「破壞公物」、「苦行／毅行」、「商討」、「光復」等。挑選出來的新聞報導以人工方式過濾，去除不相關或重複的事件，因此，一共取得台灣四千六百四十四場事件與香港六百九十八場事件。

在台灣，環境抗議（百分之四十三點三）、勞工抗議（百分之十二點四）、土地與居住相關抗議（百分之十一點七）是較常出現的議題，香港則是以勞工抗議（百分之二十七點八）、人權與法律相關抗議（百分之十四點五）、土地與居住相關抗議（百分之十二）居多。

註釋

導論

1. Donatella della Porta, *Mobilizing for Democracy: Comparing 1989 and 2011.* Oxford: Oxford University Press, 2014.
2. Michael H. K. Ng, "Rule of Law in Hong Kong History Demythologised: Student Umbrella Movement of 1919." In *Civil Unrest and Governance in Hong Kong,* edited by Michael H. K. Ng and John D. Wong. London: Routledge, 2017, pp. 11-25.
3. 世界價值觀調查（The World Values Survey），https://goo.gl/BHzrXk，取用日期：2016年11月2日。
4. 以上統計數據分別取自以下出處：台灣經濟部國際貿易局，https://goo.gl/Ug6jck，取用日期：2016年10月7日；香港政府統計處，https://goo.gl/CpTmDm，取用日期：2016年10月7日；台灣交通部觀光局，https://goo.gl/p7ZGfe，取用日期：2016年10月7日；香港旅業網，https://goo.gl/3aXX3w，取用日期：2016年10月10日。
5. 陳婉琪、黃樹仁，〈立法院外的春吶：太陽花運動靜坐者之人口及參與圖象〉，《台灣社會學》30，2015，頁141-179。
6. Edmund W. Cheng and Wai-Yin Chan, "Explaining Spontaneous Occupation: Antecedents, Contingencies and Spaces in the Umbrella Movement." *Social Movement Studies* 16(2), 2017, pp. 222-239.
7. Christina Flesher Fominaya, *Social Movements and Globalization.* New York: Palgrave Macmillan, 2014, pp. 84-89.
8. Donatella della Porta and Lorenzo Mosca, "Global-net for Global Movements? A Network of Networks for a Movement of Movements." *Journal of Public Policy* 25 (1), 2005, pp. 165-190; Jackie Smith, "Bridging Global Divides? Strategic Framing and Solidarity in Transnational Social Movement Organizations." *International Sociology* 17(2), 2002, pp. 505-528; Jeffrey S. Juris, "The New Digital Media and Activist Networking within Anti-corporate Globalization Movements." *Annals of the American Academy of Political and Social Science* 597(1), 2005, pp. 189-208.
9. Marianne Maeckelbergh, "Learning from Conflict: Innovating Approaches to

Democratic Decision Making in the Alterglobalization." *Transforming Anthropology* 21(1), 2013, pp. 27-40; Notes from Nowhere, *We Are Everywhere: The Irresistible Rise of Global Anticapitalism.* London: Verso, 2003; Paul Mason, *Why It's Kicking Off Everywhere: The New Global Revolutions*. London: Verso, 2012.

10. Kevin MacDonald, "From Solidarity to Fluidarity: Social Movements beyond 'Collective Identity'." *Social Movement Studies* 1(2), 2002, pp. 109-128; Kyoko Tominaga, "Social Reproduction and the Limitation of Protest Camps: Openness and Exclusion of Social Movements in Japan." *Social Movement Studies* 16(3), 2017, pp. 269-282.
11. Valerie Bunce and Sharon Wolchik, *Defeating Authoritarian Leaders in Post-Communist Countries.* Cambridge: Cambridge University Press, 2011.
12. Lucan Way, "The Real Causes of the Color Revolutions." *Journal of Democracy* 19(3), 2008, pp. 55-69.
13. Mark R. Beissinger, "Mechanisms of Maidan: The Structure of Contingency in the Making of the Orange Revolution." *Mobilization* 16(1), 2011, pp. 25-43; Mark R. Beissinger, "The Semblance of Democratic Revolution: Coalitions in Ukraine's Orange Revolution." *American Political Science Review* 107(3), 2013, pp. 574-592.
14. Christina Flesher Fominaya, *Social Movements and Globalization.* New York: Palgrave Macmillan, 2014, pp. 148-193; Manuel Castells, *Network of Outrage and Hope: Social Movements in the Internet Age.* Oxford: Polity Press, 2012; Paolo Gerbaudo, *Tweets and the Streets: Social Media and Contemporary Activism.* New York: Pluto Press, 2012.
15. Dafna Hochman Rand, *Roots of the Arab Spring: Contested Authority and Political Change in the Middle East.* Philadelphia: University of Pennsylvania Press, 2013; Eva Bellin, "Reconsidering the Robustness of Authoritarianism in the Middle East: Lessons from the Arab Spring." *Comparative Politics* 44(2), 2012, pp. 127-149; Jeroen Gunning and Ilan Zyi Baron, *Why Occupy a Square: People, Protests and Movements in the Egyptian Revolution.* Oxford: Oxford University Press, 2014; Lin Noueihed and Alex Warren, *The Battle for the Arab Spring: Revolution, Counter-Revolution and the Making of a New Era.* New Haven, CT: Yale University Press, 2012; Wael Ghonim, *Revolution 2.0: The Power of the People Is Greater Than the People in Power.* New York: Houghton Mifflin Harcourt, 2012.
16. Benjamin Tejerina, Ignacia Perugorría, Tova Benski and Lauren Langman, "From Indignation to Occupation: A New Wave of Global Mobilization." *Current Sociology* 61(4), 2013, pp. 377-392; Christina Flesher Fominaya, "Debunking Spontaneity:

Spain's 15-M/Indignados as Autonomous Movement." *Social Movement Studies* 14(2), 2014, pp. 142-163.

17. David Graeber, *The Democracy Project: A History, a Crisis, a Movement.* New York: Allen Lane, 2013; Todd Gitlin, *Occupy Nation: The Roots, the Spirit, and the Promise of Occupy Wall Street.* New York: Harper Collins, 2012.
18. Kyoko Tominaga, "Social Movements and the Diffusion of Tactics and Repertoires: Activists' Network in Anti-globalism Movement." *International Journal of Social, Behavioral, Educational, Economic, Business and Industrial Engineering* 8(6), 2014, pp. 1783-1789.
19. Jenny Pickerill and John Krinsky, "Why Does Occupy Matter?" *Social Movement Studies* 11(3-4), 2012, pp. 279-287.
20. Ivan Krastev, *Democracy Disrupted: The Politics of Global Protest.* Philadelphia: University of Pennsylvania Press, 2014.
21. Amador Fernández-Savater and Cristina Flesher Fominaya, "Life after the Squares: Reflections on the Consequences of the Occupy Movements." *Social Movement Studies* 16(1), 2017, pp. 119-151.
22. Yongshu Cai, *The Occupy Movement in Hong Kong: Sustaining Decentralized Protest.* London: Routledge, 2017, p. 2.
23. Sidney Tarrow, *Power in Movement: Social Movements, Collective Action and Politics.* Cambridge: Cambridge University Press, 1994, pp. 3-4.
24. Gary T. Marx and Douglas McAdam, *Collective Behavior and Social Movements: Process and Structure.* Englewood Cliffs, NJ: Prentice Hall, 1994, p. 73.
25. Charles Tilly, *Social Movements, 1768–2004.* Boulder, CO: Paradigm Publishers, 2004, pp. 2-3.
26. Craig J. Jenkins and Charles Perrow, "Insurgency of the Powerless: Farm Worker Movement (1946–1972)." *American Sociological Review* 42(2), 1977, pp. 249-268.
27. Doug McAdam, Sidney Tarrow, and Charles Tilly, *Dynamics of Contention.* Cambridge: Cambridge University Press, 2001, pp. 14-18.
28. Edwin Amenta, Neal Caren, Elizabeth Chiarello and Yang Su, "The Political Consequences of Social Movements." *Annual Review of Sociology* 36, 2010, pp. 287-307.
29. Charles Tilly and Sidney Tarrow, *Contentious Politics.* New York: Paradigm, 2007; Doug McAdam and Sidney Tarrow, "Ballots and Barricades: On the Reciprocal Relationship between Elections and Social Movements." *Perspectives on Politics* 8

(2), 2010, pp. 529-542; "Introduction: Dynamics of Contention Ten Years On." *Mobilization* 16 (1), 2011, pp. 1-10; Doug McAdam, Sidney Tarrow and Charles Tilly, *Dynamics of Contention.* Cambridge: Cambridge University Press, 2001.

30. Francesca Polletta, *Freedom Is an Endless Meeting: Democracy in American Social Movement.* Chicago: University of Chicago Press, 2002; James M. Jasper, "A Strategic Approach to Collective Action: Looking for Agency in Social-Movement Choices." *Mobilization* 9(1), 2004, pp. 1-16.
31. Jeff Goodwin, "Conclusion." In *Contention in Context: Political Opportunities and Emergence of Protest,* edited by Jeff Goodwin and James M. Jasper. Stanford, CA: Stanford University Press, 2012, pp. 277-300; Jeff Goodwin and James M. Jasper, "Caught in a Winding, Snarling Vine: The Structural Bias of Political Process Theory." *Sociological Forum* 14(1), 1999, pp. 27-55; "Introduction." In *Rethinking Social Movements: Structure, Meaning, and Emotion,* edited by Jeff Goodwin and James M. Jasper. Lanham, MD: Rowman and Littlefield, 2004. pp. vii-x.
32. James M. Jasper, "Emotions and Social Movements: Twenty Years of Theory and Research." *Annual Review of Sociology* 37, 2011, pp. 285-303; James M. Jasper, *Protest: A Cultural Introduction to Social Movements.* Oxford: Polity Press, 2014; Jeff Goodwin, James M. Jasper, and Francesca Polletta(eds), *Passionate Politics: Emotion and Social Movements.* Chicago: University of Chicago Press, 2001.
33. Charles Kurzman, "The Poststructuralist Consensus in Social Movement Theory." In *Rethinking Social Movements: Structure, Meaning, and Emotion,* edited by Jeff Goodwin and James M. Jasper. Lanham, MD: Rowman and Littlefield, 2004, pp. 111-120.
34. Ron Aminzade and Doug McAdam, "Emotions and Contentious Politics." *Mobilization* 7(2), 2002, pp. 107-109.
35. Sidney Tarrow, *The Language of Contention: Revolutions in Words, 1688-2012.* Cambridge: Cambridge University Press, 2013.
36. John Israel, *Student Nationalism in China, 1927–1936.* Stanford, CA: Stanford University Press, 1966.
37. Craig Calhoun, *Neither Gods nor Emperors: Students and the Struggle for Democracy in China.* Berkeley: University of California Press, 1997, pp. 262-264.
38. Joseph W. Esherick and Jeffrey N. Wasserstrom, "Acting Out Democracy: Political Theater in Modern China." In *Popular Protest and Political Culture in Modern China,* edited by Jeffrey N. Wasserstrom and Elizabeth J. Perry. Boulder, CO: Westview,

1994, pp. 21-70.
39. Dingxin Zhao, *The Power of Tiananmen: State-Society Relations and the 1989 Beijing Student Movement.* Chicago: University of Chicago Press, 2001, pp. 262-264.
40. Teresa Wright, *The Perils of Protest: State Repression and Student Activism in China and Taiwan.* Honolulu: University of Hawai'i Press, 2001, p. 126.
41. 晏山農、羅慧雯、梁秋虹及江昺崙，《這不是太陽花學運：318運動全記錄》。台北：允晨文化，2015，頁142。
42. Wendy Gan, "Puckish Protesting in the Umbrella Movement." *International Journal of Cultural Studies* 20(2), 2017, pp. 162-176.
43. Ming-sho Ho, "A Revolt against Chinese Intellectualism: Understanding the Protest Script in Taiwan's Sunflower Movement of 2014." *Mobilizing Ideas*, 2014/12/2, http://goo.gl/isGj6L, accessed on 2016/11/11.
44. Kevin J. O'Brien, "Rightful Resistance." *World Politics* 49(1), 1996, pp. 31-55.
45. Elizabeth J. Perry, "Popular Protest: Playing by the Rules." In *China Today, China Tomorrow: Domestic Politics, Economy and Society,* edited by Joseph Fewsmith. Lanham, MD: Rowman and Littlefield, 2010, pp. 11-28.
46. Feng Chen and Yi Kang, "Disorganized Popular Contention and Local Institutional Building in China: A Case Study in Guangdong." *Journal of Contemporary China* 25(100), 2016, pp. 596-612.
47. Xi Chen, "Collective Petitioning and Institutional Conversion." In *Popular Protest in China,* edited by Kevin J. O'Brien. Cambridge, MA: Harvard University Press, 2008, pp. 54-70.
48. Feng Chen, "Worker Leader and Framing Factory-Based Resistance." In *Popular Protest in China,* edited by Kevin J. O'Brien. Cambridge, MA: Harvard University Press, 2008, pp. 88-107.
49. Ming Sing, *Hong Kong's Tortuous Democratization: A Comparative Analysis.* London: Routledge, 2004, p. 35.
50. John M. Carroll, *Edge of Empires: Chinese Elites and British Colonials in Hong Kong.* Hong Kong: Hong Kong University Press, 2005, pp. 131-132.
51. 呂大樂，《香港模式：從現在式到過去式》，香港：中華書局，2015，頁83-102。
52. Elizabeth J. Perry, *Challenging the Mandate of Heaven: Social Protest and State Power in China.* New York: M. E. Sharpe, 1992, pp. ix-x.
53. Salvatore Babones, *American Tianxia: Chinese Money, American Power and the End of*

History. Bristol: Policy Press, 2017.

54. Edward Friedman, "China's Ambitions, America's Interests, Taiwan's Destiny, and Asia's Future." *Asian Survey* 53(2), 2013, pp. 225-244.

第一章　佔領之前

1. "A New Generation Speaks: See Inside Hong Kong's Protests", *The Time*, 2014/10/9, https://goo.gl/wFISwA, accessed on 2016/10/26.
2. "What unprecedented protest means for Taiwan", *The BBC*, 2014/3/26, https://goo.gl/3v8Ss2, accessed on 2016/10/26.
3. Lin Noueihed and Alex Warren, *The Battle for the Arab Spring: Revolution, Counter-Revolution and the Making of a New Era*. New Haven, CT: Yale University Press, 2012, p. 6.
4. Asef Bayat, *Revolution without Revolutionaries: Making Sense of the Arab Spring*. Stanford, CA: Stanford University Press, 2017.
5. Paul Mason, *Why It's Kicking Off Everywhere: The New Global Revolutions*. London: Verso, 2012, p. 45.
6. David Graeber, *The Democracy Project: A History, a Crisis, a Movement*. New York: Allen Lane, 2013, pp. 41-54.
7. Clay Shirky, *Here Comes Everybody: The Power of Organizing without Organizations*. New York: Penguin, 2008.
8. W. Lance Bennett and Alexandra Segerberg, *The Logic of Connective Action: Digital Media and the Personalization of Contentious Politics*. Cambridge: Cambridge University Press, 2013.
9. Manuel Castells, *Network of Outrage and Hope: Social Movements in the Internet Age*. Oxford: Polity Press, 2012, pp. 6-7.
10. Philip N. Howard, *The Digital Origins of Dictatorship and Democracy*. Oxford: Oxford University Press, 2010, p. 12.
11. Amy Austin Holmes, "There Are Weeks When Decades Happen: Structure and Strategy in the Egyptian Revolution." *Mobilization* 17(4), 2012, p. 402.
12. Wael Ghonim, *Revolution 2.0: The Power of the People Is Greater Than the People in Power*. New York: Houghton Mifflin Harcourt, 2012, p. 293.
13. Matthew Torne, *Lessons in Dissent*. Hong Kong: Torne Films, 2014.
14. Jie Ying Wang, "Mobilizing Resources in Networked Social Movements: Cases in Hong Kong and Taiwan." PhD diss., Hong Kong Baptist University, 2015, p. 123.

15. Francis L. F. Lee, "Introduction: Media Communication and the Umbrella Movement." In *Media Mobilization and the Umbrella Movement,* edited by Francis L. F. Lee. London: Routledge, 2017, p. 3.
16. Shiau Ching Wong, "Mediated Opportunities of Social Movements in Hong Kong and Taiwan: The Interplay of Agencies and Hybrid Media Engagement within Media System." PhD diss., University of Melbourne, 2016, p. 173.
17. Jeroen Gunning and Ilan Zyi Baron, *Why Occupy a Square: People, Protests and Movements in the Egyptian Revolution.* Oxford: Oxford University Press, 2014, pp. 165-166.
18. Killian Clarke, "Unexpected Brokers of Mobilization: Contingency and Networks in the 2011 Egyptian Uprising." *Comparative Politics* 46(4), 2014, pp. 379-394.
19. Paolo Gerbaudo, *Tweets and the Streets: Social Media and Contemporary Activism.* New York: Pluto Press, 2012, p. 61.
20. Christina Flesher Fominaya, "Debunking Spontaneity: Spain's 15-M/Indignados as Autonomous Movement." *Social Movement Studies* 14(2), 2014, pp. 142-163.
21. Todd Gitlin, "Occupy's Predicament: The Moment and the Prospects for the Movement." *British Journal of Sociology* 64(1), 2013, pp. 3-25.
22. 訪談 #HK55，2016年8月17日。
23. Mario Diani,. "Introduction: Social Movements, Contentious Actions, and Social Networks: 'From Metaphor to Substance'?" In *Social Movements and Networks: Relational Approaches to Collective Action,* edited by Mario Diani and Doug McAdam. Oxford: Oxford University Press, 2003, p. 1.
24. Bert Useem, "Solidarity Model, Breakdown Model, and the Boston Anti-busing Movement." *American Sociological Review* 45(3), 1980, pp. 357-369; Charles Tilly, *From Mobilization to Revolution.* Reading, MA: Addison-Wesley, 1978, p. 63; John D. McCarthy, "Pro-life and Pro-choice Mobilization: Infrastructure Deficits and New Technologies." In *Social Movements in an Organizational Society,* edited by Mayer N. Zald and John D. McCarthy. New Brunswick, NJ: Transaction, 1987, pp. 49-66; Mark Granovetter, "The Strength of Weak Ties." *American Journal of Sociology* 78(6), 1973, pp. 1360-1380.
25. Doug McAdam, *Political Process and the Development of Black Insurgency 1930-1970.* Chicago: University of Chicago Press, 1982, pp. 45-50.
26. Suzanne Staggenborg, "The Consequences of Professionalization and Formalization in the Pro-choice Movement." *American Sociological Review* 53(4), 1988, pp. 585-605.

27. Gerlach, Luther P. 1999. "The Structure of Social Movements: Environmental Activism and Its Opponents." In *Waves of Protest: Social Movements since the Sixties,* edited by Jo Freeman and Victoria Johnson, 85-98. New York: Rowman and Littlefield, pp. 85-90.
28. Alberto Melucci, "The Symbolic Challenge of Contemporary Movements." *Social Research* 52(4), 1985, p. 798.
29. Suzanne Staggenborg, "Social Movement Communities and Cycles of Protest: The Emergence and Maintenance of a Local Women's Movement." *Social Problems* 45(2), 1998, pp.180-204.
30. Donatella della Porta and Dieter Rucht, "Left-Libertarian Movements in Context: A Comparison of Italy and West Germany." In *The Politics of Social Protest: Comparative Perspectives on States and Social Movements,* edited by J. Craig Jenkins and Bert Klandermans. London: UCL Press, 1995, p. 230.
31. 梁文道，〈時間站在我們這邊——給林鄭月娥的一封公開信〉，收錄於鄺穎萱（編），《站在蛋的一邊：香港八十後》，香港：上書局，2010，頁10-15。
32. 八十後自我研究青年（編），《繼續運動》，香港：香港基督徒學生運動，2012。
33. Jack A. Goldstone and Doug McAdam, "Contention in Demographic and Life-Course Context." In *Silence and Voice in the Study of Contentious Politics,*. Cambridge: Cambridge University Press. 2001, pp. 195-221.
34. Benjamin Tejerina, Ignacia Perugorría, Tova Benski and Lauren Langman, "From Indignation to Occupation: A New Wave of Global Mobilization." *Current Sociology* 61(4), 2013, p. 380.
35. Britta Baumgarten, "Geração à Rasca and Beyond: Mobilizations in Portugal after 12 March 2011." *Current Sociology* 61(4), 2013, pp. 457-473.
36. Beng Huat Chua, "Introduction: Inter-referencing East Asian Occupy movements." *International Journal of Cultural Studies* 20(2), 2017, p. 123.
37. 台灣資料來自行政院主計處，香港資料來自政府統計處。作者自行計算。
38. 引用資料來自台灣統計資訊網與世界銀行，作者自行計算。
39. Tai-lok Lui, "Getting Uneasy: The Changing Psychology of Hong Kong's Middle Classes." In *Chinese Middle Classes: Taiwan, Hong Kong, Macau and China,* edited by Michael Hsin-huang Hsiao. London: Routledge, 2014, pp. 97-119.
40. 葉仲茵、趙永佳，〈「下流」青年？客觀狀況與主觀感受〉，收錄於趙永

佳、葉仲茵、李鏗（編），《躁動青春：香港新世代處境觀察》，香港：中華書局，2016，頁54-67。
41. 蘇國賢，〈台灣的所得分配與社會流動之長期趨勢〉，收錄於王宏仁、李廣均、龔宜君（編），《跨戒：流動與堅持的台灣社會》，台北：群學，2008，頁187-216。
42. 林宗弘，〈台灣的後工業化：階級結構的轉型與社會不平等，1992-2007〉，《臺灣社會學刊》43，2009，頁93-158。
43. 黃子為、葉國豪，〈香港與台灣民眾的主觀貧富差距及政治後果：2003至2009年〉，收錄於揚文山、尹寶珊（編），《面對挑戰：台灣與香港之比較》，中央研究院社會學研究所，2013，頁237-266；鄭宏泰、尹寶珊，〈人人心中有桿秤：從台港民意角度看社會公平〉，收錄於蕭新煌、趙永佳、尹寶珊（編），《台灣與香港的青年與社會變貌》，香港：香港中文大學香港亞太研究所，2016，頁267-296。
44. 呂大樂，《四代香港人》，香港：進一步，2007。
45. 林宗弘、洪敬舒、李健鴻、王兆慶及張烽益，《崩世代：財團化、貧窮化與少子女化的危機》，台北：台灣勞工陣線，2011。
46. Ngok Ma, "Value Changes and Legitimacy Crisis in Post-industrial Hong Kong." *Asian Survey* 51(4), 2011, pp. 683-712.
47. 黃子為、趙永佳，〈後物質主義的新世代？〉，收錄於趙永佳、葉仲茵、李鏗（編），《躁動青春：香港新世代處境觀察》，香港：中華書局，2016，頁110-125。
48. Hua-Mei Chiu, "The Dark Side of Silicon Island: High-Tech Pollution and the Environmental Movement in Taiwan." *Capitalism Nature Socialism* 22(1), 2011, pp. 40-57.
49. 蔡晏霖，〈農作為方法：「以農為本」的抵抗政治〉，《文化研究》18，2014，頁217-226。
50. 該宣言的全文，https://goo.gl/mFvFVi，取用日期：日期：2016年12月27日。
51. 歌曲全文，https://goo.gl/eLqHRy，取用日期：2016年12月27日。
52. 菜園村支援組，《菜園留覆往來人》，香港：影行者，2013。
53. 宇文正、王盛弘（編），《我們這一代：七年級作家》，台北：麥田，2016。
54. 丁允恭（編），《島國關賤字》，台北：左岸，2014。
55. 何榮幸，《學運世代：眾聲喧嘩的十年》，台北：時報，2001。
56. 張勝涵，《誰來做組織：青年樂生聯盟的組織歷程（2004-2014）》，台北：台灣大學社會學研究所碩士論文，2015。

57. 莊程洋，《當代學生行動者的組織圖像》，高雄：中山大學社會學研究所碩士論文，2015，頁53、59。
58. 訪談 #TW54，2016年8月17日。
59. 訪談 #TW59，2016年10月31日。
60. 訪談 #TW47，2016年6月29日。
61. 學權小組的官方網站，https://goo.gl/9b4PhV，取用日期：2016年12月28日。
62. Jie Ying Wang, "Mobilizing Resources in Networked Social Movements: Cases in Hong Kong and Taiwan." PhD diss., Hong Kong Baptist University, 2015, p. 133.
63. 訪談 #TW62，2017年8月17日。
64. 魏揚，《太陽花盛開後回看躁動年代：青年社運行動者社群網絡的生成與實踐（2007-2016）》，新竹：清華大學社會學研究所碩士論文，2016，頁89。
65. 訪談 #TW59，2016年10月31日。
66. 訪談 #TW46，2016年6月14日。
67. 張勝涵、黃守達、余崇任，《魯蛇之春：學運青年戰鬥手冊》，台北：公共冊所，2014。
68. 魏揚，《太陽花盛開後回看躁動年代：青年社運行動者社群網絡的生成與實踐（2007-2016）》，新竹：清華大學社會學研究所碩士論文，2016，頁116-123。
69. 濁水溪社編輯小組（編），《濁水長流：濁水溪社十週年紀念專書》，台北：前衛，2016，頁54。
70. 訪談 #TW50，2016年7月15日。
71. 訪談 #TW60，2016年12月21日。
72. Alvin Y. So, *Hong Kong's Embattled Democracy: A Societal Analysis.* Baltimore, MD: Johns Hopkins University Press, 1999, pp. 119-122.
73. Scott L. Kastner, *Political Conflict and Economic Interdependence across the Taiwan Strait and Beyond*. Stanford, CA: Stanford University Press, 2009, p. 94.
74. 台灣資料來自經濟部投資審議委員會，https://goo.gl/MhByc8，香港的資料來自政府統計處，取用日期：2016年10月6日。作者自行計算。
75. 台灣經濟部國際貿易局，https://goo.gl/N6k5YU，取用日期：2016年10月6日。
76. 香港政府統計處，https://goo.gl/YoIBE7，取用日期：2016年10月12日。
77. Jieh-min Wu, "The China Factor in Taiwan." In *Routledge Handbook of Contemporary Taiwan,* edited by Gunter Schubert. London: Routledge, 2016, pp. 432.
78. Brian C. H. Fong, "The Partnership between the Chinese Government and Hong

Kong's Capitalist Class: Implications for HKSAR Governance, 1997-2012." *China Quarterly* 217, 2014, p. 206.

79. John J. Mearsheimer, "Taiwan's Dire Straits." *National Interest* 130, 2014, p. 39.
80. Douglas B. Fuller, "ECFA's Empty Promise and Hollow Threat." In *Political Changes in Taiwan under Ma Ying-jeou: Partisan Conflict, Policy Choices, External Constraints and Security Challenges,* edited by Jean-Pierre Cabestan and J. deLisle. London: Routledge, 2014, p. 97.
81. Samson Yuen, "Under the Shadow of China: Beijing's Policy towards Hong Kong and Taiwan in Comparative Perspective." *China Perspectives* 2014(2), 2014, pp. 69-76.
82. 馬英九與蔡英文關於ECFA的辯論，見公共電視，https://goo.gl/TLvXvD，取用日期：2016年10月19日。
83. 〈週刊爆：頂新大門神馬英九　出了事急切割〉，《自由時報》，2014年10月15日，https://goo.gl/Rw8pcy，取用日期：2016年10月19日。
84. Szu-chien Hsu, "The China Factor and Taiwan's Civil Society: Organizations in the Sunflower Movement. The Case of the Democratic Front against Cross-Strait Service Trade Agreement." In *Taiwan's Social Movements under Ma Ying-jeou,* edited by Dafydd Fell. London: Routledge, 2017, p. 140.
85. Shiau Ching Wong and Scott Wright, "Generating a 'Voice' among 'Media Monsters': Hybrid Media Practices of Taiwan's Anti–Media Monopoly Movement." *Australian Journal of Political Science* 53(1), 2018, pp. 89-102.
86. 魏揚，《太陽花盛開後回看躁動年代：青年社運行動者社群網絡的生成與實踐（2007-2016）》，新竹：清華大學社會學研究所碩士論文，2016，頁64。
87. 陳為廷在國立交通大學的演講，2014年9月23日。
88. Jie Ying Wang, "Mobilizing Resources in Networked Social Movements: Cases in Hong Kong and Taiwan." PhD diss., Hong Kong Baptist University, 2015, p. 222; Malte Philipp Kaeding, "Resisting Chinese Influence: Social Movements in Hong Kong and Taiwan." *Current History* 114, 2015, p. 210.
89. 宣言全文詳見台灣守護民主平台，2013年4月，http://goo.gl/q0702x，取用日期：2015年6月30日。
90. Joseph Yu-shek Cheng (ed), *The July 1 Protest Rally: Interpreting a Historic Event.* Hong Kong: City University of Hong Kong Press, 2005.
91. Sunny Shiu-Hing Lo, *The Dynamics of Beijing–Hong Kong Relations: A Model for Taiwan?* Hong Kong: Hong Kong University Press, 2008, p. 13.
92. Joseph M. Chan and Francis L. F. Lee, "Mass Media and Public Opinion." In

Contemporary Hong Kong Government and Politics, edited by Wai-man Lam, Percy Luen-tim Lui, and Wilson Wong. Hong Kong: Hong Kong University Press. 2012, pp. 223-246.

93. 資料來源：Reporters Without Borders，https://rsf.org/en，取用日期：2016年10月6日。
94. Tracy Lau, "State Formation and Education in Hong Kong: Pro-Beijing Schools and National Education." *Asian Survey* 53(4), 2013, pp. 746-749.
95. 鄭宏泰、尹寶珊，〈「自由行」十年回顧〉，收錄於《研究專論》第226號，香港：香港中文大學香港亞太研究所，2013，頁33-35。
96. 陳冠中，《中國天朝主義與香港》，香港：牛津大學出版社，2012，頁87-128。亦見鄭祖邦，〈在中國因素下香港本土意識的分歧與整合：2003至2016年〉。《台灣社會學》第38期（即將出版）。
97. Agnes Shuk-mei Ku, "Civil Society's Dual Impetus: Mobilization, Representations and Contestations over the July 1 March in 2003." In *Politics and Government in Hong Kong: Crisis under Chinese Sovereignty,* edited by Ming Sing. London: Routledge, 2009, pp. 43-45.
98. Ngok Ma, *Political Development in Hong Kong: State, Political Society, and Civil Society.* Hong Kong: Hong Kong University Press, 2007, pp. 199-219.
99. Ho-fung Hung and Iam-chong Ip, "Hong Kong's Democratic Movement and the Making of China's Offshore Civil Society." *Asian Survey* 52(3), 2012, pp. 504-527.
100. 陳韜文、李立峯，〈香港不能忘記六四之謎：傳媒、社會組織、民族國家和集體記憶〉，《傳播學研究》103，2010，頁215-259。
101. 宣言全文見https://goo.gl/0hMMLz，取用日期：2016年10月14日。
102. Margaret Ng, "Democratization of Hong Kong SAR: A Pro-democracy View." In *China's Hong Kong Transformed: Retrospect and Prospects beyond the First Decade,* edited by Ming K. Chan. Hong Kong: City University of Hong Kong Press, 2008, p. 73.
103. Kai Hon Ng, "Social Movements and Policy Capacity in Hong Kong: An Alternative Perspective." *Issues and Studies* 49(2), 2013, pp. 179-214.
104. Yun-chung Chen and Mirana M. Szeto, "The Forgotten Road of Progressive Localism: New Preservation Movement in Hong Kong." *Inter-Asia Cultural Studies* 16(3), 2015, pp. 436-453. Agnes Shuk-mei Ku, "Remaking Places and Fashioning an Opposition Discourse: Struggle over the Star Ferry Pier and the Queen's Pier in Hong Kong." *Environment and Planning D* 30(1), 2012, pp. 5-22.
105. Hang Li, "Contentious Politics in Two Villages: Comparative Analysis of Anti-High-

Speed-Rail Campaigns in Hong Kong and Taiwan." PhD diss., Chinese University of Hong Kong, 2013.

106. Alvin Y. So, "Social Conflict in Hong Kong after 1997: The Emergence of a Post-modern Mode of Social Movements?" In *China's Hong Kong Transformed: Retrospect and Prospect beyond the First Decade,* edited by Ming K. Chan. Hong Kong: City University of Hong Kong Press, 2008, pp. 233-251.
107. 司徒薇，〈思考香港新社會運動〉，收錄於本土論述編輯委員會（編），《本土論述2010》，台北：漫遊者文化，2011，頁47-55。
108. Pik Wan Wong, "The Pro-Chinese Democracy Movement in Hong Kong." In *The Dynamics of Social Movement in Hong Kong,* edited by Stephen Wing Kai Chiu and Tai-lok Lui. Hong Kong: Hong Kong University Press, 2000, p. 73.
109. 孔誥烽，〈從維港發現玉山——港、台本土意識的共振〉，收錄於本土論述編輯委員會（編），《本土論述2010》，台北：漫遊者文化，2011，頁115。
110. Agnes Shuk-mei Ku, "Remaking Places and Fashioning an Opposition Discourse: Struggle over the Star Ferry Pier and the Queen's Pier in Hong Kong." *Environment and Planning D* 30(1), 2012, p. 17.
111. 訪談 #HK7，2015年5月16日。
112. Matthew Torne, *Lessons in Dissent.* Hong Kong: Torne Films, 2014.
113. 鄭松泰，〈「左・右膠之謎」：香港社會抗爭的本土轉向〉，《新社會》31，2013，頁36-38。
114. 陳允中，〈香港的土地正義運動：保衛家園與保衛國族是不相容的〉，《文化研究》18，2014，頁188-199。
115. 這場關於無線電視執照的發放，被視為香港人精神與親北京特區政府的戰爭。詳見Yuk-ming Lisa Leung, "(Free) TV Cultural Rights and Local Identity: The Struggle of HKTV as a Social Movement." *Inter-Asia Cultural Studies* 16(3), 2015, pp. 422-435.
116. Rwei-ren Wu, "The Lilliputian Dreams: Preliminary Observations of Nationalism in Okinawa, Taiwan and Hong Kong." *Nations and Nationalism* 22(4), 2016, pp. 683-705.
117. 訪談 #HK4-3，2017年1月5日。
118. 〈佔中急先鋒背後　香港學生激進派前世今生〉，《風傳媒》，2014年8月29日，https://goo.gl/e9N5Pf，取用日期：2017年1月9日。
119. Stephan Ortmann, "Hong Kong: Problems of Identity and Independence." In *Student Activism in Asia: Between Protest and Powerlessness,* edited by Meredith L. Weiss and

Edward Aspinall. Minneapolis: University of Minnesota Press, 2012, pp. 90-91.
120. 訪談 #HK16-2，2016年5月3日。
121. 訪談 #HK21，2015年11月14日。
122. 蔡子強、黃昕然、蔡耀昌、莊耀洸，《同途殊歸：前途談判以來的香港學運》，香港：人文科學出版社，1998，頁227、230。
123. 訪談 #HK67，2017年1月5日。
124. 訪談 #HK57，2016年9月1日。
125. 李敏剛，〈中大學生會：十年點評〉，收錄於中大五十年編輯委員會編，《中大五十年（下）》，香港：香港中文大學學生會，2015，頁347-356。
126. 訪談 #HK55，2016年8月17日。
127. 訪談 #HK65，2016年12月17日。
128. 訪談 #HK62，2016年9月3日。
129. 訪談 #HK37，2016年5月30日。
130. 訪談 #HK46，2016年8月1日。
131. Jie Ying Wang, "Mobilizing Resources to the Square: Hong Kong's Anti-moral and National Education Movement as Precursor to the Umbrella Movement." *International Journal of Cultural Studies* 20(2), 2017, pp. 127-145.
132. 訪談 #HK57，2016年9月1日。
133. Christopher R. Hughes, "Revisiting Identity Politics under Ma Ying-jeou." In *Political Changes in Taiwan under Ma Ying-jeou: Partisan Conflict, Policy Choices, External Constraints and Security Challenges,* edited by Jean-Pierre Cabestan and Jacques deLisle. London: Routledge, 2014, p. 131.
134. 趙永佳，〈解讀港人「人心背離」之謎〉，《明報》，2016年4月19日，https://ppt.cc/fx日，取用日期：2016年10月21日。
135. Malte Philipp Kaeding, "Identity Formation in Taiwan and Hong Kong: How Much Difference, How Many Similarities?" In *Taiwanese Identity in the Twenty-First Century: Domestic, Regional and Global Perspectives,* edited by Gunter Schubert and Jens Damm. London: Routledge, 2011, pp. 258-279.
136. 根據TVBS的民調，20多歲的台灣受訪者認同自己的是台灣人的比例，在2008年是76%，2012年是87%，2013年是89%。資料來源：https://goo.gl/PVv2fi，取用日期：2016年10月21日。
137. Shelley Rigger, "The China Impact on Taiwan's Generational Politics." In *Taiwan and the "China Impact": Challenges and Opportunities,* edited by Gunter Schubert. London: Routledge. 2016, pp. 84-88.

138. 香港大學民調研究計畫，https://goo.gl/uFFAJW，取用日期：2016年10月20日。
139. 尹寶珊、鄭宏泰，〈身分認同：對中國的「重新想像」〉，收錄於趙永佳、葉仲茵、李鏗編，《躁動青春：香港新世代處境觀察》，香港：中華書局，2016，頁134。
140. Arif Dirlik, "The Mouse That Roared: The Democratic Movement in Hong Kong." *Contemporary Chinese Political Economy and Strategic Relations* 2(2), 2016, p. 674.
141. 邱毓斌，〈自主工運組織策略的歷史局限〉，收錄於何明修、林秀幸主編，《社會運動的年代》，台北：群學，2011，頁89。
142. Ming-sho Ho, "The Resurgence of Social Movements under the Ma Ying-jeou Government: A Political Opportunity Structure Perspective." In *Political Changes in Taiwan under Ma Ying-jeou: Partisan Conflict, Policy Choices, External Constraints and Security Challenges,* edited by Jean-Pierre Cabestan and Jacques deLisle. London: Routledge, 2014, pp. 100-119; Shuge Wei, "Recover from 'Betrayal': Local Anti-nuclear Movements and Party Politics in Taiwan." *Asia-Pacific Journal* 8(3), 2016, pp. 1-21.
143. Ketty W. Chen, "This Land Is your Land? This Land Is MY Land: Land Expropriation during Ma Ying-jeou Administration and Implications on Social Movements." In *Taiwan's Social Movements under Ma Ying-jeou,* edited by Dafydd Fell. London: Routledge, 2017, pp. 101-107.
144. 〈大埔抗議　江宜樺：不符「公民不服從運動」〉，台灣《蘋果日報》，2013年8月22日，https://goo.gl/rbQojt，取用日期：2016年12月22日。
145. Edmund W. Cheng, "Street Politics in a Hybrid Regime: The Diffusion of Political Activism in Post-colonial Hong Kong." *China Quarterly* 226, 2016, pp. 383-406; "Master Frames, Transformative Events and the Repertoires of Contention." In *Routledge Handbook of Contemporary Hong Kong,* edited by Tai-lok Lui, Stephen Wing Chiu, and Ray Yep. London: Routledge, 2018, pp. 210-226.
146. Francis L. F. Lee, "Social Movement as Civic Education: Communication Activities and Understanding of Civil Disobedience in the Umbrella Movement." *Chinese Journal of Communication* 8(4), 2015, pp. 393-411.
147. Joseph Yu-shek Cheng, "The Emergence of Radical Politics in Hong Kong: Causes and Impact." *China Review* 14(1), 2014, pp. 199-232; Michael Hsin-huang Hsiao and Ming-sho Ho, "Civil Society and Democracy-Making in Taiwan: Reexamining the Link." In *East Asia's New Democracies: Deepening, Reversal, and Non-liberal*

Alternatives, edited by Yin-wah Chu and Siu-lun Wong London: Routledge, 2010, pp. 43-64; Ming-sho Ho, "A Revolt against Chinese Intellectualism: Understanding the Protest Script in Taiwan's Sunflower Movement of 2014." *Mobilizing Ideas,* 2014/12/2, http://goo.gl/isGj6L, accessed on 2016/11/11.

148. Lara Momesso and Isabelle Cheng, "A Team Player Pursuing Its Own Dreams: Rights-Claim Campaign of Chinese Migrant Spouses in the Migrant Movement before and after 2008." In *Taiwan's Social Movements under Ma Ying-jeou,* edited by Dafydd Fell. London: Routledge, 2017, pp. 219-235.
149. Shelley Rigger, *Why Taiwan Matters: Small Island, Global Powerhouse.* Lanham, MD: Rowman and Littlefield, 2011, p. 193.
150. Jacques deLisle, "Democracy and Constitutionalism in China's Shadow: Sunflowers in Taiwan and Umbrellas in Hong Kong." In *Law and Politics of Taiwan Sunflower and Hong Kong Umbrella Movements,* edited by Brian Christopher Jones. London: Routledge, 2017, p. 208.
151. 陳雲，《香港城邦論》，香港：天窗出版社，2011，頁17、30、150。
152. Yun-chung Chen and Mirana M. Szeto, "The Forgotten Road of Progressive Localism: New Preservation Movement in Hong Kong." *Inter-Asia Cultural Studies* 16(3), 2015, p. 438.
153. Iam-Chong Ip, "Politics of Belonging: A Study of the Campaign against Mainland Visitors in Hong Kong." *Inter-Asia Cultural Studies* 16(3), 2015, p. 414.
154. 陳雲，《香港城邦論》，香港：天窗出版社，2011，頁17。
155. 訪談 #HK37，2016年5月30日。
156. Tai-lok Lui, "A Missing Page in the Grand Plan of 'One Country, Two Systems': Regional Integration and Its Challenges to Post-1997 Hong Kong." *Inter-Asia Cultural Studies* 16(3), 2015, p. 404.
157. 見孔誥烽的評論，〈兩左合流齊滅港？反赤化廣告與公民身分的國際認知〉，《熱血時報》，2013年9月17日，https://goo.gl/4A3V5g，取用日期：2017年1月16日。
158. 訪談 #TW50，2016年7月15日。
159. J. Michael Cole, *Black Island: Two Years of Activism in Taiwan.* Charleston, SC: CreateSpace Independent Publishing Platform, 2015, pp. 32-38.
160. 訪談 #TW60，2016年12月21日。
161. 訪談 #TW57，2016年10月4日。
162. Christina Flesher Fominaya, *Social Movements and Globalization.* New York: Palgrave

Macmillan, 2014, p. 39.
163. 訪談 #HK66，2017年1月5日。
164. 孔誥烽，〈從維港發現玉山——港、台本土意識的共振〉，收錄於本土論述編輯委員會（編），《本土論述2010》，台北：漫遊者文化，2011，頁116。
165. 訪談 #HK4-3，2017年1月5日。
166. 訪談 #HK46，2016年8月1日。
167. 訪談 #TW61，2016年12月23日。
168. 台灣人支持香港七一遊行照片，《主場新聞》，https://goo.gl/T6Rlbh，取用日期：2017年1月15日。
169. 訪談 #HK38，2016年6月15日。
170. Maryjane Osa, *Solidarity and Contention: Networks of Polish Opposition.* Minneapolis: University of Minnesota Press, 2003, pp. 154-168.

第二章　機會、威脅與對峙

1. 〈遺憾傘運欠準備　周永康因退聯崩潰〉，香港《蘋果日報》，2016年8月30日，https://goo.gl/Hhxh0S，取用日期：2016年11月23日。
2. Taipei Documentary Filmmakers' Union, *Sunflower Occupation.* Taipei: Tianmaxingkong, 2014.
3. 〈林飛帆：我們比馬英九民主多了〉，《自由時報》，2014年4月10日，https://goo.gl/FbqZzH，取用日期：2016年11月23日。
4. 本章部分材料來自作者已出版著作，見何明修，〈政治機會、威脅與太陽花運動〉，收錄於林秀幸、吳叡人（編），《照破：太陽花運動的振幅、縱深與視域》，台北：左岸，2016，頁163-206；Ming-sho Ho, "Occupy Congress in Taiwan: Political Opportunity, Threat, and the Sunflower Movement." *Journal of East Asian Studies* 15(101), 2015, pp. 69-97.
5. Charles Tilly and Sidney Tarrow, *Contentious Politics.* New York: Paradigm, 2007, p. 49.
6. David S.Meyer, *A Winter of Discontent: The Nuclear Freeze and American Politics.* New York: Praeger, 1990; Doug McAdam, *Political Process and the Development of Black Insurgency 1930–1970.* Chicago: University of Chicago Press, 1982; Sidney Tarrow, *Democracy and Disorder: Protest and Politics in Italy 1965-75.* Oxford: Clarendon Press, 1989.
7. Jack A. Goldstone and Charles Tilly, "Threat (and Opportunity): Popular Action and State Response in the Dynamics of Contentious Action." In *Silence and Voice in the*

Study of Contentious Politics. Cambridge: Cambridge University Press, 2001, p. 183.

8. Rachel L. Einwohner, "Opportunity, Honor and Action in the Warsaw Ghetto Uprising of 1943." *American Journal of Sociology* 109(3), 2003, pp. 650-675; Thomas V. Maher, "Threat, Resistance, and Collective Action: The Cases of Sobibór, Treblinka and Auschwitz." *American Sociological Review* 75(2), 2010, pp. 252-272.
9. Doug McAdam and William H. Sewell Jr., "It's about Time: Temporality in the Study of Social Movements and Revolution." In *Silence and Voices in the Study of Contentious Politics*. Cambridge: Cambridge University Press, 2001, pp. 101-102.
10. James M. Jasper, *Protest: A Cultural Introduction to Social Movements.* Oxford: Polity Press, 2014, p. 104.
11. Neil Fligstein and Doug McAdam, *A Theory of Fields.* Oxford: Oxford University Press, 2012, p. 84.
12. Doug McAdam, "Tactical Innovation and the Pace of Insurgency." *American Sociological Review* 48(6), 1983, pp. 735-754.
13. Robin Wagner-Pacifici, *Theorizing the Standoff: Contingency in Action.* Cambridge: Cambridge University Press, 2000.
14. Francesco Alberoni, *Movement and Institution.* New York: Columbia University Press, 1984.
15. Syaru Shirley Lin, *Taiwan's China Dilemma: Contested Identities and Multiple Interests in Taiwan's Cross-Strait Economic Policy*. Stanford, CA: Stanford University Press, 2016, pp. 181-182.
16. 民主進步黨新聞稿，2012年2月22日，https://goo.gl/L8bkvg，取用日期：2015年11月14日。
17. 〈晤國台辦主任　謝長廷吐槽服貿〉，台灣《蘋果日報》，2013年7月1日，https://goo.gl/XeIOC7，取用日期：2016年11月6日。
18. 訪談 #TW32，2015年12月12日。
19. Democratic Progressive Party, *The 2014 China Policy Review: Summary Report.* Taipei: Democratic Progressive Party, 2014, p. 35.
20. 〈逢中必反印象　民進黨：檢討〉，《自由時報》，2014年3月14日，http://goo.gl/xbn9iI，取用日期：2014年9月22日。
21. 〈應對張志軍　魏揚對民進黨失望〉，《中央通訊社》，2014年6月29日，http://goo.gl/Yu9zpS，取用日期：2014年9月22日。
22. 訪談 #TW31-1，2015年5月15日。
23. 訪談 #TW14，2014年4月30日。

24. 總統府新聞稿，2014年1月1日，https://goo.gl/UR8mwo，取用日期：2016年11月8日。
25. 訪談 #TW58，2016年10月4日。
26. Ming-sho Ho, "The Fukushima Effect: Explaining the Recent Resurgence of the Anti-nuclear Movement in Taiwan." *Environmental Politics* 23(6), 2014, p. 979.
27. 王金平，《橋：走近王金平》，台北：河景書房，2019，頁151-152。
28. 〈郝龍斌：驅離不是好做法〉，《自由時報》，2014年3月20日，http://goo.gl/2xwJ64，取用日期：2014年9月22日；〈肯定學生善良，朱立倫：服貿審查要「非常公開、非常透明」〉，《自由時報》，2014年3月22日，http://goo.gl/WMwxUK，取用日期：2014年9月22日。
29. 訪談 #TW3，2014年4月17日。
30. 訪談 #TW8，2014年4月22日。
31. 訪談 #TW39，2016年5月11日。
32. 傅仰止、章英華、杜素豪、廖培珊，《台灣社會變遷基本調查計畫第六期第四次調查計畫執行報告》，台北：中央研究院社會學研究所，2014，頁230-231。
33. 同上，頁210-211。
34. 田野筆記，一場在台北的論壇活動，2014年9月20日。
35. 訪談 #TW23，2014年5月16日。
36. 訪談 #TW51，2016年7月18日。
37. 訪談 #TW46，2016年6月14日。
38. 訪談 #TW9，2014年4月22日。
39. 訪談 #TW17，2014年5月5日。
40. 訪談 #TW4，2014年4月17日。
41. 訪談 #TW1，2014年4月10日。
42. 訪談 #TW51，2016年7月18日。
43. 訪談 #TW43，2016年6月7日。
44. 訪談 #TW47，2016年6月29日。
45. 訪談 #TW34，2016年4月6日。
46. 〈學生自主罷課　23校連署響應〉，《自由時報》，2014年3月25日，https://goo.gl/g9kV86，取用日期：2014年11月19日。
47. 〈挺學運　萬泰銀行工會4月罷工投票〉，《大紀元時報》，2014年3月31日，https://goo.gl/KlVjNq，取用日期：2016年11月19日。
48. 晏山農、羅慧雯、梁秋虹、江昺崙，《這不是太陽花學運：318運動全記

錄》，台北：允晨文化，2015，頁112-113。
49. 何明修，〈介於抗爭與協商：勞工運動在台灣的經濟社會學意涵〉，收錄於李宗榮、林宗弘（編），《未竟的奇蹟：轉型中台灣經濟與社會》，台北：中央研究院社會學研究所，2017，頁125-158。
50. 關於行政院事件的詳細始末，詳見林傳凱，〈2014年323政院抗爭事發過程陳述〉，調查報告，2016年，https://goo.gl/BajNZ5，取用日期：2016年11月21日。
51. 楊翠，《壓不扁的玫瑰：一位母親的三一八運動事件簿》，台北：公共冊所，2014。
52. 訪談 #TW39，2016年5月11日。
53. 關於馬英九總統的第二次正式回應，見陸委會「總統大陸政策談話」，https://goo.gl/gr5NEJ，取用日期：2016年11月21日。
54. 〈政院版監督條例草案全文　大公開〉，台灣《蘋果日報》，2014年4月3日，https://goo.gl/eJGRMi，取用日期：2016年11月21日。
55. 黃昆輝、鄒景文著，《新時代的台灣：邁向正常國家之路》，台北：玉山社，2018年，頁232。
56. 馬英九，《八年執政回憶錄》，台北：天下文化，2019，頁318。
57. 訪談 #TW57，2016年10月4日。
58. Leo F. Goodstadt, *Uneasy Partners: The Conflict of Public Interest and Private Profit in Hong Kong*. Hong Kong: Hong Kong University Press, 2005, pp. 19-48.
59. Tai-lok Lui and Stephen Wing Kai Chiu, "Introduction." In *The Dynamics of Social Movements in Hong Kong,* edited by Stephen Wing Kai Chiu and Tai-lok Lui. Hong Kong: Hong Kong University Press. 2000, p. 11.
60. 香港立法會內直接民選的席次成長速度非常緩慢，1991年為60席中選18席，到了1998年變成60席中選24席，2004年又改為60席中選30席，2012年則是進展到70席中選40席。
61. Ngok Ma, "Political Parties and Elections." In *Contemporary Hong Kong Government and Politics,* edited by Wai-man Lam, Percy Luen-tim Lui, and Wilson Wong. Hong Kong: Hong Kong University Press, 2012, pp. 163-164.
62. Jermian T. M. Lam, "District Councils, Advisory Bodies and Statutory Bodies." In *Contemporary Hong Kong Government and Politics,* edited by Wai-man Lam, Percy Luen-tim Lui, and Wilson Wong. Hong Kong: Hong Kong University Press, 2012, p. 117.
63. Brian C. H. Fong, "State-Society Conflicts under Hong Kong's Hybrid Regime:

Governing Coalition Building and Civil Society Challenges." *Asian Survey* 53(5), 2013, pp. 854-882.

64. Christine Loh, *Underground Front: The Chinese Communist Party in Hong Kong*. Hong Kong: Hong Kong University Press, 2010, p. 175.
65. Ming Sing, *Hong Kong's Tortuous Democratization: A Comparative Analysis*. London: Routledge, 2004, p. 88.
66. Gordon Matthews, Eric Kit-wai Ma and Tai-lok Lui, *Hong Kong, China: Learning to Belong to a Nation*. London: Routledge, 2008, p. 45.
67. Sebastian Veg, "The Rise of 'Localism' and Civic Identity in Post-handover Hong Kong: Questioning the (Chinese) Nation-State." *China Quarterly* 230, 2017, pp. 323-347.
68. 〈港立法會通過「反台獨」議案〉，《人民日報》，2000年5月11日，http://goo.gl/2fiuHz，取用日期：2016年10月5日。
69. 何俊仁，《謙卑的奮鬥》，香港：香港大學出版社，2010，頁237-239。
70. Ngok Ma, *Political Development in Hong Kong: State, Political Society, and Civil Society*. Hong Kong: Hong Kong University Press, 2007, pp. 145-147.
71. Ming Sing and Yuen-sum Tang, "Mobilization and Conflicts over Hong Kong's Democratic Reform." In *Contemporary Hong Kong Government and Politics,* edited by Wai-man Lam, Percy Luen-tim Lui, and Wilson Wong. Hong Kong: Hong Kong University Press, 2012, p. 150.
72. Ngok Ma, "Hong Kong's Democrats Divide." *Journal of Democracy* 22(1), 2011, p. 66.
73. 戴耀廷，《佔領中環》，香港：天窗出版，2013，頁32-34。
74. 訪談 #HK46，2016年8月1日。
75. 訪談 #TW33，2016年3月14日。
76. 見佔中運動的官方臉書社團「佔領中環」，https://goo.gl/H7ie4H，取用日期：2016年11月11日。
77. 戴耀廷，《佔領中環》，香港：天窗出版，2013，頁54。
78. 陳健民在中央研究院社會學研究所的演講，2013年12月5日。
79. 訪談 #HK1-1，2014年3月24日。
80. 訪談 #HK55，2016年8月17日。
81. 〈佔中VS.反佔中　香港民主進程大鬥爭〉，《風傳媒》，2014年6月28日，https://goo.gl/4fe6b4，取用日期：2015年6月18日。
82. 〈亞洲週刊2014風雲人物　佔領者反佔領者〉，《風傳媒》，2014年12月28

日，https://goo.gl/Tl2tNk，取用日期：2015年8月25日。
83. “Is this goodbye to Occupy Central? Co-founder Benny Tai admits, ‘We failed’”, *South China Morning Post*, 2014/9/2, https://goo.gl/HOvQLC, accessed on 2016/11/11.
84. 訪談 #HK52，2016年8月16日。
85. 訪談 #HK16-1，2015年6月1日。
86. 傘下的人，《被時代選中的我們》，香港：白卷，2015，頁22-23。
87. 訪談 #HK34，2016年3月15日。
88. 訪談 #HK36，2016年5月26日。
89. 作者感謝許仁碩提供的資訊。
90. 黃之鋒，《我不是細路》，香港：白卷，2015，頁47。
91. 陳奕廷，《傘裡傘外：民主前夕的香港故事》，台北：水牛，2015，頁80。
92. 香港大學民調研究計畫，https://goo.gl/EtZvlo，取用日期：2016年11月7日。
93. 訪談 #HK58，2016年9月1日。
94. 戴耀廷，《佔領中環》，香港：天窗出版，2013，頁157。
95. 〈政改十字路口香港何去何從〉，《明報》，2014年7月1日，A02。
96. 〈民主黨中常委參加溫和派聯署〉，香港《蘋果日報》，2014年8月8日，https://goo.gl/MxHhOs，取用日期：2016年11月9日。
97. 〈泛民企硬　政府難覓撬票對象〉，香港《蘋果日報》，2014年9月1日，https://goo.gl/zpfH6z，取用日期：2016年11月9日。
98. Jason Y. Ng, *Umbrellas in Bloom: Hong Kong's Occupy Movement Uncovered.* Hong Kong: Blacksmith Books, 2016, pp. 31-32.
99. 蔡寶瓊、胡露茜、阮美賢、麥明儀、未圓小組（合編），《傘緣未圓》，香港：香港基督徒學會，2015，頁52。
100. 訪談 #HK6，2015年4月15日。
101. 同上。
102. 袁瑋熙，〈雨傘運動的動員邏輯〉，論文發表於「新傳播．新主體與新公民社會國際學術交流研討會」，台北：國立台灣師範大學大眾傳播研究所等，2015年10月17-18日；Gary Tang, “Mobilization by Images: TV Screen and Mediated Instant Grievances in the Umbrella Movement.” *Chinese Journal of Communication* 8(4), 2015, pp. 338-355.
103. 〈學聯籲民眾全面撤離　「保留力量擇日再會」〉，香港《蘋果日報》，2014年9月28日，https://goo.gl/EpTGqa，取用日期：2016年11月16日。
104. 訪談 #HK10，2015年5月18日。

105. 訪談 #HK46，2016年8月1日。
106. 林萬榮編，《消失了的七十九天》，香港：以賽亞，2015，頁20。
107. 訪談 #HK52，2016年8月16日。
108. 訪談 #HK1-2，2014年11月17日。
109. 訪談 #HK55，2016年8月17日。
110. 訪談 #HK59，2016年9月2日。
111. 〈周日話題：雨傘感悟〉，《明報》，2016年10月2日，https://goo.gl/SIEICj，取用日期：2016年11月9日。
112. 訪談 #HK4-1，2015年3月14日。
113. 〈無懼鎮壓　六萬人佔中叫梁下台〉，香港《蘋果日報》，2014年9月29日，https://goo.gl/Xn3Oky，取用日期：2016年11月9日。
114. 〈太古飲料200人罷工〉，《明報》，2014年9月29日，https://goo.gl/cfOohG，取用日期：2016年11月9日。關於香港勞工為何沒有回應學生所提出的罷工訴求，詳見陳敬慈、楊穎仁，〈雨傘運動之後：尋找新抗爭模式？〉，收錄於成名（編），《民主與香港管治》，香港：進一步，2016，頁119-133。
115. 〈梁振英林鄭11時半記招回應學聯公開信〉，《明報》，2014年10月2日，https://goo.gl/uwQRuS，取用日期：2016年11月21日。
116. 〈學生公開信致習　矛頭指梁．建制議員：中聯辦稱清場須民意支持〉，《明報》，2014年10月12日，https://goo.gl/99Xt8J，取用日期：2016年11月21日。
117. 訪談 #HK1-2，2014年11月17日。
118. 訪談 #HK19，2015年6月5日。
119. 熱血時報（編），《雨傘失敗錄》，香港：熱血時報，2016，頁231。
120. 〈梁振英：外部勢力介入佔中．不同國家均有參與　非首次有勢力干預香港內部〉，《明報》，2014年10月19日，https://goo.gl/ehfjU9，取用日期：2016年11月21日。
121. 傘下的人，《被時代選中的我們》，香港：白卷，2015，頁238-249。
122. 訪談 #HK58，2016年9月1日。
123. 訪談 #HK8-1，2015年5月18日。
124. 香港專上學生聯會，〈致各界市民歉意書〉，《獨立媒體》，2014年10月5日，https://goo.gl/eHCwCv，取用日期：2016年11月21日。
125. 〈學聯研金鐘道撤路障通車．堅持佔領者：政府未許諾難妥協〉，《明報》，2014年10月9日，https://goo.gl/a0XCBY，取用日期：2016年11月21日。

126. 〈學界泛民倡金鐘道換公民廣場・釋善意盼政府回應　部分佔領者斥「遭遺棄」〉《明報》，2014年10月13日，https://goo.gl/KuwrXM，取用日期：2016年11月21日。
127. 訪談 #HK56，2016年8月17日。
128. 訪談 #HK35，2016年3月19日。
129. Edmund W. Cheng and Samson Yuen, "Neither Repression nor Concession? A Regime's Attrition against Massive Protests." *Political Studies* 65(1), 2017, pp. 1-20.
130. 〈亞洲週刊2014風雲人物　佔領者反佔領者〉，《風傳媒》，2014年12月28日，https://goo.gl/VlA2wA，取用日期：2015年8月28日。
131. Marshall Ganz, *Why David Sometimes Wins: Leadership, Organization, and Strategy in the California Farm Worker Movement*. Oxford: Oxford University Press, 2009.
132. 訪談 #HK39，2016年6月15日。
133. 訪談 #HK49，2016年8月14日。
134. 獨立媒體，《我們的雨傘時代》，香港：文化及媒體教育基金會，2016，頁15。
135. 何式凝，《抗命時代的日常》，香港：紅出版，2015，頁13。
136. 訪談 #HK1-3，2017年1月5日。
137. Shun-hing Chan "The Protestant Community and the Umbrella Movement in Hong Kong." *Inter-Asia Cultural Studies* 16(3), 2015, p. 387.
138. 〈後雨傘運動　學民的「第二次前途問題」〉，《立場新聞》，2016年5月9日，https://goo.gl/H3TBp8，取用日期：2017年11月17日。
139. 《中大學生報：罷課特刊》，2014年9月20日，https://goo.gl/oc4bgd，取用日期：2017年11月17日。
140. James M. Jasper, "Recruiting Intimates, Recruiting Strangers: Building the Contemporary Animal Rights Movement." In *Waves of Protest: Social Movements since the Sixties*, edited by Jo Freeman and Victoria Johnson. New York: Rowman and Littlefield, 1999, pp. 65-82.
141. 訪談 #HK55，2016年8月17日。
142. 訪談 #HK39，2016年6月15日。
143. 訪談 #HK39，2016年6月15日。
144. 訪談 #TW10，2014年4月22日。
145. 訪談 #HK22，2015年11月14日。
146. 訪談 #HK36，2016年5月26日。
147. 訪談 #HK37，2016年5月30日。

148. 訪談 #TW46，2016年6月14日
149. 訪談 #TW39，2016年5月11日。
150. William H.Sewell Jr., "Space in Contentious Politics." In *Silence and Voice in the Study of Contentious Politics*. Cambridge: Cambridge University Press, 2001, pp. 51-88. Dingxin Zhao, "Ecologies of Social Movements: Student Mobilization during the 1989 Prodemocracy Movement in Beijing." *American Journal of Sociology* 103(6), 1998, pp. 1493-1529.
151. 訪談 #TW46，2016年6月14日。
152. 台北市紀錄片從業人員職業工會，《太陽，不遠》，2014。
153. 訪談 #HK59，2016年9月12日。
154. 〈逾百人包圍大台　促解散糾察隊〉，香港《蘋果日報》，2014年11月20日，https://goo.gl/lJaj9f，取用日期：2016年11月18日。
155. 訪談 #TW4，2014年4月17日。
156. 熱血時報（編），《雨傘失敗錄》，香港：熱血時報，2016，頁120-121、213。
157. 訪談 #HK16-1，2015年6月1日。
158. 訪談 #HK58，2016年9月11日。
159. 陳景輝、何式凝、小小及Anthony，《雨傘政治四重奏》，香港：進一步，2015，頁2、10。
160. 謝碩元（編），《賤民解放區》，台北：賤民解放區，2016，頁14。
161. 晏山農、羅慧雯、梁秋虹、江昺崙，《這不是太陽花學運：318運動全記錄》，台北：允晨文化，2015，頁104-105。
162. Andreas Schedler, "Mapping Contingency." In *Political Contingency: Studying the Unexpected, the Accidental, the Unforeseen,* edited by Ian Shapiro and Sonu Bedi. New York: New York University Press, 2007, pp. 70-73.
163. James M. Jasper, "A Strategic Approach to Collective Action: Looking for Agency in Social-Movement Choices." *Mobilization* 9(1), 2004, pp. 1-16; *Protest: A Cultural Introduction to Social Movements.* Oxford: Polity Press, 2014.
164. David S. Meyer and Sidney Tarrow, "A Social Movement Society." In *The Social Movement Society: Contentious Politics for a New Century,* edited by David S. Meyer and Sidney Tarrow. New York: Rowman and Littlefield, 1998, pp. 1-28.

第三章　臨機應變

1. 本章部分材料來自作者已出版著作，見Ming-sho Ho, "From Mobilization

to Improvisation: The Lessons from Taiwan's 2014 Sunflower Movement." *Social Movement Studies* 17(2), 2018, pp. 189-202.

2. One More Story Voice公民的聲音團隊（編），《那時我在》，台北：無限出版，2014，頁45。
3. 蔡寶瓊、胡露茜、阮美賢、麥明儀、未圓小組（合編），《傘緣未圓》，香港：香港基督徒學會，2015，頁20。
4. W. Lance Bennett and Alexandra Segerberg, *The Logic of Connective Action: Digital Media and the Personalization of Contentious Politics.* Cambridge: Cambridge University Press, 2013, p. 23.
5. 訪談 #HK45，2016年7月28日。
6. Sebastian Veg, "Creating a Textual Public Space: Slogans and Texts from Hong Kong's Umbrella Movement." *Journal of Asian Studies* 75(3), 2016, p. 679.
7. David Graeber, *Direct Action: An Ethnography.* Oakland, CA: AK Press, 2009; Invisible Committee, *The Coming Insurrection.* Los Angeles: Semiotext(e), 2009.
8. Athina Karatzogianni and W. Andrew Robinson, *Power, Resistance and Conflict in the Contemporary World.* London: Routledge, 2010, p. 131.
9. Michael Hardt and Antonio Negri, *Assembly.* Oxford: Oxford University Press, 2017, pp. xiv, 15-24.
10. David Graeber, "The New Anarchists." *New Left Review* 13, 2002, p. 72.
11. *Oxford English Dictionary*, http://goo.gl/x0UCOf, accessed on 2014/8/25.
12. Clarke McPhail, *The Myth of the Madding Crowd.* New York: A. de Gruyter, 1991, p. 219.
13. Charles Tilly and Sidney Tarrow, *Contentious Politics.* New York: Paradigm, 2007, p. 219.
14. Herbert Kitschelt, "Resource Mobilization Theory: A Critique." In *Research on Social Movements: The State of the Art in Western Europe and the USA,* edited by Dieter Rucht. Boulder, CO: Westview Press, 1991, p. 331.
15. Charles Tilly, *From Mobilization to Revolution.* Reading, MA: Addison-Wesley, 1978, p. 84.
16. David A. Snow and Dana M. Moss, "Protest on the Fly: Toward a Theory of Spontaneity in the Dynamics of Protest and Social Movements." *American Sociological Review* 79(6), 2014, pp. 1122-1143.
17. Doug McAdam, Sidney Tarrow and Charles Tilly, *Dynamics of Contention.* Cambridge: Cambridge University Press, 2001, p. 49.

18. 李志德，《無岸的旅途》，台北：八旗文化，2014，頁202。
19. 陳健民在台北的演講，2015年8月2日。他進一步指出，「陽傘運動」應是較貼切的名稱，因為當天香港炎熱，女性上街頭都帶遮陽用品。
20. One More Story Voice公民的聲音團隊（編），《那時我在》，台北：無限出版，2014，頁123。
21. 林萬榮（編），《消失了的七十九天》，香港：以賽亞，2015，頁76。
22. Jason Y. Ng, *Umbrellas in Bloom: Hong Kong's Occupy Movement Uncovered.* Hong Kong: Blacksmith Books, 2016, p. 209.
23. 黃舒楣、伊恩，〈撐起雨傘的非常城市：遇見他者的閾限空間〉，《考古人類學刊》83，2015，頁33-36。
24. 訪談 #TW21，2014年5月29日。
25. 訪談 #TW14，2014年4月30日。
26. 〈物資新困擾　80隻熊指定送陳為廷〉，《自由時報》，2014年4月6日，https://goo.gl/0ruKUH，取用日期：2016年11月30日。
27. 訪談 #HK47，2016年8月12日。
28. Jason Y Ng, *Umbrellas in Bloom: Hong Kong's Occupy Movement Uncovered.* Hong Kong: Blacksmith Books, 2016, p. 207.
29. 訪談 #TW41，2016年5月25日。
30. 〈319十幾位醫護人員排班，線上排班系統〉，《自由時報》，https://goo.gl/gCSvAV，取用日期：2016年11月30日。
31. 劉細良、鄺潁萱、蕭家怡，《情與義：金鐘村民的生活實踐》，香港：上書局，2015，頁95-97。
32. 許悔之（編），《從我們的眼睛看見島嶼天光》，台北：有鹿文化，2014，頁167。
33. 訪談 #HK15-1，2015年5月27日。
34. 見「流動民主教室」臉書社團，https://goo.gl/oewmLC，取用日期：2016年11月30日。
35. 見街頭民主教室行動官方網頁的「課程總覽」，https://goo.gl/2FnF7m，取用日期：2016年11月30日。
36. Dung-sheng Chen and Kuo-ming Lin, "The Prospects of Deliberative Democracy in Taiwan." In *Asian New Democracies: The Philippines, South Korea and Taiwan Compared,* edited by Michael Hsin-huang Hsiao. Taipei: Taiwan Foundation for Democracy, 2008, pp. 289-304.
37. 見「Dstreet 街頭公民審議」，https://goo.gl/frDe3a，取用日期：2016年12月3

日。

38. 洪貞玲（編），《我是公民也是媒體》，台北：大塊文化，2015，頁103-104。
39. 林萬榮（編），《消失了的七十九天》，香港：以賽亞，2015，頁224-225。
40. One More Story Voice公民的聲音團隊（編），《那時我在》，台北：無限出版，2014，頁86。
41. 訪談 #TW46，2016年6月14日。
42. 訪談 #HK44，2016年7月28日。
43. 蘇逸人，〈心理處遇的新場域：太陽花學運的臨床心理服務〉，《臨床心理通訊》61，2014，頁24-37。
44. 〈學生遭警暴力驅離　恐懼到落淚、失眠〉，《自由時報》，2014年3三月28日，https://goo.gl/blUMml，取用日期：2016年12月1日。
45. 訪談 #HK49，2016年8月14日。
46. 許悔之（編），《從我們的眼睛看見島嶼天光》，台北：有鹿文化，2014，頁129。
47. 訪談 #HK56，2016年8月17日。
48. 訪談 #HK63，2016年9月12日。
49. 中央研究院社會學所論壇，2014年10月11日。
50. "Hong Kong Protests Are Leaderless but Orderly", *New York Times*, 2014/9/30, https://goo.gl/2mcPti; "Things that could only happen in a Hong Kong protest", *The BBC*, 2014/9/30, https://goo.gl/DCy79W; "Hong Kong protests: Occupy movement could be the most polite demonstration ever", *The Independent*, 2014/9/29, https://goo.gl/OTRVYg, accessed on 2016/12/3.
51. 蔡寶瓊、胡露茜、阮美賢、麥明儀、未圓小組（合編），《傘緣未圓》，香港：香港基督徒學會，2015，頁39-46、202-209。
52. Jason Y. Ng, *Umbrellas in Bloom: Hong Kong's Occupy Movement Uncovered*. Hong Kong: Blacksmith Books, 2016, pp. 211-213.
53. 訪談 #HK5-1，2015年4月4日。
54. 訪談 #TW11-1，2014年4月24日。
55. Chia-ling Yang, "The Political Is the Personal: Women's Participation in Taiwan's Sunflower Movement." *Social Movement Studies* 16(6), 2017, pp. 660-671.
56. 訪談 #TW19，2014年5月8日。
57. 〈香港數百社工遊行抗議警察濫用私刑〉，《大紀元時報》，2014年10月16日，https://goo.gl/WVBqUq，取用日期：2016年12月7日。

58. 傘下的人，《被時代選中的我們》，香港：白卷，2015，頁250-257。
59. 〈學運踢館第一站　500民眾要林鴻池踹共〉，《風傳媒》，2014年4月4日，https://goo.gl/nZqJxF，取用日期：2016年12月7日。
60. 訪談 #TW18，2014年5月5日。
61. 訪談 #TW27，2014年6月13日。
62. 洪貞玲（編），《我是公民也是媒體》，台北：大塊文化，2015，頁64。
63. 訪談 #HK40，2016年6月28日。
64. 訪談 #HK7，2015年5月16日。該答客問的全文，見https://goo.gl/Y6fHUn，取用日期：2016年12月5日。
65. 〈串連罷課　42大專團體響應〉，《風傳媒》，2014年3月24日，https://goo.gl/TpCKdq，取用日期：2016年12月5日。
66. 訪談 #HK39，2016年6月15日。
67. 傘下的人，《被時代選中的我們》，香港：白卷，2015，頁188-195。
68. 訪談 #HK44，2016年7月28日。
69. 佔領區的抗爭者，《街道上・帳篷人》，香港：進一步，2015，頁170-171。
70. Wendy Gan, 2017. "Puckish Protesting in the Umbrella Movement." *International Journal of Cultural Studies* 20 (2): 162–176.
71. 訪談 #TW4，2014年4月17日。
72. 〈不見昨人潮　林飛帆PO問「ㄟ、有來排班嗎」〉，《TVBS》，2014年3月31日，https://goo.gl/SJgMJn，取用於2015年12月5日。
73. 訪談 #HK8-1，2015年5月18日。
74. 佔領區的抗爭者，《街道上・帳篷人》，香港：進一步，2015，頁93。
75. 訪談 #HK1-2，2014年11月17日。
76. 訪談 #TW55，2016年8月24日。
77. 訪談 #TW2-1，2014年4月15日。
78. 訪談 #TW13，2014年4月30日。
79. 〈王希：1985不是鴿派　糾察防守範圍不大〉，《新頭殼》，2014年4月18日，https://goo.gl/fT13Qv，取用日期：2016年12月6日。
80. 訪談 #TW58，2016年10月4日。
81. 訪談 #TW17，2014年5月5日。
82. 訪談 #TW44，2016年6月8日。
83. Mei-chun Lee, "Occupy on Air: Transparency and Surveillance in Taiwan's Sunflower Movement." *Anthropology Now* 7(3), 2015, p. 33.
84. 晏山農、羅慧雯、梁秋虹、江昺崙，《這不是太陽花學運：318運動全記

錄》，台北：允晨文化，2015，頁267-272。
85. 訪談 #TW34，2016年4月6日。
86. Jason Y. Ng, *Umbrellas in Bloom: Hong Kong's Occupy Movement Uncovered.* Hong Kong: Blacksmith Books, 2016, pp. 168-169.
87. 訪談 #HK69，2017年1月6日。
88. Todd Gitlin, "Reply to Craig Calhoun." *British Journal of Sociology* 64(1), 2013, p. 41.
89. James M. Jasper, *Protest: A Cultural Introduction to Social Movements.* Oxford: Polity Press, 2014, pp. 2-3.
90. 訪談 #HK20-1，2015年10月19日。
91. 熱血時報（編），《雨傘失敗錄》，香港：熱血時報，2016，頁14。
92. 謝碩元（編），《賤民解放區》，台北：賤民解放區，2016，頁63。
93. 關於「帆神下凡」之說，可見影片「林飛帆　陳為廷　深夜探視　賤民解放區　民眾調侃被神化」，https://goo.gl/hnaM5X，取用日期：2016年12月7日。
94. 訪談 #TW59，2016年10月31日。
95. Paolo Gerbaudo, *Tweets and the Streets: Social Media and Contemporary Activism.* New York: Pluto Press, 2012, p. 141.
96. 訪談 #TW28，2014年6月26日。
97. 訪談 #HK4-1，2015年3月14日。
98. 訪談 #TW15-1，2014年5月1日。
99. 訪談 #HK48，2016年8月14日。
100. 訪談 #TW49，2016年7月13日。

第四章　佔領過後

1. Joshua Wong, "Hong Kong's Youth Must Fight for a Free Future." *Financial Times,* 2017/7/1, https://goo.gl/BPF4yq, accessed on 2017/7/2.
2. 本章部分材料是來自於作者已出版著作，見何明修，〈第三勢力與傘兵：比較台港佔領運動後的選舉參與〉，《中國大陸研究》60（1），2017，頁59-86；Ming-sho Ho, "Electoral and Party Politics after the Sunflower Movement," in *A New Era in Democratic Taiwan: Trajectories and Turning Points in Politics and Cross-Strait Relations*, edited by Jonathan Sullivan and Chun-Yi Lee. London: Routledge, 2018, pp. 83-103.
3. 關於〈轉守為攻、出關播種〉聲明全文，見http://goo.gl/QoLuno，取用日期：2016年5月13日。

4. 關於馬英九總統的2015年元旦講話，見https://www.thenewslens.com/article/11016，取用日期：2019年1月24日。
5. 梁振英2015年施政報告，可見https://goo.gl/oaDtUS，取用日期：2017年1月2日。
6. 〈梁籲踢走泛民：Vote Them Out。被斥撩交打　建制派指不智〉，香港《蘋果日報》，2015年3月26日，https://goo.gl/fwRSvg，取用日期：2017年1月20日。
7. 〈曾偉雄終極清場後：3個月內盡拘佔中領袖〉，香港《蘋果日報》，2014年12月16日，https://goo.gl/bG2ds1，取用日期：2017年1月20日。
8. 〈警方：48人疑主導佔領運動　調查大致完成　等律政司發落〉，《立場新聞》，2016年7月27日，https://goo.gl/NJD655，取用日期：2017年1月20日。
9. 〈太陽花學運　帆廷119人起訴．「我以做過這些事為榮」〉，台灣《蘋果日報》，2015年2月11日，https://goo.gl/4kFbJK，取用日期：2017年1月20日。
10. Wen-chen Chang, "The Right to Free Assembly and the Sunflower Movement." In *Law and Politics of Taiwan Sunflower and Hong Kong Umbrella Movements,* edited by Brian Christopher Jones. London: Routledge, 2017, p.46.
11. 〈黃之鋒、羅冠聰、周永康判刑　法官：被告心懷理想，真誠關心社會〉，《立場新聞》，2016年8月15日，https://goo.gl/qbxKfd，取用日期：2017年1月20日。
12. 〈佔中九子判刑　四人即時入獄　陳健民、戴耀廷判囚16個月　邵家臻、黃浩銘囚8月〉，《立場新聞》，2019年4月24日，https://bit.ly/2ID6K5Q，取用日期：2019年6月7日。
13. 〈佔立院　太陽花22人無罪．破天荒認定符合「公民不服從」7要件〉，台灣《蘋果日報》，2017年4月1日，https://goo.gl/YDd6rO，取用日期：2017年6月15日。
14. 〈太陽花學運國賠案：法院一審宣判北市警局應賠14人、金額超過百萬元〉，《關鍵評論》，2019年10月30日，https://reurl.cc/A1poj8，取用日期：2019年11月29日。
15. 蕭新煌、尹寶珊，〈2014學生運動與民意：台灣與香港的比較〉，收錄於蕭新煌、趙永佳、尹寶珊（編），《台灣與香港的青年與社會變貌》，香港：香港中文大學香港亞太研究所，2016，頁137。
16. 訪談 #TW45，2016年6月10日。
17. 訪談 #HK26，2015年11月15日。
18. Kenneth T. Andrews, *Freedom Is a Constant Struggle: The Mississippi Civil Rights*

Movement and Its Legacy. Chicago: University of Chicago Press, 2004, pp. 198-200.

19. James M. Jasper, "Emotions and Social Movements: Twenty Years of Theory and Research." *Annual Review of Sociology* 37, 2011, pp. 285-303; Jeff Goodwin, James M. Jasper, and Francesca Polletta(eds), *Passionate Politics: Emotion and Social Movements.* Chicago: University of Chicago Press, 2001; Ron Aminzade and Doug McAdam, "Emotions and Contentious Politics." *Mobilization* 7(2), 2002, pp. 107-109.
20. Jeroen Gunning and Ilan Zyi Baron, *Why Occupy a Square: People, Protests and Movements in the Egyptian Revolution.* Oxford: Oxford University Press, 2014, pp. 203-239.
21. Paolo Gerbaudo, *Tweets and the Streets: Social Media and Contemporary Activism*. New York: Pluto Press, 2012, p. 115.
22. 訪談 #TW41，2016年5月25日。
23. 〈323政院事件兩週年　晚會重回北平東〉，《台大意識報》，2016年3月24日，https://goo.gl/Rc0ghg，取用日期：2017年2月6日。
24. 〈專訪周永康：穿過雨傘運動的那一道窄門〉，《端傳媒》，2016年9月27日，https://goo.gl/Yda5IF，取用日期：2017年2月6日。
25. 〈專訪梁麗幗：我怕自己投身運動，卻看到其他人付出代價〉，《端傳媒》，2016年9月28日，https://goo.gl/tF0Czq，取用日期：2017年2月6日。
26. 〈陳為廷，大鬧天宮之後〉，《端傳媒》，2015年9月22日，https://goo.gl/9hjvxd，取用日期：2017年2月6日。
27. 訪談 #HK37，2016年5月30日。
28. 彭仁郁，〈反叛中建構的主體：三一八運動的象徵秩序傳承〉，收錄於林秀幸、吳叡人（編），《照破：太陽花運動的振幅、縱深與視域》，台北：左岸，2016，頁321-368。
29. 訪談 #HK1-2，2014年11月17日。
30. 方志恒（編），《香港革新論》，台北：漫遊者文化，2015。
31. Ming-sho Ho, "Taiwan's Anti-nuclear Movement: The Making of a Militant Citizen Movement." *Journal of Contemporary Asia* 48(3), 2018, pp. 445-464.
32. 訪談 #TW55，2016年8月24日。
33. 周婉窈，〈戰後台灣的歷史教育、課綱爭議，以及反「微調」運動〉，收錄於周馥儀（編），《記憶的戰爭：反微調課綱紀實》，台北：青平台基金會，2017，頁8-33。
34. 〈「自己課綱自己審」好棒棒？　學生打臉〉，台灣《蘋果日報》，2016年5月18日，https://goo.gl/628w2a，取用日期：2017年6月15日。

35. 訪談 #TW34，2016年4月6日。
36. 〈港獨教授不獲續聘　他嘆：共產黨令文人失去生計〉，《自由時報》，2016年4月19日，https://goo.gl/1ffkAf，取用日期：2017年2月2日。
37. 訪談 #HK50，2016年8月15日。
38. 〈香港大學四千師生集會抗中共黑手干預院校自主〉，《大紀元時報》，2015年10月10日，https://goo.gl/H3x0Z8，取用日期：2017年2月2日。
39. 〈港大罷課委員會4大訴求〉，香港《蘋果日報》，2016年1月19日，https://goo.gl/YEKCNN，取用日期：2017年2月2日。
40. Ying-ho Kwong, "State-Society Conflict Radicalization in Hong Kong: The Rise of 'Anti-China' Sentiment and Radical Localism." *Asian Affairs* 47(3), 2016, p. 436.
41. Wai-man Lam, "Changing Political Activism: Before and after the Umbrella Movement." In *Hong Kong 20 Years after the Handover: Emerging Social and Institutional Fractures after 1997,* edited by Brian Fong and Tai-lok Lui. New York: Palgrave Macmillan, 2017, pp. 73-102.
42. 〈獲6.6萬票　梁天琦豪言：「泛民建制本土　今後三分天下」〉，香港《蘋果日報》，2016年3月1日，http://goo.gl/BlrEhk，取用日期：2017年5月25日。
43. 訪談 #HK35，2016年3月19日。
44. 訪談 #HK34，2016年3月15日。
45. 訪談 #HK69，2017年1月6日。
46. 訪談 #HK68，2017年1月6日。
47. Doug McAdam, "Biographical Consequences of Activism." *American Sociological Review* 54(5), 1989, pp. 744-760.
48. Brian C. H. Fong, "One Country, Two Nationalisms: Center-Periphery Relations between Mainland China and Hong Kong, 1997–2016." *Modern China* 43(5), 2017, pp. 523-556.
49. Malte Philipp Kaeding, "The Rise of 'Localism' in Hong Kong." *Journal of Democracy* 28(1), 2017, pp. 158-159.
50. Shu-Mei Huang, "Liminal Space and Place-fixing in Urban Activism." *Inter-Asia Cultural Studies* 19(3), 2018, pp. 1-13.
51. 訪談 #TW55，2016年8月24日。
52. 訪談 #HK39，2016年6月15日。
53. Manuel Castells, *Network of Outrage and Hope: Social Movements in the Internet Age*. Oxford: Polity Press, 2012, p. 227.
54. Ivan Krastev, *Democracy Disrupted: The Politics of Global Protest.* Philadelphia:

University of Pennsylvania Press, 2014, p. 20, 59.

55. Gayil Talshir, "The 2011 Israeli Protest Movement between the 'Arab Spring' and the 'Occupy' Movement: A Hybrid Model." In *Popular Contention, Regime, and Transition: Arab Revolts in Comparative Global Perspective,* edited by Eitan Y. Alimi, Avraham Sela, and Mario Sznajder. Oxford: Oxford University Press, 2016, p. 274.
56. Mario Sznajder, "Chile's Winter of Discontent: Is Protest Achieving Deeper Democratization?" In *Popular Contention, Regime, and Transition: Arab Revolts in Comparative Global Perspective,* edited by Eitan Y. Alimi, Avraham Sela, and Mario Sznajder. Oxford: Oxford University Press, 2016, p. 243.
57. Jack A. Goldstone, "More Social Movements or Fewer? Beyond Political Opportunity Structures to Relational Field." *Theory and Society* 33(3-4), 2004, pp. 333-365.
58. Ming-sho Ho and Chunhao Huang, "Movement Parties in Taiwan (1987-2016): A Political Opportunity Explanation." *Asian Survey* 57(2), 2017, pp. 343-367.
59. 訪談 #HK20-1，2015年10月9日。
60. 立場新聞「2015區議會選舉專頁」，https://goo.gl/GB8h4b，取用日期：2016年5月23日。
61. 香港《蘋果日報》，https://goo.gl/JpXBhB，取用日期：2016年6月1日。
62. 〈蔡英文勝選感言：擦乾淚水迎接台灣新時代〉，台灣《蘋果日報》，2016年1月16日，http://goo.gl/AdjXow，取用日期：2016年4月11日。
63. 中國國民黨「第14任總統副總統暨第9屆立法委員選舉輔選工作檢討報告」，https://goo.gl/qykKrl，取用日期：2016年2月25日。
64. 《學苑：帝國瓦解香港解殖》，2016年8月號，https://goo.gl/kUVThZ，取用日期：2017年2月9日。
65. Corrine M. McConnaughy, *The Woman Suffrage Movement in America: A Reassessment.* Cambridge: Cambridge University Press, 2013, p. 259.
66. Malte Philipp Kaeding, "The Rise of 'Localism' in Hong Kong." *Journal of Democracy* 28(1), 2017, p.167.
67. 關於台灣新世代的參政活動，詳見呂欣潔等，《政治工作在幹嘛？：一群年輕世代的歷險告白》，台北：網路與書出版，2016。
68. 訪談 #HK28，2015年11月15日。
69. 訪談 #HK22，2015年11月14日。
70. 訪談 #HK36，2016年5月26日。
71. 關於民進黨的「民主小草」活動，見http://grass.tw/，取用日期：2014年12月31日。

72. 〈中國外交部重申　反對外國支持佔中〉，香港《蘋果日報》，2014年9月30日，https://goo.gl/NdRGp5，取用日期：2017年2月10日。
73. 〈社評：大陸不欠馬英九什麼，他應自重些〉，《環球時報》，2014年11月3日，https://goo.gl/IUms2X，取用日期：2017年2月10日。
74. Richard C. Bush, *Hong Kong in the Shadow of China: Living with the Leviathan.* Washington, DC: Brooking Institution Press, 2016, p. 259.
75. 〈服貿衝突　美盼馬「平和謙恭」處理〉，《風傳媒》，2014年3月25日，https://goo.gl/fMbEQa，取用日期：2017年2月10日。
76. 〈學運將落幕　AIT：看不出反服貿影響TPP〉，《風傳媒》，2014年4月10日，https://goo.gl/z6uPkt，取用日期：2017年2月10日。
77. 訪談 #TW3，2014年4月17日。
78. 田野筆記，中央研究院社會學所研究所的論壇活動，2015年3月14日。
79. 〈服貿爭議　國台辦：在台灣內部找原因〉，《自由時報》，2014年3月27日，https://goo.gl/uwpmYX，取用日期：2017年2月10日。
80. 賴宇恩、黃怡安，〈對內交代、施壓台灣——習近平全球戰略下的對台政策〉，收錄於徐斯儉（編），《習近平大棋局》，台北：左岸，2016，頁213-214。

第五章　關於佔領的想像

1. C. Wright Mills, *The Sociological Imagination.* Oxford: Oxford University Press, 1959.
2. Karl Marx, *Early Writings*, edited by Rodney Livingstone. New York: Vintage, 1975, p. 422.
3. Jeffrey Broadbent, "Introduction: East Asian Social Movements." In *East Asian Social Movements: Power, Protest and Change,* edited by Jeffrey Broadbent and Vickie Brockman. New York: Springer, 2011, pp. 1-29.
4. Laurence Cox, Alf Nilsen, and Geoffrey Pleyers, "Social Movement Thinking beyond the Core: Theories and Research in Post-colonial and Postsocialist Societies." *Interface* 9(2), 2017, pp. 1-36; Myra Marx Ferree and David A. Merrill, "Hot Movements, Cold Cognition: Thinking about Social Movements in Gendered Frames." In *Rethinking Social Movements: Structure, Meaning and Emotion,* edited by Jeff Goodwin and James M. Jasper. Lanham, MD: Rowman and Littlefield, 2004, pp. 247-261; Vincent Boudreau, "Northern Theory, Southern Protest: Opportunity Structure Analysis in Cross-National Perspective." *Mobilization* 1(2), 1996, pp. 175-189.
5. Eitan Y. Alimi, "Introduction." In *Popular Contention, Regime, and Transition: Arab*

Revolts in Comparative Global Perspective, edited by Eitan Y. Alimi, Avraham Sela, and Mario Sznajder. Oxford: Oxford University Press, 2016, pp. 7-10.

6. Charles Tilly and Sidney Tarrow, *Contentious Politics.* New York: Paradigm, 2007; Doug McAdam and Sidney Tarrow, "Ballots and Barricades: On the Reciprocal Relationship between Elections and Social Movements." *Perspectives on Politics* 8(2), 2010, pp. 529-542; Doug McAdam, Sidney Tarrow, and Charles Tilly, "To Map Contentious Politics." *Mobilization* 1(1), 1996, pp. 17-34; "Toward an Integrated Perspective on Social Movements and Revolution." In *Comparative Politics: Rationality, Culture, and Structure,* edited by Mark Irving Lichbach and Alan S. Zuckerman. Cambridge: Cambridge University Press, 1997, pp. 143-173; *Dynamics of Contention.* Cambridge: Cambridge University Press, 2001.
7. Andrew G. Walder, "Political Sociology and Social Movements." *Annual Review of Sociology* 35, 2009, pp. 393-412.
8. Doug McAdam and Hilary Schaffer Boudet, *Putting Social Movements in Their Place: Explaining Opposition to Energy Projects in the United States, 2000–2005*. Cambridge: Cambridge University Press, 2012, p. 2.
9. John D. McCarthy and Mayer N. Zald, "Resource Mobilization and Social Movements: A Partial Theory." In *Social Movement in an Organizational Society,* edited by Mayer N. Zald and John D. McCarthy. New Brunswick, NJ: Transaction Books, 1987, p. 16.

第六章　香港的時代革命

1. Giovanni Arrighi, *Adam Smith in Beijing: Lineages of the Twenty-First Century*. London: Verso, 2007.
2. Stefan Halper, *The Beijing Consensus: Legitimizing Authoritarianism in Our Time*. New York: Basic Books, 2012.
3. Martin Jacques, *When China Rules the World: The End of the Western World and the Birth of a New Global Order*. 2nd ed. New York: Penguin Books, 2012.
4. Ho-fung Hung, *The China Boom: Why China Will Not Rule the World.* New York: Columbia University Press, 2015.
5. Ching Kwan Lee and Yonghong Zhang, "The Power of Instability: Unraveling the Microfoundations of Bargained Authoritarianism in China." *American Journal of Sociology* 118(6), 2013, pp. 1475-1508; Edward Friedman, *Insurgency Trap: Labor Politics in Postsocialist China.* Ithaca, NY: Cornell University Press, 2014; Elizabeth

J. Perry, "Permanent Rebellion? Continuities and Discontinuities in Chinese Protest." In *Popular Protest in China,* edited by Kevin J. O'Brien. Cambridge, MA: Harvard University Press, 2008, pp. 205-215; Wang Feng and Yang Su, "Communist Resilience: Institutional Adaptations in Post-Tiananmen China." In *Socialism Vanquished, Socialism Challenged: East Europe and China, 1989-2009,* edited by Nina Bandelj and Dorothy J. Solinger. Oxford: Oxford University Press, 2012, pp. 219-237; Xi Chen, *Social Protest and Contentious Authoritarianism in China.* Cambridge: Cambridge University Press, 2012; Yongshu Cai, *Collective Resistance in China Why Popular Protests Succeed or Fail.* Stanford, CA: Stanford University Press, 2010.

6. Andreas Fulda, (ed), *Civil Society Contributions to Policy Innovation in PR China.* New York: Palgrave Macmillan, 2015. Anthony Spires, "Contingent Symbiosis and Civil Society in an Authoritarian State: Understanding the Survival of China's Grassroots NGOs." *American Journal of Sociology* 117(1), 2011, pp. 1-45.
7. Ya-wen Lei, *The Contentious Public Sphere: Law, Media and Authoritarian Rule in China*. Princeton, NJ: Princeton University Press, 2018.

左岸｜社會議題 300

為什麼要佔領街頭？

從太陽花、雨傘，到反送中運動

作　　者　何明修

總 編 輯　黃秀如
責任編輯　孫德齡
編輯協力　黃俊豪
企劃行銷　蔡竣宇
校　　對　張彤華
封面設計　陳恩安
電腦排版　宸遠彩藝

社　　長　郭重興
發行人暨出版總監　曾大福
出　　版　左岸文化／遠足文化事業股份有限公司
發　　行　遠足文化事業股份有限公司
地　　址　23141新北市新店區民權路108-2號9樓
電　　話　02-2218-1417
傳　　眞　02-2218-8057
客服專線　0800-221-029
E-Mail　rivegauche2002@gmail.com
左岸臉書　https://www.facebook.com/RiveGauchePublishingHouse/
團購專線　讀書共和國業務部　02-2218-1417分機1124、1135

法律顧問　華洋法律事務所　蘇文生律師
印　　刷　成陽印刷股份有限公司
初版一刷　2019年12月
初版四刷　2020年08月
定　　價　420元
ISBN　978-986-98006-4-8

國家圖書館出版品預行編目資料

為什麼要佔領街頭？
從太陽花、雨傘，到反送中運動

何明修作.
-- 初版. -- 新北市 : 左岸文化出版 : 遠足文化發行, 2019.12
面 ; 14.8 x 21公分（社會議題；300）

ISBN 978-986-98006-4-8（平裝）

1. 社會運動　2.政治運動

541.45　108018475